Beowulf

Beowulf

Beowulf

Eine Textauswahl mit Einleitung, Übersetzung,
Kommentar und Glossar

Herausgegeben von Ewald Standop

Walter de Gruyter · Berlin · New York

Die Abbildung auf der ersten Umschlagseite ist eine verkleinerte kalligrafische Nachbildung der ersten Verse der Beowulf-Handschrift (Fol. 132r) von Dr. Margret Popp, der für die Abdruckerlaubnis der Dank des Herausgebers und des Verlages gebührt.

1. Auflage (Lehnert) 1939
2. Auflage (Lehnert) 1949
3. Auflage (Lehnert) 1959
4. Auflage (Lehnert) 1967
5. Auflage (Standop nach Lehnert) 2005

♾ Gedruckt auf säurefreiem Papier,
das die US-ANSI-Norm über Haltbarkeit erfüllt.

ISBN 3-11-017608-4

Bibliografische Information Der Deutschen Bibliothek

Die Deutsche Bibliothek verzeichnet diese Publikation in der Deutschen Nationalbibliografie; detaillierte bibliografische Daten sind im Internet über <http://dnb.ddb.de> abrufbar.

© Copyright 2005 by Walter de Gruyter GmbH & Co. KG, D-10785 Berlin

Dieses Werk einschließlich aller seiner Teile ist urheberrechtlich geschützt. Jede Verwertung außerhalb der engen Grenzen des Urheberrechtsgesetzes ist ohne Zustimmung des Verlages unzulässig und strafbar. Das gilt insbesondere für Vervielfältigungen, Übersetzungen, Mikroverfilmungen und die Einspeicherung und Verarbeitung in elektronischen Systemen.

Printed in Germany
Satz: Dörlemann Satz, Lemförde
Einbandgestaltung: Hansbernd Lindemann, Berlin
Druck und Bindung: Druckhaus »Thomas Müntzer« GmbH, Bad Langensalza

Inhalt

Vorwort VII

Abkürzungen und Zeichen XII

1. Einleitung 1
   1. Die Handschrift 1
   2. Die Entstehung des Werkes 3
      2.1. Entstehungszeit und Entstehungsort 3
      2.2. Der Autor 4
   3. Der Stoff 5
      3.1. Die historischen Elemente 6
      3.2. Die sagenhaften Elemente 8
      3.3. *Beowulf* und Sutton Hoo 9
      3.4. Die christlichen Elemente 11
   4. Der Stil 12
      4.1. Die Mikrostrukturen 12
      4.2. Die Makrostruktur 14
   5. Die Sprache 17
      5.1. Der Dialekt 17
      5.2. Einige Spracheigentümlichkeiten 18
   6. Gesamtwürdigung 19

2. Inhalt des Epos *(The Argument)* 23

3. Text, Übersetzung, Kommentar 35

4. Glossar 127

5. Anhang 181
   Anhang I: Schreibung und Aussprache 181
   Anhang II: Metrik 188
   Anhang III: Formenlehre: Hauptparadigmata in Tabellenform . . . 195
   Anhang IV: Der Heiden-Exkurs: zu *Beowulf* 175–188 202
   Anhang V: Eine Groteske der Textkritik: zu *Beowulf* 3150–3155 . . 205
   Anhang VI: Ein Beispiel moderner *Beowulf*-Kritik:
                    zu *Beowulf* 1687–1698 210

Literatur 213

Vorwort

0.1. *Text und Textauswahl.* Es war ein Glücksfall, dass Martin Lehnert nach seinem *Altenglischen Elementarbuch* (Sammlung Göschen 1125, später 2210; zuerst 1939) eine einführende *Beowulf*-Ausgabe in ähnlicher Aufmachung herausbringen konnte (Sammlung Göschen 1135, zuerst 1939), die weder auf Vollständigkeit des Textes und Kommentars abzuzielen brauchte noch als Anhang einer grammatischen Einführung zu dienen hatte, stattdessen selbst als Einführung ins Altenglische dienen konnte. Sie enthielt den Text und die wortgetreue Übersetzung der ersten 606 Verse und weitere Textauszüge ohne Übersetzung – insgesamt 1044 Zeilen; im Einzelnen:

1–606	=	606 Zeilen	1866–1887	=	22 Zeilen
607–661	=	55	2190–2199	=	10
702–727	=	26	2516–2537	=	22
980–990	=	11	2631–2660	=	30
1008–1055	=	48	2794–2820	=	27
1188–1198	=	9	2860–2891	=	32
1215–1227	=	13	3007–3027	=	21
1383–1398	=	16	3137–3182	=	46
1473–1496	=	24	Σ	=	1044 Zeilen
1651–1676	=	26			

Die Auswahl wurde in dieser Neuausgabe beibehalten (Anhang VI bietet zusätzlich die Zeilen 1687–1698), der Lehnert'sche Text wortgetreu übernommen und nunmehr zur Gänze übersetzt. Abweichungen von der Handschrift und textkritische Bemerkungen, auf die Lehnert gänzlich verzichtete, wurden, soweit dies erforderlich erschien, in den Anmerkungen untergebracht. Der Lehnert'sche Text folgte Klaeber einschließlich der Unterpunktierung von metrisch vermeintlich fortfallenden Vokalen (z.B. von *o* in *geōmore* 151) und nicht allitierierenden Konsonanten (z.B. von *h* in *hraþe* 1390), aber ohne Zirkumflex über vermeintlich zusammenzuziehenden Vokalen (z.B. über *eo* in *geþēon* 25). Die Neuausgabe verzichtet auf beides. – Auf Wunsch des Verlags erscheint der Name Martin Lehnerts nicht mehr auf dem Titelblatt.

0.2. *Die Übersetzung.* (Die technischen Konventionen der Übersetzung sind am Ende der Inhaltsübersicht zusammengefasst.) Schon Lehnert war um eine Art von Übersetzung bemüht, die ich als eine verdeutlichende bezeichne.[1] So

---

[1] Lehnerts spätere Gesamtübersetzung des Werkes (zuerst 1986) ist für ein breites Publikum gedacht, belässt die Alliterationen, ist jedoch unrhythmisch. Sie kam für diese Ausgabe nicht in Betracht.

übersetzte er z. B. *hringīren* (322) durch 'Ringeisen' (gemeint ist 'Ringpanzer'). Dies habe ich übernommen, ja die Tendenz zu solcher Wörtlichkeit noch verstärkt. Hier und da nehme ich im Hinblick auf den eigentlichen Sinn des Textes eine schiefe oder gar falsch klingende Übersetzung in Kauf, wenn damit eine stilistische Eigenart durch Nachahmung der Struktur verdeutlicht wird. Ich übersetze z. B. das Wort *līfwraðe* in dem Satz "Ic him līfwraðe lȳtle meahte | ætgifan æt gūðe" (2877f) wörtlich durch 'Lebensschutz' ('Ich vermochte ihm [nur] geringen Lebensschutz im Kampfe zu geben'), obwohl Clark Halls 'Poorly was I able to act as a body-guard [!] to him' den Sachverhalt sicher besser trifft.[2] An die Grenze des Möglichen gehe ich, wenn ich zur Verdeutlichung der altenglischen Struktur übersetze "Nicht sah ich fremde | so viele Männer" statt "so viele fremde Männer" (336).

Was die Stringenz des Übersetzens angeht, so darf man nicht annehmen, dass es zweckmäßig oder naheliegend sei, ein altenglisches Wort stets konsequent durch das gleiche deutsche Wort wiederzugeben. Um John R.R. Tolkiens Beispiele in seinen "Prefatory Remarks" zur Clark-Hall-Übersetzung dem Vergessen zu entreißen: *ēacen* (mit /k/) ist 'stalwart' (198), 'broad' (1621), 'huge' (1663) und 'mighty' (2140). Für 'Mann' zählt Tolkien zehn Synonyme auf (*beorn, ceorl, freca, guma, hæleð, lēod, mann, rinc, secg, wer*). Die Aufzählung ist keineswegs vollständig (s. §1.4.2.1 unten), und man kann diese Nomina kaum stets durch die jeweils gleiche Übersetzung wiedergeben. Die Komposita, die der Dichter liebt, bilden ein Problem für sich. Die Harfe heißt Z2263 *glēo-bēam* = wörtlich 'glee-beam' oder ohne etymologischen Anklang 'mirthwood'. In all diesen Fällen darf man den Übersetzer nicht überfordern; gewisse Inkonsequenzen sind bei verdeutlichendem Übersetzen unvermeidbar, aber wohl auch ohne gravierende Folgen.

Mit C. L. Wrenn fühle ich mich in einem Boote, wenn dieser im Vorwort zur Clark-Hall-Übersetzung sagt:

"Then [after assimilation of the subject matter with the aid of the Introduction] *Beowulf* should be worked through without much detailed study with the aid of the Notes, *using the translation to save time by gaining an idea of the contents of a given passage before attempting to work over its syntax and grammar*. [...] From the point of view of the student, this book [the prose translation] is to be regarded as a kind of introduction to an edition with full apparatus." (Clark Hall 1954:v–vi; meine Hervorhebung.)

Allerdings hätte ich selber an der hervorgehobenen Stelle lieber gesagt *before following up any questions or problems that may pose themselves – including those of grammar*. Weder ist ein "working over its syntax and grammar" Voraussetzung zum

---

[2] Der Verlag und Autoren wie J.R.R. Tolkien, die es wissen müssten, bezeichnen den Übersetzer als 'Clark Hall' (nicht als 'Hall, John R.C.' wie A.G. Kennedy in seiner Bibliografie der englischen Linguistik oder als 'Hall, J.R.C.' wie Obst/Schleburg 2004).

Verstehen des Textes noch gar Sinn und Zweck der *Beowulf*-Lektüre. Es ist ein uraltes Vorurteil, dass das Studium der Grammatik einer Sprache, die eine Theorie mit deskriptiver Terminologie und einen hohen Abstraktionsgrad voraussetzt, Bedingung für das *Können* einer Sprache sei. Der Herausgeber dieser *Beowulf*-Ausgabe vertritt den Standpunkt, dass dem an *Beowulf* Interessierten nicht damit gedient ist, wenn er beispielsweise in einer Lektion des Altenglischen zunächst mit einem Stück Lebensbeschreibung aus dem altenglischen *Martyrologium* konfrontiert wird und sodann etwas über die Lautentwicklung vom Indogermanischen zum Westgermanischen (einschließlich Verner'sches Gesetz) erfährt.[3]

0.3. *Kommentar und Literaturangaben*. Die Kommentare vollständiger Ausgaben ergehen sich oft in der ausführlichen Aufführung von Literatur; Holthausen und Else von Schaubert werden dadurch fast unlesbar. Ich erwähne in meinem Kommentar des Öfteren nur die beiden neueren Ausgaben von George Jack (1994) und von Mitchell/Robinson (1998), um den einen oder anderen Gesichtspunkt zu diskutieren, der in ihrem Kommentar auftaucht (sie trifft der Vorwurf der übermäßigen Literaturaufführung nicht). Die *Beowulf*-Literatur ist inzwischen zu einer gigantischen Bibliothek angewachsen, und es ist an der Zeit, sich von der Vorstellung zu befreien, möglichst viel davon lesen zu müssen, um in der Diskussion mithalten zu können. Auch kann man auf manche neuere Ausführungen gern verzichten.[4] Lehnerts Anmerkungen (in den Fußnoten) übernehme ich, soweit sie den Text erhellen, und setzte sie, falls länger, in Anführungszeichen. Allerdings habe ich sie keineswegs unbesehen übernommen. Manches davon ist in die Übersetzung eingegangen, anderes habe ich gestrichen.[5]

---

[3] So etwa in der neuesten Einführung ins Altenglische von Obst/Schleburg (2004), einer sehr gründlichen grammatischen Beschreibung des Altenglischen mit eigestreuten Textauszügen. Nicht viel anders verfährt die Einführung von Baker 2003, nur dass hier die Textauszüge in Form einer 'Anthology' angehängt sind. (Keine der beiden Einführungen hat übrigens einen Auszug aus *Beowulf*.) Die meisten Autoren setzen von alters her 'Einführung ins Altenglische' mit 'Einführung in die Grammatik des Altenglischen' gleich, was ich für naiv und grundlegend falsch halte. (Um Missverständnissen vorzubeugen: Ich wende mich keineswegs gegen das Studium der altenglischen Grammatik, sondern nur gegen die Annahme ihrer Anwendbarkeit im Rahmen der Textlektüre.)

[4] Ein Beispiel ist Seth Lerer über die Schwertgriff-Trophäe ("The hilt as critical nexus"): siehe ANHANG VI.

[5] Auch der relativ umfangreiche Kommentar der Gesamtübersetzung durch Lehnert wendet sich vorwiegend an nicht-anglistische Leser, kann jedoch als Ergänzug des in erster Linie textbezogenen und kurz gehaltenen Kommentars der vorliegenden Ausgabe empfohlen werden.

0.4. *Das Glossar*. Während Lehnert im Untertitel sein Glossar als "etymologisches Wörterbuch" bezeichnete, wetterte Tolkien[6] in den bereits erwähnten "Prefatory Remarks" gegen die Angabe etymologischer Entsprechungen in Glossaren.

Tolkien wies besonders auf die *etymological fallacy* hin, die darin besteht, die heutige Bedeutung eines aus dem Altenglischen formal ererbten Wortes in das altenglische Wort hineinzuprojizieren. Dies führt dazu, dass etwa *swanrād* für 'Meer' (200) üblicherweise durch 'Schwanenstraße' wiedergeben wird, weil ne. *road* < ae. *rād* = 'Straße' ist. Ae. *rād* aber bedeutete nicht 'Straße', sondern so etwas wie 'Bereich, in dem man sich natürlicherweise bewegt', also 'Lebensbereich'. Da *rād* etymologisch zu *rīdan* = ne. *ride* gehört, übersetzt man besser – so Tolkien mit Recht – durch 'swan-riding'; ich übersetze an den Stellen 10 und 200 durch 'Revier', belasse aber die Schwanenstraße im Glossar. Heaney übersetzt *hronrād* (10), wie zu erwarten, durch 'whale-road' (Milfull/Sauer 131).

In einem anderen Falle bietet sich eine deutsche Entsprechung an: *gesīþas* (29; *wilgesīþas* 23) entspricht dem deutschen *Gesinde;* doch hier darf man auf keinen Fall etymologisch übersetzen, weil es angesichts der semantischen Pejoration, die das Wort im Deutschen erfahren hat, zu offenkundig falsch wäre: *gesīþas* ist nicht das Gesinde, das die dienstbaren Geister des Hauses umfasst, es sind die Gefolgsleute des Königs, es ist die Gesamtheit des *comitatus*, dessen Mitglieder die *comites* sind. Siehe Glossar.

So Recht Tolkien in Bezug auf das Verstehen des Textes auch hat, dies ist nicht der in dieser *Beowulf*-Ausgabe vertretene Standpunkt. Der etymologische Bezug ist – über den Text hinaus – *an sich* von Wert, und ich zögere nicht, auch im Kommentar diese Einsicht zu fördern – nicht ohne auf den etymologischen Fallstrick hinzuweisen, soweit das im Einzelfalle von Bedeutung ist. Daher habe ich auch Lehnerts Glossar, sein "etymologisches Wörterbuch", inhaltlich unverändert übernommen.

0.5. *Die Anhangsteile*. Es erschien mir angebracht, zusätzlich zu einigen Angaben zu Schreibung, Metrik und Grammatik – die letzteren z. T. in Tabellenform – (ANHANGSTEILE I–III) auf das Deutungsproblem in den Versen 175–188 hinzuweisen (ANHANG IV) sowie an einige textkritische Entdeckungen zu den Versen 3150–55 zu erinnern (ANHANG V) und ein Beispiel modernen Redens über den Text zu geben (ANHANG VI). Die letztgenannten Teile haben die Funktion, das Interesse der Benutzer dieses Bandes an der *Beowulf*-Forschung zu wecken oder zu stärken.

0.6. Zusammenfassung. Diese Ausgabe setzt sich zum Ziel, zum Original des Textes hinzuführen und eigenes Denken darüber anzuregen. Sie ist aus-

---

[6] Nachdem Tolkien durch seine erzählenden Werke eine Popularität erreicht hat, die er selber nie geahnt hätte, und er nicht erst in neuerer Zeit der anglistischen Fachwelt als Verfasser des bedeutendsten literarischen *Beowulf*-Beitrags gilt, der je geschrieben wurde ("*Beowulf*: the monsters and the critics", 1936), spielt er auch in meinem Vorwort eine wichtigere Rolle, als ihm ansonsten zuzuschreiben gewesen wäre.

drücklich auch als Einführung ins Altenglische gedacht, dem man textlich nicht durch eine historisch-beschreibende Grammatik, sondern nur durch unmittelbares Textstudium näher kommt. Bezüglich des *Beowulf*-Textes kann mein eigener Zugriff primär als der eines *close reading* bezeichnet werden, indem ich versuche, für den Leser möglichst viel an stilistischem Handwerkszeug zur Verfügung zu stellen. Was den Inhalt des Gedichts in Bezug auf Einzelheiten betrifft, muss es aus Mangel an Raum und aus Gründen meiner eingeschränkten Kenntnisse oft genug bei Andeutungen bleiben, wenn nicht manche der in der Literatur angesprochenen Probleme schlicht übergangen werden. An einigen Stellen meines Kommentars dürfte dem Leser die Herstellung eines Bezugs zu Gegenständen, die außerhalb der Beschäftigung mit *Beowulf* liegen, auffallen, so wenn ich etwa aus Anlass von *syrcan* (226) auf Berserker und Cutty Sark komme. Dies ist Absicht, und ich hätte gern weitere Bezüge dieser Art hergestellt, wenn mir solche aufgegangen wären.

Die wichtigste Verhaltensweise, die ich allen Benutzern dieser Ausgabe als wünschenswert einschärfen möchte, ist die, dass man weder Übersetzung noch Kommentar oder Glossar als Evangelium ansehen möge; man sei vielmehr mutig bestrebt, den Herausgeber, wenn möglich und angebracht, zu korrigieren und zu übertrumpfen! Das nenne ich einen normalen und vernünftigen Lernprozess. In Bezug auf die Übersetzung hat dies schon Tolkien erkannt, und in diesem Falle kann ich dem berühmten *Beowulf*-Verehrer,[7] um ihn ein letztes Mal zu zitieren, nur uneingeschränkt zustimmen:

"No translation, whatever its objects [...], should be used or followed slavishly, in detail or in general principle, by those who have access to the original text. Perhaps the most important function of any translation used by a student is to provide not a model for imitation, but an exercise for correction" (S. xvi).

Es besteht kein Anlass, die in dieser Bemerkung zum Ausdruck kommende wissenschaftliche Grundhaltung auf die Übersetzung zu beschränken, sodass insgesamt für diese Ausgabe das gelten kann, was Klaeber seinen Anmerkungen voranstellte:

Omnia autem probate;
quod bonum est, tenete.

WÜRZBURG *ESt*

---

[7] Möglicherweise hat Tolkien seinen Titel *The Lord of the Rings* aus *Beowulf*. Clark Hall übersetzte 2345–47 folgendermaßen: 'Then did the lord of the rings [= *hringa fengel*] disdain to seek out with a host, an ample army, the creature who flew far and wide.' Das heißt, Beowulf, 'der Herr der Ringe' (d.h. der Brünne), verschmähte ein 'Heer', um gegen den Drachen zu kämpfen. Von einem Drachenhort ist übrigens auch im Prologkapitel des Romans, § 4, die Rede.

Abkürzungen und Zeichen

Die im Glossar verwendeten Abkürzungen finden sich zu Beginn des Glossars. Metrische Zeichen siehe ANHANG II.

L	(Martin) Lehnert[1]
Ms.	Manuskript, speziell das *Beowulf*-Manuskript
M/R	Bruce Mitchell; Fred Robinson, *Beowulf*-Ausgabe (1998)
sc	*scilicet,* nämlich
sv	*sub voce,* unter dem Stichwort
Z	Zeile, z.B. Z25 = Langzeile 25 = Vers 25; 25a = Anvers, 25b = Abvers. Die Abkürzung Z steht nur sporadisch.

' Das Zeichen ' vor einer Silbe bedeutet Betonung der Silbe (primärer Akzent), z.B. be'*sprechen.*

, Das Zeichen , vor einer Silbe bedeutet Nebenton auf der Silbe (sekundärer Akzent), z.B. ,*etwas* be'*sprechen.*

---

[1] Die Abkürzung bezieht sich auf die Lehnert'sche Ausgabe Sammlung Göschen 1135. Die 2004 nachgedruckte *Beowulf*-Übersetzung von M. Lehnert im Verlag Reclam hat eine andere Zielsetzung und wurde für die vorliegende Ausgabe nicht benutzt.

1. Einleitung

1. Die Handschrift

Die *Beowulf*-Handschrift bildet zusammen mit einigen anderen Handschriften einen stattlichen, gedrungenen Band, dessen Signatur 'British Library Cotton Vitellius A.xv' lautet. In der Bibliothek des Sir Robert Cotton (1571–1631) war dieses Buch Nr. 15 der ersten Reihe (A) des Regals, das die Büste des römischen Kaisers Aulus Vitellius trug. Unter Cotton wurden in dem heutigen Band zwei Kodizes vereinigt: der erste, der Southwick-Kodex, die Folios 4–93 umfassend (1–3 sind vorgeschaltete Blätter, 1, da nicht altenglisch, wurde 1913 entfernt), der zweite, der Nowell-Kodex, den Rest, also die Folios 94–209, umfassend. Der Southwick-Kodex enthält vier Prosatexte, die uns hier nicht interessieren. Der Nowell-Kodex – nach dem Besitzer, der sich als *Laurence Nouell a. 1563* auf Folio 94r verewigt hat – umfasst fünf Texte: drei Prosastücke, die sich z.T. mit exotischen Monstern befassen (heute würden wir von *science fiction* sprechen), nämlich (1) *The Passion of St. Christopher* (unvollständig; Christophorus als Riese dargestellt), (2) *The Wonders of the East* und (3) *Letter of Alexander to Aristotle,* danach (4) *Beowulf* und schließlich (5) das letzte Viertel eines *Judith*-Gedichts. Kenneth Sisam vermutete, dass die Texte 1–4 ursprünglich eine Sammlung bildeten: "If a cataloguer of those days had to describe it briefly, he might well have called it 'Liber de diversis monstris, anglice'" (1953:96). Dass 'Nowell' eine Einheit bildete – aus welchen Gründen auch immer – geht auch daraus hervor, dass daran zwei Schreiber beteiligt waren. Der erste bricht mit Vers 1939 nach dem *t* im Wort *moste* ab, der zweite fügt das *e* an und schreibt den Rest des Kodex einschließlich des *Judith*-Fragments (aus einem wahrscheinlich zu dieser Zeit noch vollständigen *Judith*-Gedicht). Eine Abbildung der Übergangsseite findet man bei Mitchell/Robinson, S. 113. Der Schriftspiegel auf den Pergamentseiten beträgt meist weniger als 12 × 20 cm.

Am 23. 10. 1731 brach in der Cotton-Bibliothek ein Brand aus, durch den die Blattränder von Vitellius A.xv angesengt und brüchig wurden. Um ein weiteres Abbröckeln bis in die Schrift hinein zu verhindern, wird, veranlasst durch den Keeper of the Manuscipts Sir Frederic Madden, 1845 ein Rahmen aus dünnem Karton um die einzelnen Folios gelegt und mit schwach transparentem Papier angeklebt (hier und da verdeckt er Buchstaben); gleichzeitig wird der Band neu eingebunden. Der Brand und seine Folgen haben nichts mit zwei besonders arg lädierten Seiten zu tun, von denen wenigstens eine, nämlich Folio 201v, das Ende des *Beowulf* enthaltend, einmal Außenseite eines kleineren Kodex gewesen sein muss. Anderer Art sind die Läsionen auf Folio

182r, aber einen anderen Grund als dass auch diese Seite einmal eine Außenseite gewesen sein muss, hat man nicht gefunden (Westphalen, S. 30). Die Probleme auf Folio 201v sind Gegenstand des Anhangs IV.

In Anbetracht der geschilderten Umstände ist es umso bedeutsamer, dass ein isländischer Gelehrter aus Kopenhagen namens Grímur Jónsson Thorkelin (1752–1829) 1786 eine Transkription der Handschrift anfertigen ließ (Thorkelin A) und ein oder zwei Jahre später auch noch selbst eine solche anfertigte (Thorkelin B); diese Abschriften des Textes werfen Licht auf die eine oder andere Stelle, die heute nicht mehr lesbar ist. Im Jahre 1815 erschien, herausgegeben mit einer lateinischen Übersetzung von Thorkelin, die erste moderne *Beowulf*-Ausgabe, also die *editio princeps*, unter dem Titel *De Danorum rebus gestis secul. III & IV. poëma Danicum dialecto anglosaxonica* / Grim. Johnson Thorkelin. (Die Datierung bezieht sich auf die Ereignisse im *Beowulf*, die wir eher zwischen 450 und 550 ansetzen.)

Die Handschrift ist mit Sicherheit kein Original. Man schätzt, dass etwa zwei oder drei Abschriften zwischen dem Original und der überlieferten Abschrift lagen. Die Entstehung der Handschrift lässt sich einigermaßen genau datieren: um 1000 ist die generelle Meinung, eher nach 1000 als früher.

1.1.A. *Anmerkung zur Schreibung (nach M. Lehnert,* Elementarbuch, *§ 19).* Die ae. insulare Schrift hat eine längere Ahnenreihe. Aus der römischen Kapitalschrift entwickelten sich unter Verwendung des Schilfrohrs zum Schreiben die gerundeten Unzialen[1] und aus diesen die leichter schreibbaren Halbunzialen. Die Iren benutzten die Gänsefeder und bildeten die Halbunziale zu der für die britischen Inseln charakteristisch gewordenen spitzen Insularschrift aus.

Für die gedruckte Textwiedergabe haben sich traditionell gewordenen Umschreibungen ausgebildet, in der die besonderen Zeichen der altenglischen Schrift durch gängige Zeichen des lateinischen Alphabets ersetzt werden. Noch Lehnert allerdings behielt in Text und Glossar – unnötigerweise – das angelsächsische Zeichen ȝ für *g* bzw. *g* bei. Es wurde in der Neuausgabe durch *g* ersetzt. Durch *w* ersetzt wird in allen gedruckten Texten das altenglische *wynn* (/wyn/, das Wort für 'Wonne'), ein dem lateinischen *p* ähnliches Zeichen. Auch 'langes *s*' und die Formen des *r* und *f* werden durch die normalen Zeichen ersetzt. Beibehalten werden im Druck die Zeichen ð und þ. Ihre Unterscheidung hat nichts mit dem Unterschied zwischen stimmhaft und stimmlos zu tun, sondern folgt relativ undurchsichtigen Gesetzen, ob z.B. Wortanfang oder Wortende vorliegt. So steht etwa *hraðe* in den Versen

---

[1] Das Wort geht auf lat. *uncialis littera* zurück, ursprünglich ein Großbuchstabe von einem Zoll Höhe.

224, 740, 1294, 2117, 2968, aber *hraþe* in den Versen 748, 1310, 1570, 1917, 2541 ohne erkennbare Signifikanz. Der bestimmte Artikel im Plural erscheint 15-mal als *þa*, 9-mal als *ða*. – Die gelegentlichen Akzente in Form eines Akuts (im *Beowulf* etwa 125 an der Zahl) waren wohl so etwas wie Betonungszeichen zur Hervorhebung und werden im gedruckten Text nicht wiedergegeben.

Eine alte Tradition ist es, die Langvokale durch ein Makron (= 'Länge') auszuzeichnen, sodass für die Lesepraxis gilt: Alle nicht so bezeichneten Vokale sind kurz zu sprechen. Man mache also nicht aus *fela* ein /fe:la/ mit neuhochdeutscher Dehnung in offener Tonsilbe. (Ähnlich sind die Vokale in *logisch* und *Venus* von Hause aus kurz.) Schließlich beachte man noch, dass die Zeichen *j, k, q, v* und *z* von den altenglischen Schreibern nicht benutzt wurden; stattdessen benutzte man 3, *c* (*cw* für *qu*), *f, s* sowie *ts* oder *c*. Für /æ/ und /æ:/ schrieb man æ, was in den Ausgaben ebenfalls beibehalten wird, die somit noch die folgenden fremdartigen Schriftzeichen aufweisen:

æ = *ash* – Lautwert: [æ] (Ligatur)
þ = *thorn* – Lautwert: [θ] oder [ð]
ð = *edh* [eð] – Lautwert: [θ] oder [ð] (auch *eth* geschrieben mit gleicher Aussprache)
3 = *yogh* /jʊg/ – Lautwert: [ɣ], [g] oder [j] (in dieser Ausgabe durch *g* ersetzt)
ā = a mit 'Makron', dem im Druck üblich gewordene Längenzeichen (so auch *ē, ī, ō, ū. ȳ*)

2. Entstehungszeit, Entstehungsort, Autor

2.1. Entstehungszeit und Entstehungsort

Die Entstehungszeit des Gedichts ist äußerst fraglich. Dereinst war man optimistisch und glaubte aus gewissen sprachlichen Eigentümlichkeiten die Entstehungszeit erschließen zu können. Typisch ist etwa gleich in der ersten Zeile die 'falsche' Alliteration zwischen /g/ in *gār-* und /j/ in *geār-*, die irgendwann korrekt gewesen sein muss (vielleicht, dass spirantisches [ɣ] mit spirantischem [j] stabte oder in *gār-* und *geār-* [ɣ] gesprochen wurde). In Z16 würde ein älteres *liffrēga* oder *liffrēgea* die Zeile metrisch akzeptabel machen; aber in Z27, *on frēan wǣre*, ist gerade die Form mit kontrahiertem Vokal die metrisch korrekte. Dennoch weisen die sprachlichen Merkmale eher auf eine relativ frühe Entstehungszeit (vor 750). Auch die kulturellen Merkmale sind *inconclusive*. So ist es verlockend anzunehmen, dass die Erwähnung des legendären Offa (I) (1949 und 1957) dem historischen Offa II zuliebe erfolgte, der von 757–796 regierte und mit dessen Hof in Merzien der Dichter in Verbindung gestanden haben könnte; doch beweisbar ist das nicht. Levin Schücking verblüffte dereinst die Fachwelt, indem er für eine ausgesprochen späte Entstehungszeit argumentierte: "Ende des 9. jh.'s" als *terminus a quo* (1917:407), man ist ihm jedoch im Allgemeinen nicht gefolgt, obwohl es bis heute Befürworter einer späten Entstehung gibt (siehe Jack, S. 4²). Die Datierung bleibt bei der relativ großen Zeitspanne "zwischen 680 und 830", wobei das erste Viertel des 8. Jh. bei den meisten Autoren den Vorzug genießt. Auch neuere linguistische Überlegungen engen diese Zeitspanne nicht ein: "most probably composed before 725 if Mercian in origin or before 825 if Northumbrian. It can even date from as early as ca. 685" (R.E. Bjork und A. Obermeier in Bjork/Niles, 1997:28).

Dass der Ort der Entstehung im anglischen Raum, möglicherweise im ehemaligen Merzien liegen dürfte, gilt als wahrscheinlich. Schücking tippte auf Ostanglien, wo ein Fürst skandinavischer Herkunft das Opus für seinen Hof, vielleicht für die Erziehung seiner Kinder, bei einem ihm bekannten Dichter in Auftrag gegeben haben könnte.[3] Auch könnte die ostanglische Dynastie der Wuffingas mit den Im *Beowulf* erwähnten Wylfingas (461; 471) verwandt sein. Doch diese Beziehung bleibt vage.

2.2. Der Autor

Über den Autor soll zunächst J.R.R. Tolkien zu Wort kommen. Für ihn ist *Beowulf* "a poem dealing of design with the noble pagan of old days" (Fulk, S. 30). Weiter sagte er 1936:

"*Beowulf* is a poem by a learned man writing of old times, who looking back on the heroism and sorrow feels in them something permanent and something symbolical. So far from being a confused semi-pagan [...] he brought probably *first* to his task a knowledge of [Old English] Christian poetry [...]. He makes his minstrel sing in Heorot of the Creation of the earth and the lights of Heaven. So excellent is this choice as a theme of the harp that maddened Grendel lurking joyless in the dark without that it matters little whether this is anachronistic or not. *Secondly,* to his task the poet brought a considerable learning in native lays and traditions: only by learning and training could such things be acquired [*i.e.* at his time]. [...] It would seem that, in his attempt to depict ancient pre-Christian days, intending to emphasize their nobility, and the desire of the good for truth, he turned naturally when delineating the great King of Heorot to the Old Testament. In the *folces hyrde* of the Danes we have much of the shepherd patriarchs

---

[2] Siehe ferner Kap. 3 "Textual Criticism" von R.D. Fulk in Bjork/Niles 1997.
[3] Zwischen dem 7. und 9. Jh. gab es sieben Königreiche auf der britischen Insel: Ostanglien, Essex, Sussex, Kent, Nordhumbrien, Merzien und Wessex. Das Merzische als Dialekt umfasst auch Ostanglien.

and kings of Israel, servants of the one God, who attribute to His mercy all the good things that come to them in this life. We have in fact a Christian English conception of the noble chief before Christianity, who could lapse (as could Israel) in times of temptation into idolatry. On the other hand, the traditional matter in English, not to mention the living survival of the heroic code and temper in the noble households of ancient England, enabled him to draw differently, and in some respects much closer to the actual heathen *hæleð*, the character of Beowulf, especially as a young knight, who used his great gift of *mægen* to earn *dom* and *lof* among men and posterity." (Fulk, S. 30f.)

Martin Lehnert fasste sich kürzer:

"Nach allem, was sich aus dem Werke selbst schließen läßt, war der Dichter ein vornehmer humanistisch gebildeter Geistlicher, der wohl in Beziehung zum mercischen Hof stand und mit germanischem Sagengut [...] voll vertraut war. Er zeigt sich besonders von Vergils *Aeneis* beeinflußt, dem bis ins 8. Jh. meistgelesenen weltlichen Lateinbuch in England. Der *Beowulf*-Dichter ist bemüht, die heidnisch-germanischen Ideale mit den christlich-antiken zu vereinigen, was ihm nicht in allen Fällen gelungen ist."

Woran mag Lehnert in seiner Schlussbemerkung gedacht haben? Vielleicht hatte er nur den Gegensatz im Auge, der zwischen dem vom Dichter gefeierten germanischen Heldentum und dem Mythos eines Frieden predigenden und sich nicht verteidigenden Christus besteht. Dass der Dichter eine stärkere Vereinigung der beiden Standpunkte angestrebt hätte, die ihm nicht gelungen sei, dürfte sich kaum beweisen lassen. Das Bemühen, dem Charakter des Dichters näher zu kommen, ist anerkennenswert, aber wohl letztlich vergeblich. Das meinen auch die Autoren des Kapitels 2 im *Beowulf*-Handbuch:

"The search for the identity of the *Beowulf* poet seems largely futile, and what Thorkelin sagely observed in 1815 obtains today: 'one might as well roll the rock of Sysiphus' as try to identify 'our unnamed, unwept poet'. Specifying what type of poet the author was, on the other hand (*e.g.* a singer of tales or a literate author, either layperson or cleric), remains an important, if elusive, enterprise" (Bjork/Niles, S. 30f).

3. Der Stoff

Man unterscheidet traditionellerweise zwischen historischen und sagenhaften Elementen. Wir fügen dem einen archäologisch orientierten Abschnitt über Sutton Hoo und einen Abschnitt über die christlichen Elemente hinzu.

3.1. Die historischen Elemente [4]

Da der Königshof der Dänen im Mittelpunkt der Handlung steht, beginnt der Dichter mit dem Lobpreis des dänischen Stammbaums. Der Stammvater Scyld Scefing und dessen Sohn Beowulf – Beowulf I, nicht der Held des Gedichts, der in der ursprünglichen Sage vielleicht Beow oder Beaw hieß und der seinen Namen *Beowulf* wohl dem Irrtum des Dichters oder eines Abschreibers verdankt – sind mythische Gestalten. Am Beginn der geschichtlichen Überlieferung steht Beowulfs (I) Sohn Healfdene; dessen Kinder sind bereits historische Personen. Sein merkwürdiger Name rührt daher, dass seine Mutter schwedischer Herkunft war. Gemäß *Beow* 61–62 hatte er eine Tochter, die mit dem Schwedenkönig Onela verheiratet war, und drei Söhne namens Heorogar, Hrothgar und Halga. Hrothgar, im *Beowulf* König der Dänen, ist neben Beowulf (Beowulf II) die Hauptgestalt des Epos. Fast alle Gestalten sind auch – in Einzelheiten unterschiedlich – der altnordischen Tradition bekannt. In der Chronik des William of Malmesbury aus der ersten Hälfte des 12. Jh. finden wir im westsächsischen Stammbaum die latinisierten Namen *Beowius* und *Sceldius*. In den *Gesta Danorum* des Saxo Grammaticus (um 1200) wird ein *Scioldus* ausführlich gepriesen.

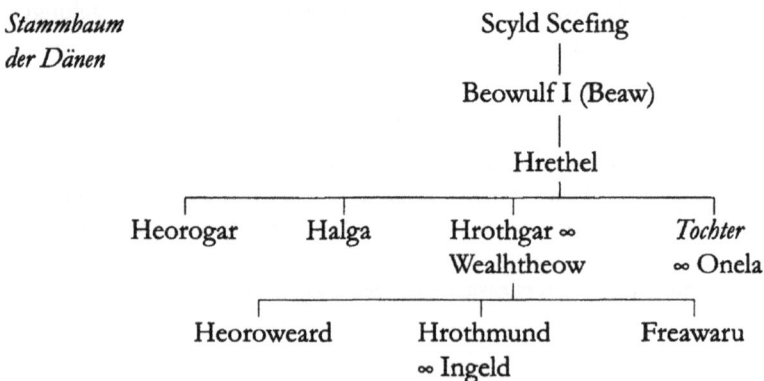

Stammbaum der Dänen

Beowulf, der Held, gehört zum Stamme der Gauten im heutigen Südschweden. Ob seine Gestalt vielleicht vom Dichter erfunden wurde, ist unsicher. Er verkörpert die Idealfigur des heldenhaften Kämpfers, dem die Sympathie des Dichters, wenn auch nicht uneingeschränkt die unsere gilt. Über den Gautenkönig Hrethel erfahren wir, dass sein ältester Sohn Herebald einem unglücklichen Pfeil seines Bruders Hæthcyn zum Opfer fiel (2435–2443). Kämpfe

---

[4] Das Folgende im Wesentlichen nach Lehnert, dessen Formulierung im Einzelnen ich jedoch hier und da ändere.

mit den Schweden brechen aus, bei denen König Hæthcyn und – nach Eingreifen Hygelacs – der Schwedenkönig Ongentheow ums Leben kommen. Am Ende siegen in der Schlacht von Ravenswood (im Jahre 510; *Beow* 2935) die Gauten. Genaueres wissen wir über Hygelac. In fränkischen Quellen heißt er Cochilaicus oder Hugilaicus. Er fällt bei einem historisch bezeugten Beutezug an den Niederrhein im Kampf gegen Franken und Friesen im Jahre 521 – das markanteste Ereignis, das sich mit einiger Sicherheit datieren lässt. Der Dichter erwähnt Hygelacs Beutezug an vier Stellen: 1202–1214, 2354–2368, 2501–2508 und 2913–2921. Klaeber fasst ihn so zusammen:

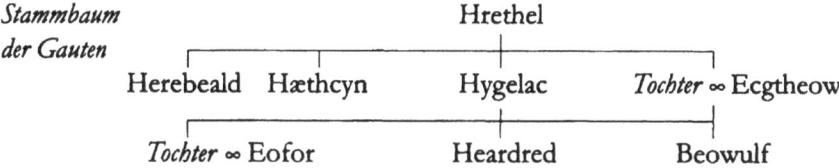

"Having loaded their ships with prisoners and rich booty [...], the Geats return. The main force is sent out in advance, but the king with a smaller force remains on the shore (of either the Rhine or the North Sea). There [...] he is overtaken by a strong army under the command of Theodebert, the son of the Frankish king Theoderic (the Merowingian 2921). King Hygelac and his followers are slain, his fleet is pursued and utterly routed." (S. xxxix)

Die im Beowulf geschilderten Ereignisse sind demnach etwa zwischen 450 und 550 anzusetzen. Beowulfs Taten nach Hygelacs Tod werden hoch gepriesen (2354–2366 und 2501–2509). Merkwürdigerweise ist den fränkischen Quellen – insbesondere berichtet Gregor von Tours (538–594) in seiner *Historia Francorum* über diese Begebenheiten – ein Beowulf nicht bekannt.

Nachdem Heardred König geworden ist, steht ihm Beowulf als Berater zur Seite. Nach dem Tode des Schwedenkönigs Ohthere nimmt er dessen Söhne Eanmund und Eadgils bei sich auf.

Bald danach greift Onela die Gauten an (im Jahre 533), und Heardred und sein Sohn Eanmund fallen im Kampf. Schließlich zieht sich Onela zurück, und Beowulf übernimmt die Herrschaft über die Gauten. Dem bei den Gauten verbliebenen Eadgils gelingt es später, seinen Onkel Onela zu beseitigen und den schwedischen Thron zu erringen. Die Gefahr vonseiten der Schweden ist auch bei Beowulfs Tod noch akut; die Besorgnis darüber kommt in den Worten des Boten (2999–3007; 3018–3030) beredt zum Ausdruck. In der Tat erliegt das Land der Gauten später den Schweden und wird nach 600 in den dichterischen Quellen nicht mehr genannt.

3.2. Die sagenhaften Elemente

Während das Historische im *Beowulf* allenfalls in Namen und Umständen der Schilderungen greifbar wird, ist das Sagenhafte der eigentliche Gegenstand der drei Haupthandlungen: des Grendelkampfes, des Grendelmutterkampfes und des Drachenkampfes. Woher ist dem Dichter dieser Stoff zugeflossen? Im sog. *Bärensohnmärchen* besiegt der Held einen Dämon und in einigen Fassungen auch dessen Mutter, doch als Quelle des Beowulf-Dichters kann das Märchen nicht gelten. Dem *Beowulf* näher stehen zwei nordische Sagas: die *Grettissaga* (um 1399) und die *Hrolfssaga* (nach 1300). – Zunächst zur *Grettissaga*:

Um einen vielleicht historischen Helden namens Grettir, dem Herkules des Nordens, ranken sich verschiedene volkstümliche Sagen. *Beowulf* am nächsten steht die Sandhaugar-Episode (Kap. 64–66). Eine Bäuerin hat durch einen Unhold in einem Jahr ihren Mann, im nächsten einen Knecht verloren, der ihr Haus bewachen sollte. Da greift Grettir ein, der seine große Kraft erst einmal dadurch zur Schau stellt, dass er, einem Christophorus ähnlich, die Frau mit ihrem Kind über einen reißenden Strom trägt. Er quartiert sich in dem Hause ein und wird um Mitternacht tatsächlich von einem Riesenweib, einer *tröll-kona*, angefallen, in der einen Hand einen Trog tragend, in der anderen ein Kurzschwert "wenn auch ein ziemlich großes" (wie es im Text heißt). Während des Kampfes geht fast das ganze Inventar zu Bruch, und es gelingt dieser Grendelmutter schließlich, Grettir bis an das Ufer des in der Nähe verlaufenden Flusses zu ziehen, wo es hinwiederum Grettir gelingt, ihr den rechten Arm abzuschlagen und sie in den Fluss zu stoßen.

Wenn Grettir später die Ansicht äußert, zwei verschwundene Männer seien wohl ebenfalls im Fluss umgekommen, will ihm der Priester Stein nicht glauben. Begleitet vom Priester und bewaffnet mit einem Kurzschwert (*sax*), begibt sich Grettir erneut zum Gewässer, stürzt sich in den Abgrund und gelangt zu einer Höhle, in der ein Riese bei einem Feuer sitzt, sich jedoch sogleich mit einem Speer mit hölzernem Griff (einem *fleinn*, "þat kolluðu menn þá heptisax" – vgl. *hæftmēce*, *Beow* 1457) auf Grettir stürzt. Der Riese greift schließlich nach einem an der Wand hängenden Schwert, was Grettir die Gelegenheit verschafft ihn zu töten. Inzwischen meint der Priester, Grettir sei umgekommen, und verlässt seinen Posten am Rande des Gewässers, so die Rolle spielend, die im *Beowulf* den ungläubigen Dänen zugeteilt ist. Grettir kehrt schließlich mit den Gebeinen der verschwundenen Männer und mit einem mit Versen beschriebenen Runenstab ans Tageslicht zurück.

Dass die Grettissage und *Beowulf* eine gemeinsame Quelle haben müssen, ist ebenso offenkundig wie der Umstand, dass die Grettissage dem Original der Sage näher steht als die Schilderung im *Beowulf*. Vieles, was in der Grettissaga klar und funktional ist, erscheint im *Beowulf* dunkel oder funktionslos. So muss es sich bei der Grendelbehausung ursprünglich um eine Höhle hinter einem Wasserfall gehandelt haben, und diese Landschaft bleibt erhalten in einem Land mit vielen Wasserfällen. Lehnert vermutete dagegen, dass nicht in der Saga, sondern im *Beowulf* einiges an älterem Material erhalten sei: "Wir dürfen wohl annehmen, dass die Quelle der Grettissaga dem *Beowulf* viel ähnlicher war [als die Saga selber]" (S. 13).

Die Hrólfssaga steht in gewisser Hinsicht dem *Beowulf* noch näher als die Grettissaga. In der Hrólfssaga ist der Held Bǫðvarr der Bruder des Gautenkönigs, und er befreit die Halle des Dänenkönigs Hrólfr, im heutigen Lejre bei Roskilde auf der Insel Seeland gelegen, von einem Troll (die skandinavische Bezeichnung für *Unhold*). Ähnlich wie sich Beowulf, sich selbst rühmend, am dänischen Hof einführt und mit Unferth in Streit gerät, so gerät auch Bǫðvarr mit den Männern Hrólfs aneinander, bevor er seine Tapferkeit unter Beweis stellt.

Die beiden Sagas zeigen, dass die *Beowulf*-Fabel letztlich aus Skandinavien stammt. Ob es der *Beowulf*-Dichter war, der die beiden Stoffkomplexe vereinigte, weiß man nicht. Ohnehin hat er wahrscheinlich vieles umgeformt und eine verwirrende Fülle von Namen in sein z.T. an Vergil orientiertes Leseepos eingefügt – ganz abgesehen von dem Drachenkampfthema, für das man keine Quelle oder Vergleichbares gefunden hat. Die Ähnlichkeiten mit dem Bericht des Saxo Grammaticus über den Drachenkampf des Dänenkönigs Frotho sind nur oberflächlicher Natur. Der Drachenkampf aber stellt nach dem Willen des *Beowulf*-Dichters die Krönung eines in jeder Hinsicht idealisierten Heldenlebens dar.

3.3. 'Beowulf' und Sutton Hoo

'*Beowulf* und Sutton Hoo' war die archäologische Sensation des 20. Jh. im Bereich der britischen Inseln. Am Ende des Epos lesen wir (mit Klaebers und Lehnerts Emendation):

> Geworhton ðā Wedra lēode
> hl(ǣw) on [h]līðe, sē wæs hēah ond brād.   (3156f)

Genau das hatte sich aus ähnlichem Anlass auf englischem Boden ereignet. Die *Beowulf* 26–52 geschilderte Bootsbestattung hatte es auch in England gegeben, nur dass man das Boot unter einem Hügel beigesetzt hatte und es somit erhalten blieb. Auch fehlte jede Spur einer Leiche.

Sutton Hoo liegt im Südosten von Suffolk am Ostufer des nach Südosten fließenden Deben gegenüber von Woodbridge. Eine Heidelandschaft mit künstlich aufgeworfenen Hügeln unterschiedlicher Größe (etwa 14 deutlich erkennbar), von wo aus man nach Westen auf den Deben schaut, war im Besitz von Mrs Edith May Pretty, als man mit deren Zustimmung 1938 daran ging, die ersten Hügel (*mounds*) zu untersuchen. In einem der Hügel fand man Spuren eines kleinen Bootes, aber die Grabstätte war geplündert worden. Im Jahre 1939 öffnete man den größten, vier Meter hohen Hügel und entdeckte ein

27 Meter langes mastloses Ruderboot mit einer ähnlich reichen Ausstattung, wie der *Beowulf*-Dichter sie zu Beginn des Epos schildert. Im Boot, das ursprünglich in einer Art Graben beigesetzt worden war, stieß man auf eine große Menge an Grabbeigaben. Man fand nicht nur Schwert, Helm und Rüstung, sondern auch eine goldene Spange, eine goldverzierte Börse mit Münzen, Silberschalen und anderes mehr. Merowingische Goldmünzen erlaubten eine Datierung auf die Zeit zwischen 650–670 *post* – ziemlich genau die Zeit, auf die manche Forscher auch die Entstehung des *Beowulf* zu datieren pflegten. Hätte Schücking seinen Essay zu Gunsten einer späten Datierung auch geschrieben, wenn 1917 der Fund von Sutton Hoo bereits bekannt gewesen wäre?

Am 14. August 1939 – kurz vor Ausbruch des Zweiten Weltkriegs – wurde beim 'Coroner's Inquest' *Beowulf* 3166–68 zitiert – zum Beweis dafür, dass es sich bei den Funden nicht um 'treasure trove' handele, einen versteckten Schatz, der der Krone zugefallen wäre, sondern um aufgegebenes Gut, das der Besitzerin des Bodens zufiel. So wurde auch zugunsten der Besitzerin entschieden, die ihrerseits den Fund dem englischen Volke vermachte.

Wer war der Bestattete? Die Beigaben ließen auf genau jene Mischung von heidnisch/christlich schließen, wie wir sie auch im *Beowulf* vorfinden. Auf zwei Silberlöffeln waren die Namen ΣΑΥΛΟΣ und ΠΑΥΛΟΣ eingraviert; was auf eine Konversion des Bestatteten hindeuten könnte. Vielleicht hatte es sich um eine private Bestattung im Kreise der *wilgesīþas* (23) gehandelt, während der König tatsächlich bereits christlich beigesetzt worden war. Mögliche Kandidaten sind die ostanglischen Könige, die man zum Teil aus Bedas *Kirchengeschichte* kennt, etwa König Rædwald († c624) oder dessen Neffen Æthelhere († 654) oder Æthelwald († c663). Sie gehörten dem Geschlecht der Wuffingas an.

Drei der gefundenen Gegenstände lassen sich in eine engere Beziehung zu *Beowulf* setzen. (1) **Die Standarte**. Eine Art eiserner Ständer (*an iron stand*) mit einer Spitze, die man zum Tragen des Ganzen in ein Halfter stecken konnte; weil sie wahrscheinlich zum Einrammen in die Erde, woran man ebenfalls gedacht hat, zu klein war (der ganze Ständer ist nur 1,65 m hoch). Dies mag immerhin den Standarten entsprechen, die im *Beowulf* jeweils als *segn gylden* bezeichnet werden (47, 1021, 2767) und deren Gold dichterische Zutat oder Zeichen besonderer Königsstandarten sein kann. – (2) **Der Bronze-Hirsch** – eine kleine Hirschfigur, gut 9 cm hoch, auf einem Ring von ähnlichem Durchmesser montiert (der Hirsch steht mit geschlossenen Vorder- und Hinterfüßen auf dem aufrecht stehenden Ring), gehört an das eine Ende eines ebenfalls gefundenen Szepters aus geschliffenem Stein, das man scherzhaft auch als 'Wetzstein' bezeichnet hat. (Einige Jahre lang hatte man im Britischen Museum den Hirsch auf die Standarte montiert, was sich als nicht korrekt erwies.) Was allerdings die Halle Heorot im *Beowulf* genau mit dem Hirsch von Sutton Hoo zu tun hat, ist ungeklärt. Der Name kommt im *Beo-*

wulf in der Form *Heorot* (z.B: 166, 432; auch *Hiorot*), seltener als *Heort* (78, 991; auch *Hiort*) vor. – (3) **Die Mini-Harfe**. Die Rekonstruktion der Harfe, da aus Holz und damit zerfallen, war schwierig. Zunächst hielt man sie für nur 37,5 cm hoch. Sie dürfte jedoch etwa 72,5 cm hoch gewesen sein und hatte sechs Saiten. Wenn dies stimmt, hätten wir eine Vorstellung von dem, was vorging, wenn der Dichter sagt "þær wæs hearpan swēg, | swutol sang scopes" (89f) und der Sänger/Liedermacher in Aktion trat. Dass jedoch ein Epos wie *Beowulf* nicht mit Harfenbegleitung vorgetragen wurde, ist offensichtlich.

Für den Archäologen sind natürlich weitere Gegenstände von Interesse. Der Artikel "Archaeology and *Beowulf*" von Leslie Webster in Mitchell/Robinson hat Abschnitte über *Warrier Culture, Halls, Arms and Armour, Helmets, Mail-coats, Shields* und *Swords and Seaxes*. Auch "*Beowulf* and Archaeology" von Catherine M. Hills in Bjork/Niles ist lesenswert. Keiner dieser Artikel diskutiert die drei oben aufgeführten Gegenstände.

3.4. Die christlichen Elemente

Die Christlichkeit des *Beowulf*-Verfassers steht außer Zweifel. Neben Reminiszenzen, die einen heidnischen Schicksalsglauben voraussetzen (das Stichwort ist *wyrd*), wird ansonsten überall im Epos einem christlichen Gott gehuldigt und gedankt, ja an der Stelle 171–188 der Gegensatz heidnisch/christlich sogar thematisiert. Somit wundert es nicht, dass die heidnischen Götter nicht vorkommen, aber auch die Christlichkeit bleibt vage und ist eher alt- als neutestamentarisch; man denke an die explizite Darstellung, wonach Grendel aus Kains Geschlecht stammt (105–110). Es fehlt jegliches christliche Detail. Die Vertreter einer christlichen Gesamtdeutung haben zwei Wege eingeschlagen: die einen bevorzugen eine allegorische Deutung und sehen Beowulf als Retter und Erlöser (z.B. M.B. McNamee in Fulk 88–102), die anderen vertreten eine exegetische Richtung und suchen *Beowulf* in einen patristischen Kontext zu stellen (z.B. Goldsmith 1970).

Wie schwierig es ist, die heidnischen und christlichen Elemente korrekt zu deuten, zeigt in besonders anschaulicher Weise die neuere Gesamtausgabe des Werkes von Mitchell und Robinson. Die Herausgeber sind bezüglich der Christlichkeit des Werkes unterschiedlicher Meinung ("The significance of the Christian elements is a topic on which the authors do not see eye to eye" – S. 33) und stellen daher ihre Meinungen getrennt dar – mit dem Ergebnis, dass auch ihre Gesamtwürdigung "Two views of *Beowulf*" überschrieben ist (s. unten §6). FCR glaubt, der Schöpfungshymnus (90–98) sei heidnisch zu verstehen. Der christliche Dichter bedaure das Heidentum und die damit verbundene Verdammnis seiner Helden, und die Spannung, die er damit bei wenigstens einem Teil seiner Hörer erzeugte, sei "a conscious element in the poet's design" gewesen (S. 34). BM dagegen hält den Hymnus für christlich und meint vom Dichter:

"He deliberately blurs such questions as damnation and the fate of the righteous heathen on the death of Beowulf, shirking these issues in the interests of Christian propaganda. As BM sees it, the poet avoids these questions, deliberately or unconsciously, because he is not much concerned with them: if he had been, he would have met them head on" (S. 34).

Der Herausgeber dieser Ausgabe würde eher BM zuneigen, bleibt aber unsicher. – Siehe auch ANHANG IV.

4. Der Stil

Im Ganzen ist der Stil des *Beowulf* identisch mit dem der gesamten altenglischen Versdichtung; in der Tat ist er praktisch gemeingermanisch. Wir werden im Bereich des Stilistischen – der Mikrostrukturen – keinen Unterschied machen zwischen 'typisch altenglisch' und 'typisch *Beowulf*-Dichter'. Zunächst jedoch die Makrostrukturen.

4.1. Die Makrostrukturen

4.1.1. *Zustand statt Vorgang.* Der Dichter ist ausgesprochen schlecht im Darstellen von Vorgängen. Der Grendelkampf (745–824) wirkt zusammen mit dem Hin und Zurück des Erzählens geradezu chaotisch, obwohl einige Kritiker, z.B. Joan Blomfield, dies als korrekt und vom Dichter beabsichtigt verteidigen. Ein anderes Beispiel ist die Seefahrt Beowulfs nach Dänemark. Sie kommt sehr kurz weg. Was wir erhalten (217f), ist das statische Bild des vom Winde getriebenen Schiffes, 'bis dass die Seefahrer am anderen Tage Land sahen, die Meeresklippen glänzen, die steilen Felsen, die großen Vorgebirge' (219–223) – ein weiteres statisches Bild.

4.1.2. *Sentenzen und moralisierende Endpunkte.* Immer wieder streut der Dichter seine Verallgemeinerungen in Form von Sentenzen ein, hier und da als Schlusspunkte einer voraufgegangenen Darstellung. Zu Beginn hat er Beowulf I, den Sohn Scylds, gelobt. 'So [wie Beowulf I]', fährt er dann fort, 'sollte ein junger Mann durch gute Taten bewirken, dass im Alter seine Gefährten bei ihm ausharren' (20–25) und setzt damit einen Schlusspunkt unter diesen Teil seiner Schilderung. Die Rhetoriker nannten dies ein Epiphonem. Aber auch sonst fehlt es nicht an moralisierenden Sentenzen, in denen meist eine christliche Grundhaltung mit germanischer Heldenverehrung abwechselt oder verschmilzt, z.B. 455, 572f, 930f, 1328f, 1534ff.

Einleitung 13

4.1.3. *'Interlace structure'*. Der Dichter erzählt nur selten in chronologischer Folge. Meist haben wir ein ungeordnetes Hin und Her, oft noch von Einschüben unterbrochen, das nicht unserem Geschmack entspricht. Wahrscheinlich fehlt uns das Gespür für das Kunstideal des Dichters. Auch Klaeber schätzte diesen Habitus des Dichters nicht ohne weiteres positiv ein:

"Typical examples of the rambling, dilatory method – the forward, backward, and sideward movements – are afforded by the introduction of Grendel (86–114), the Grendel fight (745–824), Grendel's going to Heorot (702 ff.), and the odd sequel of the fight with Grendel's mother (1570–90)" (S. lviii).

John Leyerle prägte dafür den Ausdruck 'interlace structure' und verglich die Erzählweise des Dichters mit dem schmückenden Flechtwerk auf Gebrauchsgegenständen der Zeit, z.B. auf der goldenen Gürtelspange von Sutton Hoo (Leyerle 1967). Joan Blomfield hat das Gemeinte so ausgedrückt: "The structure of the poem is not sequential, but complemental [...] Already Klaeber has noticed a circumscribing movement" (Fry, S. 60). Kurz darauf spricht sie (beiläufig) auch von 'circumambient structuring'. Es gibt weitere Metaphern, die das Klaeber'sche Vor, Zurück und Seitwärts zu beschreiben suchen, z.B. 'envelope pattern' oder 'ring composition' (berichtet von Ursula Schaefer in Bjork/Niles 121 ff.). Ein Beispiel dafür ist *Beow* 12–19 (*ib.* 122).

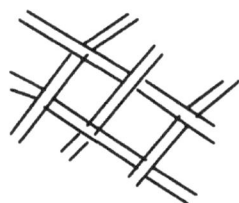

Wahrscheinlich ist für diese Stelle die Annahme der Ringmetapher primär durch das Wort *eafora* veranlasst, das in Z12 und Z19 vorkommt. Doch stimmt die Metapher auch, insofern der Bericht des Dichters – dass Scyld einen Sohn hatte, ein Geschenk Gottes, der dem früheren Leiden des Volkes ein Ende machen wollte, und dass dieser Sohn aufwuchs und berühmt wurde – eine Erzählfolge *ABA* aufweist (*B* = Rückblick auf die herrscherlose Zeit).

Bleiben wir in der Nähe der zitierten Stelle und bezeichnen wir den Bericht über Syld zu Beginn des Epos mit *A* und den über Beowulf I mit *B*, so erhalten wir die Erzählfolge $A_1 \; B_1 \; A_2 \; B_2$. A_1 sind Scylds Heldentaten (1–11), B_1 umfasst Geburt und Taten seines Sohnes Beowulf I (12–25), A_2 ist Scylds Bestattung (26–52) und B_2 Beowulfs Regentschaft und Sohn (53–58). Der Dichter baut durch die nicht-chronologische Erzählweise Spannung auf. So erwähnt er an späterer Stelle, nachdem Beowulf die Grendel-Mutter getötet hat, plötzlich Grendel, dem es Beowulf heimzahlen wolle, weil er Böses verübt habe (1576 ff). Der Leser fragt sich, 'Wieso Grendel? Ist das Kapitel Grendel nicht erledigt?' Denn erst danach erfährt er, dass Grendel leblos (tot?) in einer Ecke der Höhle liegt. 'Seine Wunde klaffte weit, als ihn nach dem Tode der Stoß traf' (1588 f) (der Leser rätselt). Wiederum erst danach

(1590) wird gesagt, dass Beowulf Grendel den Kopf abschlägt (das Aha-Erlebnis des Lesers hervorrufend). Die Tendenz ist die gleiche, wenn Beowulf in seiner Heimat Reisevorbereitungen trifft (ab 194), schließlich in Dänemark ankommt, mit dem Strandwart verhandelt, aber erst dem Minister des Königs seinen Namen nennt: "Bēowulf is mīn nama" (343).

In Fortführung von Tolkiens *balance* (s. §1.6) glaubt Theodore Andersson in *Beowulf* eine immer wiederkehrende Auf- und Ab-Struktur zu erkennen, die Sieg und Niederlage bedeutet. Er verdeutlicht dies durch Zickzacklinien, z. B. Hallenbau (Spitze oben), Grendels Erscheinen (Spitze unten), Beowulfs Anreise (oben), Grendels Angriff (unten), Beowulfs Sieg (oben) – usw. Die Techniken des Dichters scheinen ihm letztlich darauf hinauszulaufen, "to underline the message of futility" (Fulk 225).

4.1.4. *Episoden, Einlagen.* Der Dichter lässt nur selten eine Gelegenheit ungenutzt, irgendeine historische Andeutung zu machen oder ganze Episoden aus der germanischen Sagenwelt einzustreuen. Der bekannteste Fall der zweiten Art ist die Finnsburg-Episode (1063–1159), weil der gleiche Sagenkomplex in einem fragmentarisch erhaltenen Finnsburglied behandelt wird, das in der Regel in den *Beowulf*-Ausgaben abgedruckt wird. Insgesamt nehmen die Episoden und Einlagen rund 700 Zeilen ein.

4.1.5. *Anspielungen und Vorausdeutungen.* Gern deutet der Dichter etwas an, was sich erst später ereignen wird. Eine typische Vorausdeutung haben wir in den Versen 81–85. Hoch ragte die neu erbaute Halle empor – so sinngemäß der Dichter –; noch war sie nicht das Opfer der Flammen im Kampf zwischen Schwiegervater (Hrothgar) und Schwiegersohn (Ingeld). Man kann annehmen, dass die Hörer des Dichters solche Anspielungen verstanden. In diesem Falle kommt er in der sog. Ingeld-Episode (2020–2068) auf die angedeuteten Heathobardenkämpfe zurück.

4.1.6. *Reden.* Der Dichter kennt keinen realistischen Wortwechsel (obwohl er von "wordum wrixlan" spricht – 366), sondern nur kurze oder lange Reden, die stets förmlich eingeleitet werden, meist durch die *maðelode*-Formel, z. B. folgendermaßen:

þegn Hrōðgāres … meþelwordum frægn (235f)	Wulfgār maþelode (348; 360)
se yldesta … wordhord onlēac (258f)	Hrōðgār maðelode (371)
Weard maþelode (286)	Beowulf maðelode (405).

Es gibt weitere Wendungen der Redeeröffnung, z. B. 315, 332.

4.2. Die Mikrostrukturen

4.2.1. *Synonyma und Komposita.* Von der ersten Zeile an wird dem Leser auffallen, welch große Anzahl von Synonyma der Text enthält. Der Dichter benutzt, wie Lehnert schreibt (S. 16), für den Begriff 'Zeit' neun Wörter, nämlich *fæc, fyrst, hwīl, mǣl, sǣl, sīð, stund, tīd, þrāg,* für 'Mann' 19 Ausdrucksweisen, nämlich *beorn, ċeorl, eorl, fīras, fold-, grund-, land-būend, guma, gumena bearn, ylda bearn, niðða bearn, niðða, hæleð, mon, rinc, sāwlberend, secg, wer, ylde,* für 'König' rund 30 (darunter zahlreiche Zusammensetzungen, z.B. *þēodcyning,* Z2). "Neben den häufigen metaphorischen Umschreibungen einzelner Wörter finden sich solche durch ganze Sätze, wie in V.5 für 'erobern', V.333 für 'kommen' oder V.291 f. für 'gehen' (ähnlich V.2539, 2653 f., 2661, 2754, 2850 f.)" (Lehnert, *ib.*). Wie andere Dichter so liebt auch der des *Beowulf* Neuprägungen und – beim Nomen – Zusammensetzungen; die letzteren machen "nicht weniger als ein Drittel des gesamten *Beowulf*-Vokabulars aus und zeugen von der überraschenden wortschöpferischen Kraft des Dichters" (*ib.*), zB. *þēodcyning* (2), *fyrendearf* (14), *woroldār* (17), *medoærn* (69), *ealowǣge* (481), *bēorsele* (482), *frēowine* 430), *medoheal* (484). An Determinanten treten auf *mægen-, mōd-, word-, þēod-* und viele andere.

4.2.2. Kenningar. Unter den nominalen Varianten fallen besonders die Kenningar (Sg. *die Kenning*) ins Auge, die so etwas wie kompakte Metaphern darstellen. Das Meer ist *bronrād* 'Wal[fisch]revier' (10; wörtlich '-straße'), *swanrād* 'Schwanenrevier' (200) oder auch *ȳða gewealc* 'Wogengewälze' (464). Das Schiff ist *ȳðlida* 'Wogengänger' (198), *sundwudu* 'Seeholz' (208) oder *wundenstefna* 'gewundener Steven' (220), aber natürlich auch einfach *fær* 'Gefährt' oder *bāt* 'Boot'. Die Kenningar ergänzen nur den ohnehin großen Vorrat an Synonymen, über den der altenglische Dichter verfügte.

4.2.3. Variationstechnik. Der vielseitige Wortschatz hat seinen Grund in der wichtigsten Stileigentümlichkeit der altenglischen Dichtung, der Variationstechnik; das ist "die Darstellung einer Sache oder Person [oder eines Sachverhalts] in immer neuer Abwandlung vermittels appositioneller Fügungen" (Lehnert, S. 17). Fred C. Robinson spricht vom *appositive style* (auch Buchtitel). Eine einfache Apposition haben wir in der Fügung *Hrothgar, König der Dänen.* Der appositive Stil des *Beowulf* (tatsächlich der altenglischen Dichtung) zeichnet sich dadurch aus, dass die appositiven Glieder häufig voneinander getrennt sind ("eorðan worhte, wlitebeorhne wang" – 92 f.) und auch ganze Satzteile umfassen können ("Ðā ic wīde gfrægn weorc gebannan ... folcstede frætwan," 74–76). Soweit die semantischen Wiederholungen auf Wortebene stattfinden, spricht man von *lexical repetitiveness.* Der Variationsstil wird durch den Stabreim – ein Sprechen in Halbzeilen – gefördert, wenn er nicht gar dadurch entstand. – Siehe auch Standop 1968.

Durch die Variationen bedingt ist die asyndetische Parataxe von Wörtern und Sätzen, z.B. (z.T. mit fehlendem Komma) 150, 398, 410, 987 bzw. 234 ff, 325 ff. Ein Beispiel:

Him sē yldesta andswarode,
werodes wīsa, wordhord onlēac (258f)

Hier wird *yldesta* variiert durch *werodes wīsa, andswarode* – bei fehlendem Personalpronomen – durch *wordhord onlēac;* ein *and* 'fehlt' vor *wordhord onlēac*, d.h. die Parataxe ist asyndetisch.

4.2.4. *'Discontinuous elements'.* Syntaktisch Zusammengehöriges wird oft durch dazwischentretende Satzteile getrennt; typisch z.B. "Nū ic ēower sceal ǀ frumcyn witan" (251f). Die Folge der Elemente ist *axb* – rhetorisch ein Hyperbaton. Solche Fügungen sind nicht syntaktisch normal, sondern müssen als poetische Lizenzen gelten.

4.2.5. *Nominalstil.* Mit der Variationstechnik mag auch der Nominalstil zusammenhängen, der an die Stelle verbaler Fügungen nominale Wendung setzt, z.B. "*ofost* is sēlest to gecȳðanne, hwanan ēowre cyme syndon" (256; ferner 269, 352, 364, 366f, 382, 460). Vielleicht aber ist er Ausfluss des gleichen Formwillens, der sich in der Bevorzugung von Zustandsschilderungen anstelle von Aktionen äußert.

4.2.6. *Litotes.* Nach den Heimsuchungen durch Grendel will naturgemäß niemand mehr in der Halle übernachten. Der Dichter sagt 138f sinngemäß: 'Da war leicht zu finden [derjenige], der sich anderswo eine Ruhestätte suchte' – eine untertreibende Ausdrucksweise (*understatement*), rhetorisch eine Litotes, für 'Da mieden alle die Halle während der Nacht'. Die Figur der Litotes ist sehr häufig und findet sich z.B. auch Z127 und 202.

4.2.7. *Ironie.* Manche Forscher sehen Ironie – das Sagen des Gegenteils von dem, was man meint – an allen Ecken und Enden. Dass es sie gibt, ist unbestreitbar. Da hat z.B. Grendels Mutter einen der Mannen namens Æschere fortgetragen in ihre Behausung, aber Beowulf fragt den König am folgenden Morgen, ob er gut geschlafen habe (1319–20) – eine Art dramatischer Ironie, insofern der Leser (*qua* Zuschauer) bereits weiß, was vorgefallen ist. Die Wirkung ist ähnlich der der Litotes.

4.2.8. *Formeln und Floskeln.* In den sechziger Jahren des 20. Jh. entdeckte die Forschung, dass im *Bewowulf* manche Formel auftaucht, die aus der mündlichen Überlieferung stammen musste, z.B. gleich zu Beginn die Formel 'Ich hörte von …'. Insgesamt aber erwies sich der Formelreichtum als geringer, als man angenommen hatte. Schließlich handelt es sich um Buchdichtung, die gelesen, allenfalls vorgelesen wurde, und der Dichter kannte wohl auch Vergil.[5]

---

[5] Der klassische Aufsatz über die Formeln ist der von F.P. Magoun, jr., nachgedruckt in Fulk 1991:45–65 (zuerst 1953). Einen längeren Passus über die Formeln hat Jack 1994 – *quod vide*.

Floskeln sind zahlreich und entstehen durch die Form des Stabreims, der den Dichter veranlasst, manche Halbzeile, gelegentlich auch eine ganze Zeile, mit Nichtssagendem zu füllen, z.B. "on þǣm dæge þysses līfes" (1970 u. öfter).

4.2.9. *Poetischer Wortschatz*. Der Dichter verwendet viele ausgesprochen poetische Wörter, was jedoch der moderne Leser kaum nachempfinden kann. Selbst relativ häufige Wörter wie *ferhð* 'Geist, Herz' (vgl. *swīðferhð* 493), *frēa* 'Herr' (27 u. ö.), *gūð* 'Kampf, Krieg' (483 u. ö.), *hild* 'Krieg, Schlacht' (452 u. ö.), *reced* 'Halle' (326 u. ö.), *secg* 1. 'Mann' (208 u. ö.), 2. 'Schwert' (684), *hæleð* 'Held, Krieger' (190 u. ö.) kommen nur in poetischen Texten vor. Klaeber unterscheidet in seinem Glossar: † = 'in poetry only', ‡ = Hapaxlegomenon, (†) = 'gelegentlich auch in Prosa', (‡) = 'verwandte Formen oder Wörter auch in Prosa'. Ein erstes Beispiel unter *a-* ist etwa der Eintrag '*geæfnan* †' (538), das nächste '*æf-þunca* (‡) (+)' (502), wobei '+ in Klammern' = 'ausnahmsweise auch in Prosa'.

5. Die Sprache

5.1. Der Dialekt

Die altenglische Literatur ist uns in einer westsächsischen Gemeinsprache überliefert, die seit Sievers' *Grammatik* (1882), die auf früh-westsächsischer Alfred'scher Prosa beruht, als Norm des Altenglischen gilt. Die beiden Schreiber der *Beowulf*-Handschrift, so nimmt man mit einiger Sicherheit an, schrieben im spät-westsächsischen Dialekt, der Text aber enthält viele anglische Wortformen, die möglicherweise einer poetischen Sprache angehörten – einer Art *lingua franca* oder κοινή der Dichter. So registriert Klaeber zwar stets ws. *eall* und *eald* (mit Brechung), aber 29-mal anglisch *aldor*, 20-mal ws. *ealdor*, 3-mal *Wealdend*, aber 8-mal *Waldend* und stets *wealdan* (9-mal) (S. lxxiv). Es gibt ferner poetische Wörter wie *mēce* 'Schwert', die nur in anglischer Form bekannt sind. Hinzu kommen auch einige kentische Formen, etwa die *io*-Schreibungen im zweiten Teil der Handschrift (ab 1939) (z.B. *Hiorote* 1990, *Biowulf* 1999). Mitchell/Robinson sagen über die auffälligen ws.-anglischen Varianten:

"Spelling variations like *dryhten, drihten; dēore, diore, dȳre; Eafores, Eofores; æhtian, ehtian; giest, gist, gyst, gæst, gest; gifan, gyfan, giofan; lifað, lyfað, leofað; seoððan, sioððan, syððan* suggest a kind of random variation that justifies Klaeber's conclusion 'that the text was copied a number of times, and that scribes of heterogeneous dialectal habits and different individual peculiarities had a share in that work' [p.lxxxviiif]" (S.17). – Klaeber an der angeführten Stelle weiter: "The origin of the poem on Anglian soil to be postulated on general principles is confirmed by groups of Anglian forms and certain cases of faulty substitution (e.g. *næfre, hwæðre, fæder, -beran, þeod* (i.e. *deoð*), to which some syntactical and lexical features are to be added" (S.lxxxix; Selbstverweise gestrichen).

5.2. Einige Spracheigentümlichkeiten

5.2.1. *Die freie Wortstellung.* Bei modernen Linguisten kann man lesen, das Englische habe sich von der Subjekt-Objekt-Verb-Sprache des *Beowulf* zu der Subjekt-Verb-Objekt-Sprache Chaucers und Shakespeares entwickelt (so Baker 2001:220). Dies ist nur sehr bedingt richtig. Das Altenglische ist eine flektierende Sprache ähnlich dem gegenwärtigen Deutschen. Die Folge ist, dass die Wortstellung im Vergleich mit dem Neuenglischen relativ frei sein kann. Bei normaler Darstellung haben wir die Folge Subjekt-Objekt-Verb wie etwa zu Beginn des *Beowulf:* "wē … þrym gefrūnon" (1f; auch 80, 109). Auch in Nebensätzen gilt – wie im Deutschen – die Folge SOV (116f, 138f). Im Hauptsatz ist aber auch die Folge Verb-Subjekt-Objekt geläufig ("cūþe hē duguðe þēaw", 359; auch 620, 1870f; mit Infintiv statt Objekt 2190). Auch bei intransitiven Verben ist die Folge Verb-Subjekt häufig (217f, 399, 640, 1397). "Wie der Verfasser des *Beowulf* mit Hilfe dieses Stilmittels [der Wortstellung VS] Zustand und Handlung verknüpft, geht deutlich aus V. 399 ff., 702 ff., 1020 ff. usw. hervor. Schließlich kann er bei emphatischem Gebrauch jedes Wort an die Spitze des Sates stellen, wie etwa V. 287 f., 343, 548 und besonders 1323 *Dēad is Æscere* dartun" (Lehnert, S. 19 f.). Natürlich gibt es auch die Folge Subjekt-Verb-Objekt, z.B. 1866 f. Die Ähnlichkeiten mit dem Deutschen ließen sich an weiteren Beispielen aufzeigen, z.B. an der Spaltung der Verbfügung (der *verb phrase*) durch adverbielle Bestimmungen (*adverb phrases*), z.B. (das spaltende Element in eckigen Klammern) "þā wæs [æfter wiste] wōp *ahafen*" (128), 'da *wurde* [nach dem Mahl] Wehklage *erhoben*'. In solchen Fällen steht das Objekt innerhalb der Verbfügung, wenn auch vor dem Hauptverb. Die große Elastizität der Wortstellung korreliert mit dem Stilideal der Variation.

5.2.2. *'Fehlendes' Personalpronomen als Subjekt.* Vom Standpunkt der Chomsky-Linguistik aus könnte man sagen, das Altenglische sei eine Sprache, für die der sog. 'Null subject parameter' positiv sei. Tatsächlich *kann* – wie im Lateinischen – das Subjekt in Gestalt eines Pronomens 'fehlen', wenn Kontext oder Verbflexion die Person zum Ausdruck bringen (6, 14, 34; 68, 78, 97 usw.); es muss aber nicht 'fehlen' (7, 28, 29, 38, 43 usw.). In "þǣr mæg nihta gehwǣm nīðwundor sēon" (1365) ist ein 'man' zu ergänzen: 'Da kann [man] jede Nacht ein Furchtbar-Wunder sehen'. Ich setze *fehlend* in Anführungszeichen, weil natürlich nur aus der Sicht des Gegenwartsenglischen tatsächlich etwas fehlt.

5.2.3. *Der Dativ.* Der Dativ ist seiner Funktion nach oft ein Instrumentalis, wobei Abstrakta gern im Plural stehen. Ähnlich wie im Deutschen gibt es im Ae. einen spezifischen Pertinenzdativ, auch possessiver Dativ genannt ('Es lag *mir* auf der Seele' statt 'Es lag auf meiner Seele'), z.B. "him on bearme læg" (40) 'lag ihm im Schoße' = 'lag in seinem Schoße'.

Der adverbielle Dativ ist im Singular und Plural geläufig. *Mīne gefrǣge* (776) heißt 'wie ich höre', *lustum* 'mit Vergnügen' (1653), *unwearnum* 'ungehindert' (741), *duguðum dēmdon* 'priesen in hohem Maße' (3174).

Angemerkt sei, dass es auch den Plural im Sinne eines Singulars mit konkreten Nomina gibt, z.B. (mit Präposition) *in geardum* 'im Gehöft' (13), *on burgum* 'auf der Burg' (53).

5.2.4. *Adjektive.* Wie im Deutschen hat das Adjektiv eine starke und eine schwache Deklination. Die schwachen Formen setzen meist den bestimmten Artikel oder ein Demonstrativpronomen voraus und bilden Nominalisierung, z.B. *se gōda eorl*, aber auch *se gōda* (205). Ansonsten steht die starke Form, z.B. (ohne Artikel) *gōd cyning* (11), *geong guma* (20), prädikativ: "wæs þū ūs lārena gōd" (269) und – für uns – besonders auffällig das häufig nachgestellte Adjektiv wie in "eafera ... geong in geardum" (13), "hringedstefna | īsig ond ūtfūs" (32f). Typisch ist auch die Wiederaufnahme eines Nomens durch die starke Form des Adjektivs, die wir meist durch eine Nominalisierung wiedergeben: z.B. "Him ðā Scyld gewāt ... | felahrōr fēran" (26f) = 'Es machte sich Scyld auf, der Vielrührige' oder "hū hē frōd and gōd ..." (279) = 'wie er – weise und alt – [den Feind besiegt]'. Die Syntax entspricht exakt der deutschen.

6. Gesamtwürdigung

Die Frage, warum *Beowulf* sich zu lesen lohnt, ist nicht leicht zu beantworten. Im Wesentlichen ist von der Kritik immer wieder beanstandet worden, dass der behandelte Stoff – Kämpfe mit Trollen und einem Drachen – trivial sei, vor allem im Vergleich zur antiken Epik und solchen gewaltigen menschlichen Tragödien, wie sie etwa das Nibelungenlied behandele.[6] Erstmals versuchte J.R.R. Tolkien 1936 eine Ehrenrettung des Dichters. Sein Aufsatz ist der berühmteste der *Beowulf*-Kritik. Tolkien seinerseits nannte den Aufsatz von W.R. Chambers, der, zuerst 1925 erschienen, später unter dem Titel "*Beowulf* and the 'heroic age' in England" bekannt wurde, "the most significant single essay on the poem that I know" (in Fulk, S. 19). Er versuchte, auf einen

---

[6] Trivial in anderem Sinne ist ein amerikanischer *Beowulf*-Film (USA 1998), der den Inhalt des Epos entstellt und als Literaturverfilmung wertlos ist.

einfachen Nenner gebracht, die mythische Würde der sog. Trollenkämpfe gegenüber den menschlich-tragischen Heldenepen herauszuarbeiten, noch kürzer: den Drachen gegenüber Ingeld zu rechtfertigen (die Ingeld-Episode im *Beowulf* deutet die tragischen Verwicklungen dieser Geschichte an.[7]) – Tolkiens zusammenfassende Würdigung lautet folgendermaßen:

"The poem 'lacks steady advance': so Klaeber heads a critical section of his edition. But the poem was not meant to advance, steadily or unsteadily. It is essentially a balance, an opposition of ends and beginnings. In its simplest terms it is a contrasted description of two moments in a great life, rising and setting, an elaboration of the ancient and intensely moving contrast between youth and age, first achievement and final death. It is divided in consequence into two opposite portions, different in matter, manner, and length: A from 1 to 2199 (including an exordium of 52 lines); B from 2200 to 3182 (the end). There is no reason to cavil at this proportion; in any case, for the purpose and the production of the required effect, it proves in practice to be right." (in Fulk, S. 31 f.)

Die *Beowulf*-Herausgeber Fred Robinson und Bruce Mitchell konnten sich bezüglich des christlichen Elements im *Beowulf* nicht einigen (s. auch oben § 1.3.4) und beließen es dabei. Bruce Mitchell ist im Wesentlichen Tolkien-Anhänger. Seine Gesamtwürdigung liest sich folgendermaßen:

"Today, in this nuclear age, with man's inhumanity to man daily more apparent on all levels and the powers of darkness in the seeming ascendancy throughout the world, we may see *Beowulf* as a triumphant affirmation of the value of a good life. [...] But I make no claim to be 'right'." (S. 37).[8]

FCR beendet den Abschnitt "Two views" nicht weniger beredt:

"Through deep thought and high art he [the poet] finds a place in his countrymen's collective memory where their ancestors can reside with dignity even as the Anglo-Saxons acknowledge that those ancestors were pagan and lost. It is the accomplishment

---

[7] Die Ingeld-Geschichte war allgemein bekannt und ist berühmt wegen einer Bemerkung Alkuins in einem Brief an den Bischof Speratus von Lindisfarne im Jahre 797, in dem er sich gegen die Verlesung von Heldensagen im Refektorium wendet: "Verba Dei legantur in sacerdotali convivio. Ibi decet lectorem audiri, non citharistam; sermones patrum, non carmina gentilium. *Quid enim Hinieldus cum Christo?* Angusta est domus; utrosque tenere non poterit" (zitiert nach Klaeber, S. xxxv). Man glaubt zu ahnen, wie man sich vielleicht auch durch den Vortrag des *Beowulf*-Textes unterhalten ließ – in einer Zeit, als das Schriftmedium noch nicht existierte und nur Wohlhabende sich Textabschriften anfertigen lassen konnten.

[8] In seinem Aufsatz von 1963 "'Until the dragon comes' ..." hieß es: "Perhaps in this atomic age, when the monsters and dragons seem closer to us and the powers of darkness seem to be in the ascendant, we can derive some comfort and encouragement if we harken to the voice of the great English poet of the Dark Ages" (1963:136).

of this poet that gives to his narration of warrior courage, exultant triumph, and honour in defeat its tinge of sadness and conflicted nostalgia. It also gives the poem its unforgettable gravity and makes it more than an exuberant telling of mighty exploits in bygone days" (*ib.*).

Heute kann oder muss man dem Heldenideal des *Beowulf*-Dichters kritisch gegenüberstehen und die Auffassung vertreten, dass seine an allen möglichen Stellen wiederholte Heldentumsdevise 'Sieg oder Tod' im Bereich des Politischen und der Kriege keineswegs nur positiv zu sehen ist. Allerdings muss man bedenken, dass sich diese Geisteshaltung im *Beowulf* nie auf Auseinandersetzungen zwischen Menschen bezieht, sondern stets auf solche zwischen Mensch und Dämon oder Drachen, den Inkarnationen des Bösen. Insofern bleibt der *Beowulf*-Dichter auf der sicheren Seite. Ob er aber einen solchen Unterschied machen wollte oder akzeptiert hätte, muss offen bleiben. Im Übrigen ist der Heroismus allgegenwärtig und findet sich nicht nur bei den Germanen, sondern bei Vergil ebenso wie oft auch auf der Seite des Unrechts (zu Vergil siehe Anmerkung unter 703b; auch die Anmerkung über die *gilpcwide* Z 632–38 ist einschlägig). Weder Tolkien noch der überzeugte Sozialist Martin Lehnert haben die *Beowulf*-Ethik als Problem erkannt. Ich nenne dies die negative Relevanz der *Beowulf*-Lektüre. Denn, so frage ich, welchen Nutzen bringt diese Lektüre, wenn nicht auch für sie die Einsicht gilt: *Tua res agitur?* Darüber hinaus genügt es, wenn wir uns mit Goethes Wagner bescheiden, ohne die Ironie im letzten Vers zu überhören:

> Verzeiht! es ist ein groß Ergetzen,
> Sich in den Geist der Zeiten zu versetzen,
> Zu schauen, wie vor uns ein weiser Mann gedacht,
> Und wie wir's dann zuletzt so herrlich weit gebracht.

Man muss – aus der Gegenwart gesehen – die Andersartigkeit dieser Poesie auf sich wirken lassen, um ihr etwas abgewinnen zu können, was am Ende sogar in Richtung auf das Tolkien'sche Pathos des Bewunderns führen mag. So können etwa die dramatische Darstellung des Aufbruchs des Helden aus seiner Heimat und sein Empfang am dänischen Hofe – die Farbenpracht der Szenerie ebenso wie die Reden und Gegenreden – dem poetisch Gesinnten sehr wohl etwas von einer positiven Relevanz solcher Schilderungen vermitteln – von dem eigenartigen und ergreifenden Pathos der Bestattungsszene am Schluss des Werkes gar nicht zu sprechen. Und schließlich mögen sogar die Probleme und Rätsel, die sich mit einem Text dieser Art verbinden (siehe ANHANG V), Grund genug für eine engagierte Beschäftigung mit dem Original sein.

2. Inhaltsübersicht

Die Handschrift gliedert den Text in 43 'Fitten', die mit römischen Ziffern bezeichnet sind. Fitte I beginnt mit Zeile 53; Fitte II mit 115; III mit 189 usw. Das der Fitte I Vorhergehende ist die Einleitung. Wir ignorieren diese Gliederung und unterscheiden im Folgenden drei Hauptteile, die unabhängig von den Fitten untergliedert werden: Grendelkampf, Grendelmutterkampf, Drachenkampf. Als Einleitung kann man auch 1–63 nehmen: den Bericht über die Dänendynastie bis auf König Hrothgar. Die Zeilenangaben der abgedruckten Textteile (in Klammern) sind optisch durch Fettdruck hervorgehoben. In dieser Ausgabe nicht Abgedrucktes steht zusätzlich in eckigen Klammern. Eckige Klammern stehen somit vor jedem nicht abgedruckten Abschnitt, jedoch am Ende nur, wenn darauf ein abgedruckter Abschnitt folgt. Episoden sind durch Einrücken des ganzen Textes optisch hervorgehoben.

1. Einleitung und Grendelkampf (1–1250)

(1–661) *Einleitung und Vorbereitungen zum Kampf*

1.0. Exordium: Die Dänendynastie und Scylds Bestattung (1–52)

(1–52) In einer Einleitung wird zunächst von Scyld (*sprich* 'schüld'), dem mythischen Begründer des dänischen Königsgeschlechts, und von dessen Sohn Beowulf (nicht der Held des Gedichts) berichtet, insbesondere über Scylds Bestattung auf einem Schiff, das dem Meer übergeben wird.

1.1. Die Dänendynastie (Forts.) und der Hallenbau

(53–85) Fortsetzung der Dynastie bis auf König Hrothgar (53–63), dessen Reich prosperiert und dem es in den Sinn kommt, eine prächtige 'Halle' zu bauen, die den Namen *Heorot* ('Hirsch') erhält und ihm und seiner Gefolgschaft als Ort des offiziellen Feierns und Beratens, aber auch als Schlafstätte dient.

1.2. Grendel und seine Untaten (86–193)

(86–98) Vom Skop wird ein Schöpfungshymnus vorgetragen. Doch das fröhliche Treiben in der Halle missfällt einem dämonischen Ungeheuer namens Grendel.

(99–114) Grendel lebt in einer Moorbehausung und sucht nachts die Halle heim, in der die Männer nach den Festgelagen schlafen. Er stammt – so will es der Dichter – aus Kains Geschlecht. (Seiner Gestalt nach steht Grendel zwischen Tier und Mensch. Er ist von affenartig-groteskem Aussehen und entspricht dem 'Troll' der nordischen Sagen. Man wird sich den Troll wie den im ersten *Harry-Potter*-Film dargestellten vorstellen dürfen, aber auch an Bilder aus *The Lord of the Rings* kann man sich erinnert fühlen.)

1.3. Grendel schlägt zu (115–193)

(115–169) Bei einem ersten nächtlichen Überfall, so hören wir, tötet Grendel nicht weniger als dreißig Männer, kommt jedoch in späteren Nächten zurück, um weitere Morde zu begehen und seine Opfer zu verspeisen oder in seine Moorbehausung zu schleppen. Da war es verständlich, dass sich die Helden einen anderen Schlafplatz suchten (138ff), sagt der Dicher in typischer Untertreibung – bis am Ende die Halle zwölf Jahre lang leer steht. Niemand scheint dem Feind gewachsen.

(170–193) Man opferte zur Abwehr des Übels sogar an heidnischen Altären, sagt der offenbar christliche Dichter; denn leider war ihnen der wahre (christliche) Gott unbekannt.

1.4. Beowulfs Reisevorbereitungen und seine Ankunft in Dänemark (194–228)

(194–228) Da hört in Schweden der Neffe des Gautenkönigs Hygelac namens Beowulf von dem Elend der Dänen und beschließt, ihnen mit einer Schar von 14 tapferen Begleitern zu Hilfe zu kommen. Schließlich hat er selbst die Kraft von 30 Männern in seinem Handgriff (379). Man "tadelte ihm dieses Vorhaben überhaupt nicht" (202f) – d.h. seine Mannen spornten ihn sehr dazu an.

(229–398) *Der Strandwart und der 'Amtmann' Wulfgar.* Bei ihrer Landung in Dänemark werden die 'Seefahrer' von einem Wache haltenden Strandwart nach ihrer Herkunft und dem Zweck ihrer Reise befragt. Der Strandwart informiert sodann den Hofmeister namens Wulfgar – Klaeber nennt ihn "the King's herold" –, dieser den König, der sich sogleich an Beowulf erinnert, den er, wie er sagt, als Kind kennen gelernt habe (372).

1.5. Beowulf und Hrothgar (399–490)

(399–490) Die Seefahrer dürfen an Land gehen, und Beowulf tritt vor den König und schildert sein Vorhaben. Hrothgar ist über Beowulfs Hilfsangebot hoch erfreut und lässt sogleich ein Begrüßungsfest ausrichten.

1.6. Die erste Hallenfeier: Einführung, die Unferth-Episode
und der Auftritt Wealhtheows.(491–661)

(491–498) Den gautischen Gästen wird (wie es heißt) eine Bank eingeräumt, und 'da war Freude der Helden', und manchmal sang der Skop.
(499–606) *Die Unferth-Episode.* Unvermittelt, mit "Unferth sprach ..." (499) beginnend, setzt die in die Schilderung der Hallenfeier eingelagerte Unferth-Episode ein. "Bist du nicht der," so Unferth zu Beowulf, "der gegen Breca im Schwimmwettkampf verloren hat?" So herausgefordert, berichtet Beowulf ausführlich über ein jugendliches Schwimmabenteuer zusammen mit einem gewissen Breca. Keineswegs sei er der Unterlegene gewesen; vielmehr hätten sie sich gemeinsam fünf Tage lang im Wasser mit dem nackten Schwert gegen Walfische und andere Seeungetüme verteidigt, bis Dunkelheit und Sturm sie getrennt habe. Insgesamt habe er, allein auf sich selbst gestellt, aber von seinem Panzer geschützt (man höre!), neun Ungeheuer erlegt – neun *niceras* ("nikeras'; die männliche Form, die dem weiblichen *Nixen* im Deutschen entspricht) (575). (Inkonsequenterweise interessiert Breca in dieser Darstellung nur am Rande.) "Nicht habe ich je von dir derartige Heldentaten berichten hören", schließt Beowulf, "außer dass du einen deiner Brüder tötetest; sonst hätte Grendel hier nicht so hausen können, wie er es tat." Das war's – Ende der Episode. Wir hören nicht, dass der Streit, wie eigentlich zu erwarten, irgendwelche Folgen gehabt hätte. Niemand, auch nicht Unferth, meldet sich zu Wort.
(607–661) *Wealhtheow.* Das Fest nimmt seinen Fortgang. Als Wealhtheow, des Königs Gemahlin, Beowulf den gefüllten Becher reicht, bekräftigt dieser in einer 'Ruhmrede' (in der man sich selbst zu rühmen pflegte) seinen festen Entschluss, entweder das Ungeheuer Grendel zu besiegen oder im Kampf zu sterben. Mit Anbruch der Nacht zieht sich Hrothgar mit seinen Mannen zurück, und der Festsaal wird der Obhut Beowulfs und der Gauten anvertraut.

1.7. Der Grendelkampf (662–990)

[(662–702) *Beowulfs zweite Ruhmrede.* Beowulf, von echt germanisch-heldischer Gesinnung, hält nun auch noch seinen Mannen gegenüber eine Ruhmrede: "Gespræc þā se gōda gylpworda sum, | Beowulf Gēata, ǣr hē on bed stige" (675f) 'Es sprach da der Gute einige Berühmungsworte, Beowulf von den Gauten, ehe er zu Bett stieg.' Dann legt er seine Rüstung ab, um keinen Vorteil gegenüber Grendel zu haben. Seine Gefährten schlafen.]
(702b–727) Grendel macht sich von seinem 'Moor' aus auf den Weg zur Halle, was der Dichter mit einem dreimaligen *cōm* effektvoll in Szene setzt:

"cōm on wanre niht" (702), "Ðā cōm of mōre" (710), "Cōm þā tō recede" (720) – 'er kam in dunkler Nacht', 'Da kam [er] vom Moor her', 'er kam da zur Halle'.

[(728–836) *Der Grendelkampf im Einzelnen*. (Der nicht abgedruckte Grendelkampf ist wegen der geradezu chaotischen Darstellung durch den Dichter interessant.) Wir hören, dass Beowulf den Troll von seiner Schlafstatt aus beobachtet, sich aber offenbar nicht rührt, als Grendel einen der Männer packt und verspeist. Doch dann wird Beowulf angegriffen. Wir hören – z.T. nur indirekt –, dass Beowulf den Angreifer festhält, was diesem solche Furcht einjagt, dass er fliehen möchte. Es ensteht ein großes Hallenchaos, was angesichts des puren Zweikampfs völlig unangemessen erscheint. In Z787 ist plötzlich davon die Rede, dass Grendel seine Wunde bejammere, während Beowulf ihn weiterhin festhält, und 817 – etwas deutlicher –, dass er eine große Wunde an der Schulter habe und geflohen sei. In der Tat – typisch für das Vorgehen des Dichters – erst 833ff wird zum ersten Male gesagt, dass man den Arm Grendels als Trophäe am Giebel der Halle zur Schau gestellt habe. Während des ganzen Kampfes deutet der Dichter immer wieder an, dass er für Grendel schlecht ausgeht. Auch sein Tod wird impliziert (821–23; deutlich auch 841 und 851).

[(837–873) *Die Verfolgung zum Grendelsee*. Am nächsten Morgen kommen die Leute von nah und fern, um die Spuren Grendels zu bestaunen: Niemand bedauerte seinen Tod. Dann verfolgen die Krieger Grendels blutige Spuren und gelangen zum Grendelsee, der von Grendels Blut rot gefärbt ist. (Die Verfolgung geht ins Blinde.) Auf dem Heimritt trägt ein Sänger ein improvisiertes Preislied auf Beowulf vor.

[(874–915) *Die Sigemund-Heremod-Episode*. Desgleichen Rühmliches (wie von Beowulf), so 'singt' der Sänger, habe er auch von Sigemund gehört. Sigemund (aus der Vǫlsungasaga bekannt) war, so der Sänger, ein Drachentöter und ein heroisches Vorbild. Er belädt sein Schiff mit den Schätzen des Drachenhorts, was uns an den späteren Beowulf erinnert. Heremod, ein dänischer König, dient dem Sänger als negative Folie: er war, so sagt er, seinem Volke ein 'Lebensübel' (906), d.h. ein Problem, ohne dass wir Einzelheiten über ihn und sein Fehlverhalten erführen.

[(916–979) König Hrothgar begibt sich mit seiner Begleitung zur Halle, betrachtet Grendels 'Hand' (927; d.h. den Arm; nach 833ff und einer Andeutung 920 die zweite klare Erwähnung des Arms) und dankt in einer längeren Rede dem Schöpfer und Beowulf für die Befreiung von Grendel, worauf Beowulf geziemend antwortet.]

(980–990) Der Spötter Unferth, so der Dichter, ist jetzt "schweigsamer", d.h. kleinlaut geworden, als nämlich – der Dichter kommt darauf unvermittelt zum dritten Male zurück – der ganze Hof Grendels 'Hand' mit Fingernägeln wie von Stahl bestaunt.

1.8. Die zweite Hallenfeier (991–1250)

[(991–1008) Vorbereitungen zur Siegesfeier werden getroffen.]
(1008b–1055) Der König lässt Beowulf und seinen Mannen vier Geschenke überreichen (1027): Helm, Schwert und Brünne sowie – als viertes Geschenk – acht stattliche Pferde.
[(1056–1062) Der Dichter reflektiert über Gott, der das Schicksal der Menschen in seiner Hand hat.
[(1063–1159) *Die Finnsburh-Episode*. Ein 'Skop' (Sänger) trägt das Finnsburglied vor, "a gleeman's lay" (Clark Hall). Es handelt über eine historische Begebenheit, die auch in dem sog. 'Finnsburg-Fragment' besungen wird, einem Text von 48 Zeilen Länge.

"Hildeburg hatte keinen Grund, die Treue der 'Eotan' (= 'Jüten' = Ostfriesen) zu preisen" – so fällt der Skop mit der Tür ins Haus (1071); denn, so fährt er fort, sich auch im Folgenden mit Andeutungen begnügend, sie verlor ihren Sohn und ihren Bruder. Worum geht es? Hildeburg ist mit dem friesischen König Finn verheiratet, und eine stattliche Gruppe von Dänen ist offenbar in 'Finnsburg' zu Besuch. Sie werden nachts in ihrer Halle von den Friesen überfallen, und im Laufe des Kampfes kommen Hildeburgs Sohn und Hnæf, Hildeburgs Bruder und Anführer der Dänen, ums Leben. (Ein Ausschnitt aus diesem Kampf ist Gegenstand des Fragments: Die Dänen halten fünf Tage lang in ihrer Halle dem Ansturm der Friesen stand.) Hildeburg beklagt den Tod ihrer Verwandten bei deren Feuerbestattung. Doch dann wird ein Friede zwischen den beiden Parteien geschlossen. Die Dänen dürfen den Winter über in Finnsburg bleiben und sind beim Schatzspenden mit den Friesen gleich zu behandeln. Doch Hengest, der Nachfolger Hnæfs, sinnt auf Rache. Im Frühjahr lässt er aus Dänemark Hilfe herbeiholen. Es kommt zu einem neuen Kampf, in dessen Verlauf Finn getötet wird und schließlich die Dänen siegen. Sie kehren mit Hildeburg und reicher Beute in ihre Heimat zurück.
[(1159–1187) Nach dem Vortrag überreicht Königin Wealhtheow ihrem Gemahl den Becher. Sie habe gehört, so sagt sie in wörtlicher Rede (1168–1187), der König wolle Beowulf adoptieren, doch solle er das Reich seinen eigenen Nachkommen überlassen.]
(1188–1196) Wealhtheow wendet sich danach Beowulf zu, der bei ihren beiden Söhnen Platz genommen hat. Unter freundlichen Worten übergibt sie weitere Kostbarkeiten an Beowulf, insbesondere eine Halskette.
[(1197–1214) "Nie unter dem Himmel," so der Dichter, "habe ich je von einem besser gehüteten Heldenschatz gehört, seit Hama den Halsschmuck der Brosinge hinwegtrug" – den *Brósinga mene*, identisch mit dem *Brísinga men* der nordischen Sage, der im *Beowulf* noch in einigen weiteren Anspielungen

auftaucht und der hier Anlass zu einem kurzen Exkurs ist (1202–1214), dem wir entnehmen können, dass Hygelac eben diese Halskette auf seinem Frankenfeldzug trug (1202), sodass sie den Franken in die Hände fiel, aber offenbar nur vorübergehend.]

(1215–1227) Zurück zu Wealhtheow. Sie wendet sich an Beowulf und ihre jungen Söhne, die sie Beowulf ausdrücklich anempfiehlt.

[(1228–1231) Die nicht abgedruckten Schlussverse der Wealhtheow-Rede sind mitteilenswert:

Hēr is ǣghwylc eorl ōðrum getrȳwe	1228
mōdes milde, man-drihtne hold,	
þegnas syndon geþwǣre, þēod eal-gearo,	
druncne dryht-guman dōð swā ic bidde.	

'Hier ist ein jeder Edle dem andern treu [gesonnen],	1228
mild von Gesinnung und dem Herrn treu [ergeben];	
die Degen sind willfährig, das Volk [ist] [dienst]bereit.	
Die trunkenen Gefolgsleute tun, wie ich sie heiße.	

[(1232–1250) Wealhtheow kehrt an ihren Platz zurück; das Fest nimmt seinen Fortgang. Am Ende zieht sich Hrothgar zurück. Die Metbänke werden abgebaut, Lagerstätten treten an ihre Stelle. Hrothgar und die Gauten verlassen die Halle, die nun wieder von den Dänen bezogen wird. Niemand ahnt das bevorstehende Unheil.

2. Der Grendelmutter-Kampf (1251–1887)

2.1. Der Überfall durch Grendels Mutter (1251–1398)

[(1251–1382) In der Nacht nach dem Fest überfällt Grendels Mutter die Halle, um ihren Sohn zu rächen. Sie schleppt auf der Flucht einen Vertrauten Hrothgars namens Æschere (der Name taucht erst Z1323 auf) und den ausgerissenen Arm Grendels mit sich zum Moor. König Hrothgar bittet Beowulf um Hilfe ("sorg is genīwod" (1322) – die Sorge ist erneuert) und baut in seine Rede (1357–1376) eine interessante Beschreibung der Grendelmutter-Moorbehausung ('the haunted mere') ein.]

(1383–1398) Beowulfs spontane Zusage beginnt mit bemerkenswerten Versen germanischen Heldentums: 'Besser als alles Klagen ist es, dass man seinen Freund räche. Jeder muss eines Tages sterben. Möge ein jeder sich zu seinen Lebzeiten Ruhm verschaffen; denn das ist das Beste, was ihm nach seinem Tode bleibt'. (Siehe Kommentar zu 1389.)

2.2. Beowulfs Kampf mit Grendels Mutter (1399–1650)

[(1399–1472) Sogleich werden Vorbereitungen für die Verfolgung der Unholdin getroffen. Hrothgar und Beowulf ziehen mit ihren Kriegern zum Grendelsee. Dort legt Beowulf seine Rüstung an, und Unferth – der Streit ist vergessen – leiht ihm sein treffliches Schwert. "Dieses 'Heftschwert' [Schwert mit Griff] hieß Hrunting" (1457).]

(1473–1496) Beowulf richtet Abschiedsworte an König Hrothgar und taucht in die Fluten hinab.

[(1497–1650) Als er auf dem Grund des Sees ankommt, packt ihn die Grendelmutter und schleppt ihn in ihre Behausung, in einen 'Saal', in den kein Wasser eindringt. Beowulfs Schwert versagt gegen die Unholdin, der es gelingt, sich auf ihn zu werfen und einen Dolch (*seax*) zu ziehen; doch sein Panzer schützt ihn. Der Leser bangt um den Helden, der aber entdeckt zum Glück rechtzeitig ein wundersames Riesenschwert in der Höhle, mit dem er die Unholdin tötet. (Wie er sich von der Unholdin befreit und wie er zu dem Schwert gelangt, bleibt dunkel.) Er schaut sich um und entdeckt den leblos daliegenden Grendel, dem er den Kopf abschlägt. (Das *aldorleasne* = 'den Leblosen', 1587, deutet darauf hin, dass er bereits tot ist.) Die wartenden Dänen sehen das vom Blut gefärbte Wasser und ziehen davon; nur die Gauten bleiben. Dann erst kommt der Dichter auf den Schwertstreich zurück. Die Klinge des Wunderschwertes schmilzt im Blut Grendels (obwohl dieser längst tot sein soll). Mit dem Knauf des geschmolzenen Schwertes und dem Kopf Grendels als Trophäen taucht Beowulf schließlich aus dem Wasser auf, wo er von den Gauten freudig begrüßt wird. Man kehrt zum Hofe Hrothgars zurück.]

2.3. Nach dem Kampf: Beowulfs Bericht, Hrothgars Antwort und der Abschied vom dänischen Hofe (1651–1887)

(1651–1676) Beowulf berichtet über sein Abenteuer und schließt mit den Worten "Von dieser Seite, d. h. von dem Grendelgesindel her, brauchst du das 'Lebensübel' der Männer nicht mehr – wie früher – zu fürchten."

[(1676–1698) Er übergibt den Schwertgriff, der eine Runeninschrift und den Namen des ersten Besitzers trägt. (Die Zeilen 1687–1698 sind abgedruckt und übersetzt in ANHANG VI.)

[(1698b–1784) *Hrothgars 'Predigt'*. Hrothgar hält dann eine lange und merkwürdig moralisierende Rede, beinahe eine Predigt oder Homilie. Sie lässt sich nur erklären, indem man die christliche Gesinnung des Dichters mit dem Ideal der Mäßigung, einer der sieben Kardinaltugenden, in Betracht zieht (dazu informativ Schücking 1929 über das Königsideal im *Beowulf*).

[(1785–98) Der König lädt schließlich Beowulf zu einem weiteren Fest ein. Doch diesmal wird die Feier selbst nicht geschildert. Wir hören nur, dass man danach zur Ruhe geht.

[(1799–1816) Am nächsten Morgen nimmt Beowulf vom Dänenhof Abschied und gibt in einer großen Dankesgeste das geliehene Schwert (das seinen Dienst versagte) an Unferth zurück. Selbst wenn die zwei Schwerter auf Quellen des Dichters zurückgehen sollten, muss man ihm die mangelnde Integration dieses Motivs anlasten.

[(1817–65). Es folgen Beowulfs Abschiedsrede (1817–39) und Hrothgars Antwort (1840–1865).]

(1866–87) Der Abschied, so hören wir, fällt dem alten König sehr schwer. Tränen überkommen ihn (1872), und er ahnt, dass man sich nie wiedersehen wird. Beowulf begibt sich mit seinen Mannen an Bord.

3. Beowulfs Rückkehr, der Drachenkampf und Beowulfs Tod (1888–3182)

3.1. Beowulfs Rückkehr und sein Bericht vor König Hygelac (1888–2199)

[(1888–1931) Das Boot wird für die Heimfahrt mit Schätzen beladen, und der Wächter erhält von Beowulf ein kostbares Schwert als Geschenk. Man legt ab und kommt bald in der Heimat an, nicht weit von der Residenz Hygelacs und seiner jungen, freigebigen Frau Hygd.

[(1931b–1962) *Die Modthryth-Offa-Episode*. Unvermittelt bringt die Erwähnung Hygds den Dichter auf die Legende von der martialischen, Männer mordenden Frau (wenn man sie nur anschaute), die jedoch nach der Eheschließung die Milde in Person wird. In Shakespeares *Taming of the Shrew* heißt sie Katherine ("Kiss me, Kate," sagt ihr Verehrer Petruchio – 2.1.316), im *Beowulf* ist ihr Name ein Problem: "mōd þryðo wæg I fremu folces cwēn, firen' ondrysne" heißt es 1939f, was entweder heißt 'Thryth [im Gegensatz zu Hygd], die edle Königin des Volkes, zeigte Hochmut (*mōd*), furchtbaren Frevel' oder 'Die edle Königin des Volkes zeigte Hochmut (*mōdþryðo*)', wenn die Dame nicht in Wirklichkeit *Modthrytho* hieß, was wir mit Klaeber, der Nickel-Ausgabe und George Jack annehmen wollen. Dann heißt es, 'Modthryth, die edle Königin des Volkes, beging furchtbaren Frevel.'

[Z1949 hören wir, dass "sie", also Modthryth, mit dem König Offa vermählt wurde, der Z1957 ein zweites Mal rühmend erwähnt wird. Es handelt sich um den sagenhaften merzischen König Offa I, dessen tatsächliche Regentschaft wahrscheinlich ins 4. Jh. fällt.

[(1963–2019) Nach seiner Ankunft erstattet Beowulf seinem König Hygelac und dessen Gattin Hygd Bericht über seine Reise (ab 2000). In seine Berichtsrede flicht er die Ingeld-Episode ein.
[(2020–2069) *Die Ingeld-Episode.* Er begegnete beim Fest in Dänemark, so erzählt Beowulf, nicht nur der Königin Wealhtheow, sondern auch ihrer Tochter Freawaru (die bisher mit keinem Wort erwähnt worden ist). Sie war mit Ingeld, dem Sohn des Heathobardenkönigs Froda, verlobt. Auf diese Weise sollte ein alter Streit zwischen den beiden Stämmen beigelegt werden. Aber, so Beowulf weiter, wie das in solchen Fällen so geht, dann erinnern sich die Heathobarden, wenn die Dänen bei ihnen zu Besuch sind und offen Trophäen aus vergangenen Kämpfen tragen, an ihre Niederlage, und ein Veteran hetzt einen Jüngeren auf: "Erkennst du nicht das Schwert deines Vaters, das jetzt ein Däne trägt [usw.]?" Am Ende werden dann alle Friedensschwüre gebrochen, und Ingelds Liebe erkaltet. "Darum halte ich nicht viel von der Freundschft der Heathobarden und von dem [gegenwärtigen] Friedenszustand", meint Beowulf. (Merkwürdig ist das Präsens, das Beowulf sogar für Details benutzt, die von seinem Standpunkt aus in der Zukunft liegen. Standop 1960 erklärt dies als eine Kontamination der Standpunkte Beowulfs und des Dichters: der Dichter spricht durch den Mund Beowulfs über seinem Publikum Bekanntes.)
[(2069–2189) Beowulf setzt seinen Bericht fort und kommt dann zur Übergabe der Geschenke; dazu gehören insbesondere vier prächtige Rosse (2163). Hygd verehrt er den Halsreif, den ihm Wealhtheow geschenkt hatte, dazu noch drei Rosse. – So zeigte Beowulf, der Berühmte, seine große Tapferkeit, schließt der Dichter, er, der einstmals unbekannt gewesen war und sogar als Schwächling gegolten hatte. ("The introduction of the commonplace story of the sluggish youth is not very convincing (cp. 408f.)", kommentiert Klaeber Z2183ff.).]
(2190–99) 'Dann hieß der König Hrethels Erbstück, goldverziert, hereintragen.' Das kostbare Schwert König Hrethels erhält Beowulf als Gegengabe, ferner Land, Gebäude und Herrscherthron.

3.2. Der Drachenkampf und Beowulfs Tod (2200–2820)

[(2200–2220) Nach dem Tode Hygelacs und seines Sohnes Heardred regierte Beowulf fünfzig Jahre lang die Gauten – bis ein feuerspeiender Drache, dem ein flüchtiger *outlaw* einen Teil seines Schatzes (einen Kelch gemäß 2253, 2283 und 2306) geraubt hatte, das Land zu terrorisieren begann. (Die Zeilen 2215–2220 und – noch stärker – 2226b–2231 sind arg lädiert und z.T. kaum lesbar.)
[(2221–2286) *Die Vorgeschichte des Drachenhorts.* Vor langer Zeit hatten die Schatzbesitzer ihren Reichtum der Erde übergeben. Nach einiger Zeit wird

der Schatz von einem nicht genannten Volksstamm entdeckt, der schließlich ausstirbt. Der 'letzte Überlebende seines Stammes' übergibt ihn wieder der Erde und spricht dabei die Worte, die man als "Elegy of the Last Survivor" bezeichnet hat (2247–2266). Der Hort wird von einem Drachen entdeckt, der ihn dreihundert Winter lang bewacht – bis der Geächtete den Schatz findet und einen vergoldeten Kelch daraus entwendet, mit dem er sich bei seinem Herrn den Rechtsfrieden erkauft.

[(2287–2332) Der Drache entdeckt den Raub und verwüstet feuerspeiend das Land. Er entzündet Häuser und sogar den Herrschersitz Beowulfs. Und wieder zögert der jetzt schon greise Held nicht, den Kampf gegen das Ungeheuer aufzunehmen.

[(2333–2396) Er lässt sich einen Eisenschild schmieden, und der Dichter erinnert an Grendel und an Hygelacs Tod auf dem Frankenfeldzug (2354–2366), an dem laut Dichter auch Beowulf teilnahm (2359–2362). Königin Hygd bietet ihm nach seiner Rückkehr den Thron an, doch Beowulf lehnt es ab, an die Stelle des Hygelac-Sohnes Heardred zu treten. Dieser wird König und nimmt die verbannten Söhne Ohtheres (lies *Oht-here*) bei sich auf, wofür er von König Onela getötet wird. Beowulf wird sein Nachfolger.

[(2397–2509) *Beowulfs Rede vor dem Kampf*. Mit elf ausgewählten Begleitern macht sich Beowulf zum Kampf gegen den Drachen auf. Der geächtete Sklave muss ihnen den Weg weisen. Auf einem Hügel sitzend lässt Beowulf in Vorausahnung seines Todes in einer längeren Rede noch einmal sein Leben an seinen Augen vorüberziehen und nimmt von seinen Mannen Abschied (2417–2509) – nicht ohne einige Episoden einzuflechten, insbesondere die über den Tod Herebealds, des ältesten Sohnes des Königs Hrethel, der in unglücklicher Weise von einem Pfeil seines jüngeren Bruders Haethcyn getroffen wird (2435–2443), was dem Dichter Anlass ist, eine elegische Passage über die Trauer eines Vaters einzuflechten, der seinen Sohn verloren hat (2444–2459).]

(2510–2537) *Die letzte Ruhmrede*. Der Dichter unterbricht die Abschiedsrede mit den Worten "Beowulf maðelode, bēot-wordum spræc", um die Ruhmrede einzuleiten:(2510). (Die ersten Worte der Rede zwischen 2511 und 2515 sind nicht abgedruckt.) Der Tenor der Rede ist wie immer 'Sieg oder Tod'.

[(2538–2630) Darauf ruft der greise Held den feuerspeienden Drachen aus seiner Höhle. In einem verzweifelten Kampf gelingt es dem Ungeheuer, Beowulf eine tödliche Wunde zuzufügen. Beowulfs Gefährten haben sich entsetzt in den Wald geflüchtet (2596–2599) – bis auf den getreuen Wiglaf, der bei ihm aushält.]

(2631–2660) *Wiglafs erste Rede*. Wiglaf appelliert an die Gefolgschaftsehre der Männer; von denen wir bereits wissen, dass sie geflohen sind. Auch er vertritt kompromisslos den heroischen Standpunkt und gelobt für sich selbst, seinem Herrn in Treue zur Seite zu stehen.

[(2661–2723) Wiglaf wendet sich Beowulf zu ('Ich werde dir beistehen' – 2668), und es gelingt ihm schließlich, dem Drachen einen tödlichen Schwertstoß zu versetzen, worauf Beowulf mit letzter Anstrengung das Ungeheuer mit seinem Dolch in der Mitte durchtrennt (2705). Beowulf spürt das Gift des Drachen in seinem Körper und setzt sich nieder – mit dem Blick auf die Behausung des Drachen. Wiglaf wäscht Beowulfs Wunde und löst seinen Helm. Der Drache ist tot, Beowulf dem Tode geweiht. Er hält seine letzte Rede.
[(2724–2751) *Beowulfs Abschiedsrede, Teil 1*. Beowulf bittet Wiglaf, eiligst den Hort aus der Höhle des Drachen zu holen, damit er die Schätze noch vor seinem Tode betrachten könne.
[(2752–2793) Der Dichter schildert, was Wiglaf in der Höhle an Schätzen wahrnimmt und dann vor Beowulf ausbreitet.]
(2794–2820) *Beowulfs Abschiedsrede, Teil 2, und Tod.* Beowulf dankt Gott, dass es ihm vergönnt ist, auf diese Schätze zu schauen, die er jetzt für sein Volk errungen hat. Dann trifft er Anordnungen für seine Bestattung, übergibt seinem treuen Gefolgsmann seine Rüstung und stirbt.
[(2821–2845) Wiglaf sinniert über den Tod des Drachen, der nun nicht mehr durch die Lüfte fliegen und tödlichen Schaden anrichten kann, und über Beowulf, der dafür sein Leben lassen musste.

3.3. Wiglaf und seine Gefährten (2845–2891)

[(2845–2859) Bald darauf wagen sich Wiglafs und Beowulfs Gefährten, zehn an der Zahl (2847), aus dem Wald heraus, in den sie feige geflohen waren. Wiglaf bemüht sich indessen vergeblich, den toten Beowulf durch Besprengen mit Wasser wieder zum Leben zu erwecken – "him wiht ne spēow": es nutzte ihm nichts (2854).]
(2860–2891) *Wiglafs zweite Rede.* Wiglaf tadelt seine Gefährten wegen ihres ehrlosen Verhaltens, was der Dichter u.a. in einem *understatement* zum Ausdruck bringt: "Keineswegs hatte der König Grund, sich seiner Kameraden im Kampfe zu rühmen" (2873f). Schwere Strafe droht er ihnen als wahrscheinlich an: sie werden ihres 'Landrechts' verlustig gehen (2886f), d.h. verbannt werden. "Besser tot als solche Schande" lautet sinngemäß seine Schluss-Sentenz (2890f).

3.4. Der Bote und der Botenbericht (2892–3027)

[(2892–2899) Wiglaf sendet sodann aus dem Kreis seiner Männer einen Boten, der den in der Burg wartenden Gauten den Tod ihres Königs verkünden soll. Der Dichter legt der Botenrede eine größere Bedeutung bei, als man zunächst hätte vermuten können.

[(2900–2921) *Beginn des Botenberichts*. Der Bote erinnert seine Hörer an die Gefahren, die ihnen wegen früherer Kriege vonseiten der Franken und Schweden drohen. Die Zukunft sehe für sie jetzt düster aus. Zur Begründung seiner Befürchtungen von kommendem Krieg und Schrecken flicht er in seine Rede eine spezielle historische Episode ein:

[(2922–3007) *Die Episode von der Schlacht von Ravenswood und vom Tode des Schwedenkönigs Ongentheow*. Die Gauten mit ihrem König Hygelac liegen im Krieg mit den Schweden. Deren König Ongentheow wird von zwei Brüdern, Wulf und Eofor, im Einzelkampf getötet. Die Schweden, so der Bote, werden auf Rache sinnen.]

(3007–3027) *Ende des Botenberichts*. Zum Schluss seiner Rede fordert der Bote seine Zuhörer auf, sich mit ihm auf den Weg zu machen und Beowulf zu bestatten. Es gelingt dem Dichter, eine tragische Stimmung hervorzurufen, indem er den Boten sagen lässt, dass niemand etwas von den errungenen Schmuckstücken zur Erinnerung an Beowulf tragen dürfe, dass es nichts zu feiern gebe, dass aber – nach den kommenden Kriegen – der Rabe dem Wolf reichlich zu erzählen haben werde, wie es ihm beim Speisen auf dem Schlachtfeld ergangen sei (3024–3027).

3.5. Beowulfs Bestattung (3028–3182)

[(3028–3136) *Vorbereitungen*. Die Gauten begeben sich nun zum 'Adlerkap' am Meer (3031), wo ihr König und der Drache tot daniederliegen. Den Drachen stößt man ins Meer, für Beowulf bereitet man einen Scheiterhaufen.]

(3137–3182) *Das Bestattungszeremoniell*. Unter Wehklagen einer gautischen Frau (3150) (nach Lehnert und Westphalen der Witwe Beowulfs) und einiger Krieger wird der Leichnam Beowulfs verbrannt. Die Überreste werden samt den fluchbeladenen Schätzen in einem hohen Grabhügel am Meer, für die Seefahrer weit sichtbar, beigesetzt, wie es Beowulf in seiner Todesstunde selbst angeordnet hatte. Zwölf edle Krieger umreiten den Grabhügel, klagen um den Tod ihres Königs und preisen seine Taten und Tugenden. "Sie sagten, von allen irdischen Königen sei er der mildeste und leutseligste, seinem Volke gegenüber der freundlichste und (dazu) *lof-geornost* (der ruhmbegierigste?) gewesen" (3180–3182). (Man kann rätseln, ob der Dichter mit dem letzten Superlativ, zugleich dem letzten Wort seines Epos, tatsächlich im germanischen Sinne 'gloriae cupidissimus' meinte, wie meist angenommen wird, oder vielleicht nur 'prodigus', wie dies wahrscheinlich in seinem *lof-dǣd*, der 'zu rühmenden Tat' (24), vorausgesetzt wird.)

3. Text, Übersetzung, Kommentar

Konventionen der Textwiedergabe

Emendationen und Zusätze stehen in eckigen Klammern, z. B. eorl[as] 6, þon[n]e 70; mit einiger Sicherheit zu Erschließendes steht in runden Klammern, z. B. aldor(lē)ase 15, (geong g)uma 20. Auslassungen sind nicht gekennzeichnet, werden jedoch, falls bedeutsam, in den Anmerkungen erwähnt, z. B. zu 9: Ms.: "þāra ymbsittendra"; Text: ymbsittendra. – Siehe auch VORWORT

Konventionen der Übersetzung und des Kommentars

In der Übersetzung stehen Ergänzungen zum besseren Verständnis oder zur syntaktischen Glättung in eckigen Klammern, Erläuterungen in runden Klammern. Dabei wird jedoch nicht pedantisch verfahren. So steht der bestimmte Artikel, der im Deutschen zu setzen ist, aber im Ae. in der Regel fehlt, nur am Anfang einige Male in eckigen Klammern; später nur sporadisch. Ähnlich wird bei fehlendem Personalpronomen verfahren, z. B. '[Es] kam in der dämmerigen Nacht' (702, wo eigentlich auch der Artikel der *in Klammern stehen müsste). Einige besonders wörtliche Übersetzungen stehen in einfachen Anführungszeichen – meist mit erläuternder runder Klammer, oft mit vorausgehendem Gleichheitszeichen, hier und da jedoch für sich sprechend. So wird z. B. der Plural* scēotend *(703) durch 'Schützen' (in Anführungszeichen) übersetzt, ohne dass hinzugefügt würde, dass damit natürlich 'Männer' oder 'Krieger' gemeint sind. – Pfeile verweisen auf die Anmerkungen. Abkürzungen im Kommentar: L = Lehnert; M/R = Ausgabe von Mitchell/Robinson 1998; Ms. = Manuskript; Z = Zeile, z. B. Z238.*

HWÆT, WĒ GĀr-DEna   in geārdagum,
þēodcyninga   þrym gefrūnon,
hū ðā æþelingas   ellen fremedon.
Oft Scyld Scēfing   sceaþena þrēatum,
5 monegum mǣgþum   meodosetla oftēah,
egsode eorl[as],   syððan ǣrest wearð
fēasceaft funden;   hē þæs frōfre gebād,
wēox under wolcnum,   weorðmyndum þāh,
oð þæt him ǣghwylc   ymbsittendra
10 ofer hronrāde   hȳran scolde,
gomban gyldan;   þæt wæs gōd cyning!
Ðǣm eafera wæs   æfter cenned,
geong in geardum,   þone god sende
folce tō frōfre;   fyrenðearfe ongeat,
15 þē hīe ǣr drugon   aldor(lē)ase
lange hwīle;   him þæs līffrēa,
wuldres wealdend,   woroldāre forgeaf,

1: M/R drucken 'Hwæt!' in eine Zeile 0, als ob der Vortragende vor Beginn so etwas wie 'What!' ausgerufen hätte. Dies ist ganz abwegig. Das *hwæt* ist zweifellos in den Rhythmus der ersten Zeile zu integrieren. So auch mit Nachdruck Else von Schaubert. Interessant ist Heaneys Eröffnung: 'So. The Spear-Danes in days gone by | and the kings who ruled them had courage and greatness.'
2: (1) Man kann *Gār-Dena* und *þēodcyninga* als voneinander abhängig sehen: die Volkskönige der Dänen. Wahrscheinlicher ist jedoch die einfache Figur der Variation, wie in der Übersetzung angenommen. – (2) Siehe unter Z9.
3: Man muss sehr wahrscheinlich intonieren 'hū ˌðā 'æþeˌlingas, darf also *hū ðā* nicht in den Auftakt nehmen, weil dies zu einem Hauptakzent auf *-lingas* führen würde.
5: Die Metbänke stehen metonymisch für die Halle, die als politischer und sozialer Versammlungsort von hohem Symbolwert war. Das Ganze ist eine Periphrase für 'besiegen'.
6: (1) Das Ms. hat *eorl*, was intransitives *egsian* voraussetzt, was ungeschickt ist. Daher zieht man eine Emendation zu *eorlas* vor. – (2) 6b: Das aus heutiger Sicht fehlende Pronomen ist ae. normal. Klaeber registriert fehlendes Personalpronomen als Subjekt in den Versen 68, 286, 300, 470, 567, 1367, 1487, 1923, 1967, 2344, 2520, 3018. (S. xcii).
8: *weorðmyndum*] Ein Abstraktum im Plural mit Singular-Bedeutung wie sehr oft, z.B. auch *mōdgehygdum* 233.
9: Das Ms. hat *þāra ymbsittendra* ('der Umsitzenden'), was metrisch als schlecht gilt, aber möglich ist. Andreas Heusler: "Für die große Menge der Abverse im *Bw* gilt also der Satz: Ist der eine Takt voll, dann ist der andere stumpf [d.h. die Nebenhebung, die dritte Mora, ist unbesetzt], und Auftakt fehlt" (*Versgeschichte*, I, §251). In Anhang II lese ich

Die Dänendynastie (1–25)
Also,↓ wir 'er-fragten' [mit Erfolg] in Vorzeittagen ('yore-days')
den Ruhm der Speerdänen (= erfuhren von ...), der Volkskönige, ↓
wie die Edlinge ↓ 'Tapferkeit' (= tapfere Taten) [voll-]führten
Oft entzog Scyld Scefing den Scharen der Feinde,
5 manchen [Volks]stämmen [die] Metsitze, ↓
erschreckte [die] Krieger ↓, nachdem [er ↓] zuerst
hilflos aufgefunden worden war. Er erlangte 'dessen' (= dafür) Trost,
wuchs unter [den] Wolken, gedieh an Wertschätzung ↓ –
bis dass ihm jeder der Umwohnenden ↓
10 über das Wal[fisch]revier ↓ [hin] hören (= gehorchen) musste, ↓
Tribut zahlen. Das war ein guter König.↓
Dem wurde danach ein Sohn geboren,
jung im Gehöft, ↓ den Gott gesandt hatte ↓
dem Volke zum Trost; [er (= Gott) ↓] hatte die furchtbare Notlage erkannt,
15 die sie vorher ertragen hatten ↓ [als] Herrscherlose
lange Zeit. Ihm verlieh 'dessen' (deswegen) der Lebensherr ↓,
[der] Walter [der] Herrlichkeit Welttehre (= weltliche Ehre).

---

ymbsittendra als | ⏑́ ∧ ∧ | ó o ò ∧. Heusler las jedoch mit Synkope | ⏑́ ∧ ∧ | ó ⏑ o |, was er an Z2a *þēod-cyninga* verdeutlichte, sodass der letzte Takt als 'voll' galt und damit eigentlich kein Auftakt stehen dürfte. Die Sievers'sche Metrik führt zum gleichen Ergebnis. Vgl. normales 'stumpf-voll' in |*fēond* ∧ ∧ | '*man,cynnes* (164b).
10: (1) 'Walfischrevier' für Meer' (meist übersetzt man 'Walfischstraße' – s. Vorwort, § 0.4) ist eine Kenning (Pl. 'Kenningar'), d. h. eine besonders bildhafte Kompositumme-tapher. – (2) Beachte *scolde* = 'musste' (nicht 'sollte')!
11b: Dieser Halbvers zieht die Summe aus den geschilderten Einzelheiten und setzt einen stilistischen Schlusspunkt. Die Rhetorik nennt dies ein Epiphonem.
13: (1) 'jung ...': Diese Struktur ist häufig. Die starke Form des Adjektivs ist im Nom. Sg. mit der unflektierten Form, um die es sich hier handelt, identisch; also bei nachge-stelltem Adjektiv wie im Deutschen (ein Mensch 'jung an Jahren'). Vgl. "īsig ond ūtfūs" (33). – (2) *sende*] Dem Sinne nach Plusquamperfekt, dessen analytische Form erst im Entstehen ist, aber immerhin einige Male im *Beowulf* vorkommt, z.B. Z106, 117, 220. Das Präteritum in diesem Sinne ist jedoch häufiger.
14: Fehlendes Personalpronomen, primär als Subjekt, ist ae. normal; s. unter Z6.
15: *drugon*] Dem Sinne nach Plusquamperfekt – siehe Z13(2).
16b: Man sagt, 16b mit nur zwei Silben für zwei Takte sei unmetrisch, was auf älteres *frēa* schließen lasse. Aber in 27b ist einsilbiges *frēa* die bessere Form, sodass auch wohl 16b in der überlieferten Form nicht unmöglich gewesen sein dürfte: o o | ⏑́ ∧ ∧ | ⏑́ ∧ ∧. – Weitere vielleicht aufzulösende Kontraktionen sind *geþēo[ha]n* (25), *flēo[ha]n* (820), *tēo[ha]n* (1036) *sēo[ha]n* (1180).

Bēowulf wæs brēme   — blǣd wīde sprang —
Scyldes earfera,   Scedelandum in.
20 Swā sceal (geong g)uma   gōde gewyrcean,
fromum feohgiftum   on fæder (bea)rme,
þæt hine on ylde   eft gewunigen
wilgesīþas,   þonne wīg cume,
lēode gelǣsten,   lofdǣdum sceal
25 in mǣgþa gehwǣre   man geþēon.

Him ðā Scyld gewāt   tō gescæphwīle
felahrōr fēran   on frēan wǣre.
Hī hyne þā ætbǣron   tō brimes faroðe,
swǣse gesīþas,   swā hē selfa bæd,
30 þenden wordum wēold   wine Scyldinga
lēof landfruma   lange āhte.
Þǣr æt hȳðe stōd   hringedstefna
īsig ond ūtfūs,   æþelinges fær;
ālēdon þā   lēofne þēoden,
35 bēaga bryttan,   on bearm scipes,

18: Dies ist nicht der Held des Gedichts, sondern 'Beowulf I', ein Däne, der höchstwahrscheinlich *Beow* hieß, was vielleicht ein Abschreiber irrtümlich zu *Beowulf* machte.
19: Eine Inversion ('Anastrophe') als poetische Lizenz. — Schonen, hier zur Bezeichnung des Dänenreiches benutzt, ist eigentlich der südlichste Teil der skandinavischen Halbinsel, von wo die Dänen wahrscheinlich stammten, schwedisch *Skåne*, lat. *Scadinavia*, später *Scandinavia*.
20: *sceal*] Frau Dr. Margret Popp, die aus Anlass dieser Ausgabe eine kalligrafische Nachbildung der gesamten ersten Seite des *Beowulf*-Ms. anfertigte, die bis Z21 einschließlich *fæder* reicht, macht mich darauf aufmerksam, dass mit ziemlicher Sicherheit in 20a *sceall* statt *sceal* zu lesen sei. In der Tat kann der kürzere Senkrechtstrich vor dem letzten *l* kaum als Teil eines *a* gedeutet werden.
22: *hine*] Der Akkusativ wirkt für unser Sprachgefühl befremdlich; man denke jedoch zum Vergleich an dt. *jemanden (nicht) ausstehen (können)*.
24: (1) In *lēode gelǣstan* haben wir wahrscheinlich eine defektive Ausdrucksweise: 'die Leute (ihm Folge) leisten'. Sicher defektiv ist *lange āhte* (31) 'hatte lange besessen'; es fehlt das Objekt (vgl. ähnlich 48 f.). Das Verbum *lǣstan* entspricht dem ne. *to last* und dem dt. *leisten*. — (2) Man beachte die erhebliche Entfernung der Varianten *gewunigen* und *gelǣstan* voneinander. — (3) *lofdǣdum*] Es bleibt in der Schwebe, ob es sich um Heldentaten oder oder um Wohltätigkeit (= *liberalitas*) handelt. Siehe auch Anm. zu 3182.
25: Das 'Epiphonem' — eine lange Sentenz als stilistischer Schlusspunkt — reicht von Vers 20 bis Vers 25.

Beowulf ↓ war (= wurde) berühmt – sein Ruhm verbreitete sich weithin –,
Scylds Nachkomme, im Schonenlande.↓
20 So (wie Beowulf) soll ↓ ein junger Mann durch Gutes bewirken,
durch herrliche Schatzspenden im Schoße (= Besitztum) des Vaters,
dass 'ihn' (= bei ihm) ↓ im Alter danach ausharren
[die] willigen Gefährten, wenn Krieg kommen sollte,
[die] Leute leisten (= [ihm] ↓ Gefolgschaft leisten). Durch Ruhmestaten ↓ wird
25 in jedwedem der Volksstämme [ein] Mann gedeihen.↓

Eine Schiffsbestattung (26–52)
[Es] machte sich dann Scyld auf zur Schicksalsstunde,
der Vielrührige, zu fahren in die Obhut des Herrn.↓
Sie trugen ihn dann zur Meeresflut,
die lieben Gefährten, ↓ wie er selber gebeten ↓ hatte,
30 als [noch] der Worte waltete der Freund ↓ der Scyldinge,
der liebe Landesfürst, lange besaß.↓
Da lag im Hafen der beringte 'Steven' (= Schiff),
Eisig ↓ und aus[lauf]bereit, das Gefährt des Edlen.
Sie legten dort den lieben Herrn,
35 den Spender der Ringe, in den Schoß des Schiffes,

27: Eine verhüllende Umschreibung für 'sterben', rhetorisch eine Periphrase.
29: (1) *gesīð*] Der *gesīð*, 'der Gefährte' (*comes*), bezeichnet ein offizielles Mitglied der königlichen Gefolgschaft (*comitatus*). Dt. *Gesinde* ist das gleiche Wort, hat aber eine semantische Pejoration erfahren. Auch die Wirkung des Nasal-Spirantengesetzes wird hier sichtbar: im Deutschen Kürze + *n* + (ursprüngliche) Spirans, im Englischen Ausfall des Nasals unter Längung des Vokals (wie auch in *five/fünf, goose/Gans*, mit späterer Kürzung *us/uns* usw.). – (2) *bæd*] Das Präteritum *bæd* gehört zu *biddan* (Klasse 5) 'bitten', aber schon ae. wird dies gelegentlich mit *bēodan* (Kl. 2) 'gebieten' verwechselt, sodass hier vielleicht 'wie er bestimmt hatte' gemeint sein könnte. Dem Sinne nach ist *bæd* Plusquamperfekt; s. Z13 (2).
30: *Wine*] Das Wort ist Paradigma der *i*-Deklination (Pl. *þā wine* wie *þā Dene*). Schücking führte seinen Vornamen *Levin* auf eine Form wie *lēofwine* zurück.
31: Vielleicht ist gemeint '... die Untertanen lange besaß'. Der 'absolute' Gebrauch eines transitiven Verbums (also ohne Objekt) ist jedoch nicht auszuschließen. Unter Hinweis auf die Verse 90a, 376a und 570a liest man auch *lēof land fruma* (rhythmisch = ó o ó o) = 'das liebe Land, der Fürst, lange besaß'. In Anbetracht von *lēof þēodcyning* (854) und *þēodcyninga* (2) liegt jedoch ein *lēof landfruma* näher.
33: *īsig*] Warum ist das Schiff 'eisig' = 'eisbedeckt'? Da es einen Beleg für *īsig* = 'glänzend' gibt, hat man diese Bedeutung auch hier in Erwägung gezogen – wahrscheinlich zu Unrecht. Der Dichter ist bezüglich seiner Wortwahl nur selten exakt. Vielleicht suchte er nur eine Alliteration zu *ūtfūs*; vgl. die Wolken in "weox under wolcnum" (Z8).

mærne be mæste.   Þær wæs mādma fela
of feorwegum   frætwa gelǣded;
ne hȳrde ic cȳmlīcor   cēol gegyrwan
hildewǣpnum   ond heaðowǣdum,
40 billum ond byrnum;   him on bearme læg
mādma mænigo,   þā him mid scoldon
on flōdes ǣht   feor gewītan.
Nalæs hī hine lǣssan   lācum tēodan,
þēodgestrēonum,   þon þā dydon,
45 þē hine æt frumsceafte   forð onsendon
ǣnne ofer ȳðe   umborwesende.
Þā gȳt hīe him āsetton   segen g(yl)denne
hēah ofer hēafod,   lēton holm beran,
gēafon on gārsecg;   him wæs geōmor sefa,
50 murnende mōd.   Men ne cunnon
secgan tō sōðe,   selerǣdende,
hæleð under heofenum,   hwā þǣm hlæste onfēng.

Ðā wæs on burgum   Bēowulf Scyldinga,
lēof lēodcyning,   longe þrāge
55 folcum gefrǣge   — fæder ellor hwearf,

aldor of earde —,   oþ þæt him eft onwōc

hēah Healfdene;   hēold þenden lifde,
gamol ond gūðrēouw,   glæde Scyldingas.
Ðǣm fēower bearn   forðgerīmed
60 in worold wōcun,   weoroda rǣswa[n],
Heorogār ond Hrōðgār   ond Hālga til;

38: "Acc.-cum-Inf.-Konstruktion mit Fehlen des Subjekts *men* im Akk. = 'nicht hörte ich, daß (man) prächtiger ein Schiff ausrüstete'" (L).
43–46: Die Stileigentümlichkeit des Dichters, die hier vorliegt und die uns häufig begegnen wird, ist die Untertreibung, das *understatement,* rhetorisch gesprochen die Litotes. Das, was er bereits positiv ausgedrückt hat – dass dem König viele kostbare Schätze beigegeben wurden – variiert er noch einmal in Gestalt der Bemerkung, dass es mit Sicherheit nicht weniger waren, als sie dem (aufs Meer?) ausgesetzten Kind beigegeben worden waren, das dann an die dänische Küste verschlagen und König wurde.
46: *Umborwesende*] – ist unflektiertes Partizip.

den Berühmten an den Mast. Da wurden viele der Schätze (= viele Schätze),
von 'Fernwegen' (weither), [viele] der Kostbarkeiten, [herbei]geführt.
Nicht hörte ich [Leute] prächtiger ein Schiff ausrüsten ↓
mit Kampfwaffen und Kampfgewändern,
40 mit Schwertern und Brünnen; ihm im Schoße lag
eine Menge von Schätzen, die mit ihm sollten
in der Flut Bereich weit sich [hinweg]begeben.
Keineswegs statteten sie ihn mit geringeren Gaben aus, ↓
mit Volksschätzen, als die es taten,
45 die ihn am Anfang fortschickten
allein über die Woge[n] [als] 'Kindseiender' ↓.
Dazu setzten sie ihm noch ein goldenes [Feld]zeichen ↓
hoch über das Haupt, ließen das Meer (ihn) tragen,
übergaben [ihn] dem Meer. Ihnen war jammervoll der Sinn,
50 trauend das Herz. (Die) Menschen können
wahrlich ('zur Wahrheit') nicht sagen, die 'Saalberater'
[die] Helden unter den Himmeln, wer diese Last empfing.

Der Hallenbau (53–85)
Da war in den 'Burgen' (= in dem Ort) Beowulf von den Scyldingen, ↓
der liebe Volkskönig, lange Zeit,
55 den Völkern 'bekannt' (berühmt) – sein Vater (Scyld) war anderswohin
    gegangen (= gestorben),
der Fürst [fort] von der Erde – bis dass ihm wiederum 'erwachte' (= geboren
    wurde);
der hohe Healfdene; er (= dieser) 'hielt' (= regierte), solange er lebte,
alt und kampfwild, die glücklichen Scyldinge.
Dem vier Kinder, der Reihe nach gezählt,
60 in der Welt 'erwachten' (= geboren wurden), dem Herrn der Mannschaft:
Heorogar und Hrothgar und der treffliche Halga. ↓

47: *segen gyldenne*] Vermutlich eine Standarte, die möglicherweise von der Art war, wie sie in Sutton Hoo gefunden wurde. Diese konnte in die Erde gerammt werden und wurde vielleicht von dem ebenfalls gefundenen bronzenen Hirsch gekrönt, den man jedoch heute dem Zepter ('the whetstone') von Sutton Hoo zuordnet. Die dänische 'Halle' trägt den Namen *Heorot* 'Hirsch' (= *Heort* 78).
53: Hier beginnt die Fitte I (ae. *fitt*, ne. *fit*; die M/R-Schreibung ne. *fitt* ist irrig), die bis Z114 geht; Fitte II ab 115, III ab 189 usw. bis XLIII = 3137–3182.
61: Das 'Gesetz der wachsenden Glieder' einer Aufzählung konnte der Dichter schon bei Homer wirksam finden. Klaeber zitiert *Odyssee* 9:24, wo von den Inseln Dulichion, Samos und der 'waldbewachsenen Zakynthos' die Rede ist.

hȳrde ic þæt [........ wæs On]elan cwēn,
Heaðo-Scilfingas   healsgebedda.
   Þā wæs Hrōðgāre herespēd gyfen,
65 wīges weorðmynd, þæt him his winemāgas
georne hȳrdon,   oðð þæt sēo geogoð gewēox,

magodriht micel.   Him on mōd bearn,
þæt healreced   hātan wolde,
medoærn micel   men gewyrcean
70 þon[n]e yldo bearn   æfre gefrūnon,
ond þǣr on innan   eall gedǣlan
geongum ond ealdum,   swylc him god sealde,
būton folcscare   ond feorum gumena.
Ðā ic wīde gefrægn   weorc gebannan
75 manigre mǣgþe   geond þisne middangeard,
folcstede frætwan.   Him on fyrste gelomp,

ǣdre mid yldum,   þæt hit wearð ealgearo,
healærna mǣst;   scōp him Heort naman
sē þe his wordes geweald   wīde hæfde.

80 Hē bēot ne ālēh,   bēagas dǣlde,
sinc æt symle.   Sele hlīfade
hēah ond horngēap;   heaðowylma bād,

62: Kemp Malone meinte, die Tochter Healfdenes habe Yrse geheißen, was plausibel ist, auch wenn der Anvers in 'Hyrde ic þæt Yrse wæs | Onelan cwēn' als metrisch schwach gilt. Onela war Schwedenkönig aus der Dynastie der Scylfingas (≠ Scyldingas!).
63: *Heaðo-Scylfingas*] Pl.-*as* statt Genitiv-*es* ist 'reverse spelling' und beweist, dass -*as* in der Aussprache bereits zu -*es* geworden sein muss.
67: *bearn*] = *be-arn* zu *be-irnan* < *be-rinn*an ('r-Metathese').
70: *þon[n]e yldo bearn* ...] (*yldo = ylda*, Gen. Pl.) Ms. *þone* ... ('welches die Menschen je sahen') ist unlogisch; die Stelle wird aber auch durch Emendation zu *þon[n]e* ('größer ... als') nicht korrekt. "Es liegt eine Mischkonstruktion vor aus 'ein großes Methaus, wie es die Menschenkinder nie gesehen' + 'ein größeres Methaus, als es die M. je geshen' = 'ein großes Methaus, als die M. je gesehen.'" (L).
74: *wīde* gehört zu *gebannan* ('hypallagé adverbii'). – Das Bauen ist eine öffentliche Gemeinschaftsarbeit.
76: "= 'daß (er) weithin das Werk befahl' (Acc.-cum-Inf.-Konstruktion mit Fehlen des Subj. im Akk. *hine*, vgl. [Anm. zu Z38]" (L).

Ich hörte, dass ... die Königin [des On]ela [war], ↓
des Kampf-Scylfings ↓ liebe Bettgenossin.
Dann wurde Hrothgar Kriegsglück gegeben,
65 Kampfesruhm, sodass ihm seine lieben Stammesgenossen
gerne gehorchten, bis dass die 'Jugend' (= Jung-Gefolgschaft) [heran]wuchs,
eine große Jungmannschaft. Es kam ihm in den Sinn, ↓
dass [er] ein Hallengebäude heißen wollte,
ein großes Methaus, die Menschen zu [zu] bauen,
70 das die Menschenkinder je 'erfuhren' (sahen), ↓
und da herinnen alles verteilen
an Junge und Alte, was Gott ihm gegeben hatte,
außer öffentliches Land und Leben der Menschen.
Da erfuhr ich (hörte ich) weithin ↓ das Werk befehlen
75 manchem Volksstamm über diese Erde hin,
[die] Volksstätte [zu] 'schmücken' (errichten). ↓ Ihm wurde es nach [einiger] Zeit zuteil,
schnell unter den Menschen, dass es ganz fertig war,
das größte der Hallengebäude; [er] schuf ihm den Namen Heor[o]t, ↓
[er,] der seines Wortes Gewalt weithin hatte (= dessen Wort weithin Geltung hatte).
80 Er ließ das Versprechen nicht unerfüllt, ↓ er verteilte Ringe,
Schätze beim Gastmahl. ↓ Der Saal ragte empor,
hoch und weitgiebelig; ↓ er harrte der Kampfwogen, ↓

78: *Heort*] Gewöhnlich als *Heorot* zitiert. Siehe Anm. zu Z47.
80: "Hē bēot ne āleh": eine typische Litotes.
81: *symle*] < *symble* < gr. *symbolé* 'Zusammenkunft'. (Das *symbolon* ist ursprünglich etwas Abgebrochenes als Kennzeichen, das zu seinem anderen Teil passt.)
82a: *horn-gēap*] Eigentlich 'horn-weit' (wegen der üblichen Verzierung duch ein Geweih).
82b–85: 'harrte der Kampfwogen' usw.: Eine typische, andeutende Vorausschau auf die Ereignisse der Ingeld-Episode. Obwohl Hrothgars Tochter Frēawaru mit Ingeld verlobt ist, kommt es erneut zu Kämpfen zwischen Dänen und Heathobarden. "Anspielung auf den späteren Kampf zwischen König Hrothgar und seinem Schwiegersohl Ingeld, dem Heathobardenfürst[en] (vgl. V.2020–69). Den Ausgang der Fehde schildert [...] der *Widsith* V.45–49: Die in das Land der Dänen einfallenden Heathobarden werden völlig vernichtet, die Dänen [...] 'verhauten' (vernichteten) im 'Hirschen' die Macht der Heathobarden (V.49), wobei jedoch, wie aus *Beowulf* V.82ff. zu schließen ist, Heorot ein Raub der Flammen wurde" (L).

lāðan līges;   ne wæs hit lenge þā gēn,

þæt sē ecghete   āþumswēoran

85 æfter wælnīðe   wæcnan scolde.

Ðā sē ellengǽst   earfoðlīce
þrāge geþolode,   sē þe in þȳstrum bād,
þæt hē dōgŏra gehwām   drēam gehȳrde
hlūdne in healle;   þǣr wæs hearpan swēg,
90 swutol sang scopes.   Sǽgde sē þe cūþe
frumsceaft fīra   feorran reccan,
cwæð þæt sē ælmihtiga   eorðan worh(te),
wlitebeorhtne wang,   swā wæter bebūgeð,
gesette sigehrēþig   sunnan ond mōnan
95 lēoman tō lēohte   landbūendum,
ond gefrætwade   foldan scēatas
leomum ond lēafum,   līf ēac gesceōp
cynna gehwylcum   þāra ðe cwice hwyrfaþ. –
Swā ðā drihtguman   drēamum lifdon,
100 ēadiglīce,   oð ðæt ān ongan

83: *lenge*] 'It was by no means longer' ergibt keinen Sinn. Daher ist *lenge* wahrscheinlich Adj. im Sinne von 'zugehörig, nahe' wie *long* in *belong*.
84: *āþumswēoran*] Lies emendiert: *āþumswēorum* (Dat.Pl.) – ein Kopulativ-Kompositum; vgl *sunufatarungo* '[die] Sohn-Vaterung' (*Hildebrandslied* 4).
86: (1) *earfoð*] etymolgisch = dt. *Arbeit.* – (2) Der Name Grendels wird erst Z102 genannt. Auch der Name Beowulfs wird nicht bei dessen Einführung (194) genannt. Ein ähnlicher Brauch findet sich bei Homer und Vergil.
87: *in þȳstrum*] Beachte den Plural bei Abstrakten, also wörtlich 'in Dunkelheiten'.
88: (1) *dōgora*] Lehnert unterpunktierte – nach Klaeber – das kurze *o* sowie auch das unbetonte *i* in *ælmihtige* (92), ähnlich das *o* in *dōgores* (219, 605) und *geōmore* (151) sowie das *i* in *elþēodige* (336), womit die Unterdrückung der unbetonten Vokale aus metrischen Gründen angedeutet werden sollte. Da die metrischen Annahmen jedoch zweifelhaft sind, wurden die Punkte im vorliegenden Text gestrichen. – (2) *drēam*] = 'Freude': (a) Es gibt keinen altenglischen Beleg für die Bedeutung 'Traum', sodass es sich bei ne. *dream* ursprünglich um ein nicht-literarisches Homonym handeln muss. Die Idee, 'Freude' sei = 'Schlafen (+ Träumen)' erscheint abwegig. (b) Beachte (nebenbei) die unselige lautliche Berührung von dt. *Traum* und gr. τραῦμα = 'Verletzung', 'Trauma', was – über Freuds psychische Traumata – oft zu absurden Gebrauchsweisen von *Trauma* führt.

der leidigen Lohe; nicht war es nahe ↓ damals schon (= die Zeit war nocht nicht gekommen),
dass der 'Schwerthass' (= Krieg) [den] Eidam-Schwähern (= zwischen Schwiegervater und Schwiegersohn) ↓
85 nach tödlicher Feindschaft erwachen sollte.

Grendel (86–114)
Da ertrug der Kraft-Geist (der Unhold Grendel) [nur] mühevoll ↓
[die] Zeit, [der,] der da im Dunkeln ↓ wohnte,
dass er an jedem der Tage ↓ Jubel ↓ hörte,
lauten in der Halle. Da war der Harfe Klang,
90 der helle Gesang des Skops. ↓ [Es] sagte der, [der] konnte
den Ursprung der Menschen von fern her erzählen,
sprach, dass der Allmächtige ↓ die Erde 'wirkte' (= erschuf),
das strahlende Feld, 'so' (= welches) [das] Wasser umgibt.
Es setzte der Siegberühmte Sonne und Mond
95 als Leuchten für Licht den Landbewohnern
und 'schmückte' (= stattete aus) die Schöße der Erde
mit Zweigen und Blättern. Auch schuf er das Leben
einem jeden der Geschlechter, derer, die lebendig umhergehen.
So lebten die Gefolgsmänner in Freuden,
100 glücklich, bis dass einer begann,

90: *scop*] Aussprache: /ʃɒp/, der Hofdichter und Sänger, der 'minstrel'. Das ne. *scop* = /skɒp/ ist 'antiquarian revival' mit 'spelling pronunciation'. – Sollte der Spötter Unferth vielleicht ehedem mit dem Sänger identisch gewesen sein?
90a: Dies ist bezüglich der Alliteration einer der zahlreichen AAX-Verse, die merkwürdig klingen, wenn man die traditionelle Regel befolgt, wonach jede stabende Silbe einen Iktus trägt, d.h. auch metrisch betont ist. Standop 1993 sieht eine Lösung des Problems darin, dass man das Dogma 'Ohne Iktus kein Stab' aufgibt, "wenn man also ... auch einen ornamentalen Stab anerkennt, der nicht iktusheischend, aber dennoch oder gerade deshalb offenbar gesucht war, insofern der AAX-Typ sehr häufig und augenfällig ist" (S. 173). Danach kann man in 90a *swutol*, obwohl das *s* stabt, in den Auftakt stellen und lesen o o | -́ ∧ ∧ | ó o = "Swutol | sáng ∧ ∧ | scópes", obwohl in diesem Falle auch "| Swútol sàng ∧ | scópes" keine allzu starke Tonbeugung ergäbe. – Weitere Fälle dieser Art: 210a, 330a, 341a, 376a, 423a, 1384a, 1390a, 1485a.
90–98: Ein Schöpfungshymnus in der Halle! Vgl. "Cædmon's Hymn" (abgedruckt z.B. in Lehnerts *Altenglischem Elementarbuch*, S. 122; 127); ein textlicher Zusammenhang besteht jedoch nicht. Im Gegensatz zu "Cædmons Hymnus" hält sich dieser Hymnus ziemlich eng an die biblische Genesis.
92: Mit Klaeber setzte L*Ælmihtiga* mit Punkt unter dem zweiten *i*, was dessen Ausfall in der Aussprache andeuten sollte (s. unter Z88(1)).

fyrene fre(m)man   fēond on helle;
wæs sē grimma gæst   Grendel hāten,
mǣre mearcstapa,   sē þe mōras hēold,

fen ond fæsten;   fīfelcynnes eard
105   wonsǣlī wer   weardode hwīle,
siþðan him scyppend   forscrifen hæfde
in Caines cynne –   þone cwealm gewræc
ēce drihten,   þæs þe hē Ābel slōg;
ne gefeah hē þǣre fǣhðe,   ac hē hine feor forwræc,

110   metod for þȳ māne   mancynne fram.
Þanon untȳdras   ealle onwōcon,
eotenas ond ylfe   ond orcnēas,
swylce gīgantas,   þā wið gode wunnon
lange þrāge;   hē him ðæs lēan forgeald.

115   Gewāt ðā nēosian,   syþðan niht becōm,
hēan hūses,   hū hit Hring-Dene
æfter bēorþege   gebūn hæfdon.
Fand þā ðǣr inne   æþelinga gedriht
swefan æfter symble;   sorge ne cūðon,
120   wonsceaft wera.   Wiht unhǣlo,
grim ond grǣdig,   gearo sōna wæs,
rēoc ond rēþe,   ond on ræste genam
þrītig þegna;   þanon eft gewāt
hūðe hrēmig   tō hām faran,
125   mid þǣre wælfylle   wīca nēosan.
Ðā wæs on ūhtan   mid ǣrdæge
Grendles gūðcræft   gumum undyrne;
þā wæs æfter wiste   wōp up āhafen,
micel morgenswēg.   Mǣre þēoden,
130   æþeling ǣrgōd,   unblīðe sæt,

110: *metod*] = 'Gott'; zu *metan* 'messen' (st.5), also Gott als der das Schicksal Zumessende.
112: *Eoten*] = 'Riese', nur im *Beowulf* vorkommend (auch 421, 883).
113: *gīgantas*] Man beachte die zweifache Entlehnung des griechischen Wortes: (1) *giants* (über das Frz.), (2) *gigantic* (über das Lat.).
114: Eine Anspielung auf ihre Vernichtung durch die Sintflut (auch 1689f).

Frevel auszuführen, [ein] Feind in der Hölle.
[Es] wurde der grimmige Geist Grendel geheißen,
der berüchtigte 'Markstapfer' (= Grenzgänger), der die Moore (= das Moor)
  'hielt' (= bewohnte),
Fenn und Festung. Des Riesengeschlechts Stätte
105 bewohnte der unselige Mann [die] Zeit (= während der Zeit),
seit ihn der Schöpfer verbannt hatte
in Kains Geschlecht. Den Mord [an Kain] rächte
der ewige Fürst, weil er (Kain) Abel erschlagen hatte. ↓
Nicht erfreute er (Kain) sich dieser Untat; denn er (Gott) verbannte ihn weit
  [fort],
110 Gott, ↓ wegen des Verbrechens, [fort] von der Menschheit.
Von dort 'erwachten' (= entstammten) die Unholde alle,
Riesen ↓ und Alben und Höllengeister,
desgleichen [die] Giganten, ↓ die gegen Gott kämpften
lange Zeit; er 'vergalt' (= gab) ihnen dafür Lohn. ↓

Grendel schlägt zu (115–193)
115 Er machte sich dann auf aufzusuchen, als die Nacht gekommen war,
das hohe Haus, wie es die 'Ring'-Dänen (= mit Ringpanzern bekleidet)
nach dem Biergelage 'bewohnt' hatten.
Er fand darinnen die Gefolgschaft der Edlen
schlafen nach dem Feiern. Sorge kannten sie nicht,
120 Unglück der Männer. ↓ Der unselige 'Wicht' (= Dämon),
grimmig und gierig, war bald bereit,
wild und wütend, und nahm von der Ruhestätte [weg]
dreißig Degen. Dann machte er sich von dort wieder auf,
sich der Beute rühmend, nach Hause zu 'fahren',
125 mit der 'Walfülle' (= den Erschlagenen) [seine] Wohnstätte aufzusuchen.
Da war am Morgen mit Tagesanbruch
Grendels Kampfkraft den Männern unverborgen (= offenbar).
Da wurde nach dem Festmahl [Weh-]Klage erhoben,
ein großes Morgengejammer. Der berühmte Fürst,
130 der 'altgute' (altbewährte) Edeling (= Hrothgar) saß unfroh, ↓

120: Lehnert setzt wie die meisten Hgg. einen Punkt nach *wera,* nicht aber E.v.Schaubert, die *wiht unhǣlo* zum Vorhergehenden zieht ('kannten ... nichts von Unheil') und für den folgenden Satz fehlendes Subjekt annimmt. Ich halte diese Lösung für die bessere.
130: *unblīðe sæt*] Einer der vielen Litotes-Fälle, über die der moderne Leser zu schmunzeln geneigt ist. Wir würden heute kommentieren: 'He wasn't amused'.

þolode ðryðswyð, þegnsorge dreah,

syðþan hī þæs lāðan lāst scēawedon,
wērgan gāstes; wæs þæt gewin tō strang,
lāð ond longsum! Næs hit lengra fyrst,
135 ac ymb āne niht eft gefremede
morðbeala māre, ond nō mearn fore,
fæhðe ond fyrene; wæs tō fæst on þām.

Þā wæs ēaðfynde þē him elles hwǣr
gerūmlīcor ræste [sōhte],
140 bed æfter būrum, ðā him gebēacnod wæs,
gesægd sōðlīce sweotolan tācne
healðegnes hete; hēold hyne syðþan
fyr ond fæstor sē þǣm fēonde ætwand.
Swā rīxode ond wið rihte wan,
145 āna wið eallum, oðþæt īdel stōd
hūsa sēlest. Wæs sēo hwīl micel:
twelf wintra tīd torn geþolode
wine Scyldinga, wēana gehwelcne,
sīdra sorga; forðām [secgum] wearð,
150 ylda bearnum undyrne cūð
gyddum geōmore, þætte Grendel wan
hwīle wið Hrōþgār, hetenīðas wæg,

fyrene ond fæhðe fela missēra,
singāle sæce; sibbe ne wolde
155 wið manna hwone mægenes Deniga,

131; 147: Beachte das Verbum *(ge)þolian*, das als *to thole* Seamus Heaney in Ulster begegnete. Es ist – wie in 147 – von Hause aus transitiv, in Z131 jedoch absolut, d.h. ohne Objekt gebraucht.
137: "Anspielung auf die Fesseln der Sünde" (L nach Klaeber). Es genügt jedoch für 137b die Übersetzung 'Er war zu sehr auf sie bedacht'.
140: Litotes für 'Alle machten sich aus dem Staube'! Das heißt, man suchte die kleineren Häuser außerhalb der Halle auf.
142: *healþegn*] – ist – nur zweimal vorkommend – ein Beinahe-Hapaxlegomenon. Ob es der Dichter hier vielleicht ironisch gemeint hat und wir es uns in Anführungszeichen vorstellen sollten? Wahrscheinlich nicht: "'Grendel was imagined in the (impossible)

duldete, ↓ kraftvoll (= als Kraftvoller), trug 'Degensorge' (= Sorge um seine Degen),
nachdem sie des Bösen Spur gesehen hatten,
des elenden Geistes. Das Leid war zu stark,
abscheulich und langwährend. Nicht war es eine längere Frist,
135 sondern nach einer Nacht führte er (Grendel) wiederum
mehr der Mordtaten aus – und er trauerte nicht deswegen –,
Feindschaft und Frevel; er war zu fest in ihnen (= sie waren zu sehr seine Natur). ↓

Die Dänen im Unglück (138–193
Da war leicht zu finden der sich anderswo,
entfernter, eine Ruhestätte suchte, ↓
140 ein Bett in den Häusern, da ihm angezeigt war,
wahrlich gesagt (gezeigt) durch ein deuliches Zeichen
des Hallendegens (Grendels) ↓ Hass. Es hielt sich seitdem
entfernter und sicherer, wer dem Feinde entgangen war.
So regierte und kämpfte gegen [!] das Recht
145 einer gegen alle, bis dass leer stand
das schönste der Häuser. Es war die Zeit sehr lang:
Zwölf Winter ertrug den Zorn [Grendels]
der Freund der Scyldinge, ein jegliches Unglück,
große Sorgen. Somit war den Männern,
150 den Menschenkindern, unverborgen, offenbar, ↓
durch Berichte in trauriger Weise, dass Grendel kämpfte
eine Zeitlang gegen Hrothgar, 'Hassneidungen' (= tödliche Feindschaft) vollführte,
Frevel und Feindschaft viele Halbjahre,
steten Streit. ↓ Frieden wollte er nicht
155 mit irgendeinem der Männer der Mannschaft der Dänen,

---

role of a retainer' (Klaeber, *Anglia-Beiblatt*, 50, S. 330); vgl. V. 142 *healðegn*, V. 770 *renweard* 'Haushüter' von Beowulf und Grendel, die beide um die Behauptung der Halle kämpfen" (L, Anm. zu 168ff.). Gemeint ist, dass z. B. mit *healðegnas* 719 die Gauten gemeint sind und mit *renweardas* 770 Beowulf und Grendel.
150: *undyrne cūþ*] Asyndetische Parataxe zweier Adjektive, die also besser durch Kommata zu trennen wären.
154: *sæċe*] Zu *sacu* (mit /k/), 'Streit', dekliniert wie *giefu* (Fem., ō-Deklination). Wir haben einen ähnlichen Vokalwechsel wie in *dæg/dagas*; siehe Hogg 1992:§ 5.37(3) und § 5.79(2e). Das Wort entspricht dem ne. *sake* und dem dt. *Sache*. Das verwandte ae. Nomen *sæċċ* gleicher Bedeutung (z. B. Z1665 und Z2659 und öfter) ist fernzuhalten.

feorhbealo feorran, féa þingian,
nē þǣr nǣnig witena wēnan þorfte
beorhtre bōte tō banan folmum;
(ac sē) ǣglǣca ēhtende wæs,
160 deorc dēaþscua, duguþe ond geogoþe,
seomade ond syrede, sinnihte hēold
mistige mōras; men ne cunnon
hwyder helrūnan hwyrftum scrīþað.

Swā fela fyrena fēond mancynnes,
165 atol āngenga oft gefremede,
heardra hȳnða; Heorot eardode,
sincfāge sel sweartum nihtum; –
nō hē þone gifstōl grētan mōste,
māþðum for metode, nē his myne wisse. –

170 Þæt wæs wrǣc micel wine Scyldinga,
mōdes brecða. Monig oft gesæt
rīce tō rūne; rǣd eahtedon,
hwæt swīðferhðum sēlest wǣre
wið fǣrgryrum tō gefremmanne.
175 Hwīlum hīe gehēton æt hærgtrafum
wīgweorþunga, wordum bǣdon,
þæt him gāstbona gēoce gefremede

156: Dies spielt auf das bei den Germanen übliche Wergeld an (ae. *wer* 'Mann'), das der Mörder zu zahlen hatte, um rechtlich die Blutrache beizulegen.

159: (1) *ǣglǣca*] Vielleicht bedeutet das Wort auch einfach so etwas wie 'furchterregender Krieger'. – (2) *ēhtende*] "Das umschriebene Part.Präs. *ēhtende wæs* [*lies besser:* "Das Part.Präs. in *ēhtende wæs* …"] 'verfolgte' soll wohl die Dauer zum Ausdruck bringen" (L), doch ist es vielleicht als Nomen zu verstehen: 'ein Verfolgender der Mannen und Jungmannen' (so M/R).

160: *duguþ*] Das Wort, das im heutigen Deutsch als *Tugend* auftritt, hat noch nicht seinen moralisierenden christlichen Anstrich, sondern beschreibt eher das 'Taugen', d.h. die Mannhaftigkeit im Kampf, von wo aus der Bedeutungswandel zu 'Gefolgschaft' verständlich wird.

164: Nicht 'So viele Frevel' (so L)!

169: (1) Die M/R.-Übersetzung 'By no means was he [Grendel] compelled by God to show respect for the throne, that precious thing, nor did he feel love for it' ist so gut wie sicher falsch. Der Dichter will sagen: Die Vorsehung Gottes ließ es nicht zu, dass sich Grendel sogar dem Thron des Königs näherte, um den König zu töten. Vgl. 'weil Gott

das Lebensübel (= seinen Kampf) 'entfernen' (aufgeben), mit Geld sühnen. ↓
Auch durfte da keiner der Weisen (Ratgeber) hoffen
auf glänzende Buße aus den Händen des Mörders.
Vielmehr verfolgte der Unhold, ↓
160 Das dunkle Todesgespenst, die Alt- und Junggefolgschaft, ↓
verweilte und lauerte; in ewiger Nacht 'hielt' er
die nebligen Moore (= das Moor). Die Menschen wissen nicht,
Wohin es [solche] 'Höllen-Räte' (= Dämonen) auf ihren Wanderungen umtreibt.
So ↓verübte viele Frevel der Feind des Menschengeschlechts,
165 der schreckliche Einzelgänger, oft,
harte Drangsal. Heorot 'bewohnte' er,
den 'schatzbunten' (= reich verzierten) Saal in schwarzen Nächten.
Nicht durfte er den 'Gabenstuhl' (Hrothgars Thron) 'grüßen',
die Kostbarkeit, wegen Gott – noch 'kannte er' (= genoss er) dessen (Gottes) Gunst.↓
170 Das war ein großes Elend dem Freund der Scyldinge,
Herzens Brechen. Manch Mächtiger saß oft
zu Rate; Rat erwogen sie,
was den Starkgesinnten (= Tapferen) am besten wäre
gegen die große Gefährnis zu unternehmen.
175 Zuweilen gelobten sie in Götzentempeln ↓
Götzenverehrung (= Opfer), baten mit Worten,
dass ihnen der Geist-Töter (= Teufel) Hilfe brächte

---

es nicht wollte' Z706b. – (2) Die Bedeutung der Wendung "ne his myne wisse" ist bis heute unsicher. Sie kommt offenbar auch in *The Wanderer* 27 vor. Dort wurde Ms. *mine wisse* von Klaeber zu *min mine wisse* emendiert ('one who would feel love for me in the mead-hall' – *min* ist Gen des Personalpronomens, also etwa 'meinetwegen'), von Dunning/Bliss zu *minne myne wisse* ('one who in the mead-hall would know my thought'), weil das Personalpronomen einen metrischen Akzenzt tragen müsste (*minne* ist Mask. Akk. des possessiven Adjektivs). *Mynne* ist Mask. der *i*-Deklination (wie *wine*) und gehört zu *(ge)munnan* '(ge)denken' (dt. *Minne* ist fernzuhalten). Die Konstruktion ist ähnlich der in dt. *Dank wissen*. Der Unterschied der *Beowulf*-Stelle zur *Wanderer*-Stelle besteht darin, dass im *Beowulf* Grendel Subjekt der Aussage ist, im *Wanderer* der hypothetische Herr der Gefolgschaft. – (3) Im Übrigen stellt der Dichter, wie es scheint, Grendel unbekümmert als Gefolgsmann dar; siehe Anm. zu 142.
175–188: "Auffällig ist die Darstellung der Dänen in V. 175–188 als Heiden, während sie und ihr König Hrothgar sonst durchaus als gute Christen geschildert werden, denen der Skop V. 90–98 sogar die biblische Schöpfungsgeschichte vorträgt" (L). – Näheres in ANHANG IV.

wið þēodþrēaum.   Swylc wæs þēaw hyra,
hǣþenra hyht;   helle gemundon
180 in mōdsefan,   metod hīe ne cūþon,
dǣda dēmend,   ne wiston hīe drihten god,
nē hīe hūru heofena helm   herian ne cūþon,
wuldres waldend.   Wā bið þǣm ðe sceal
þurh slīðne nīð   sāwle bescūfan
185 in fȳres fæþm,   frōfre ne wēnan,
wihte gewendan!   Wēl bið þǣm þe mōt
æfter dēaðdæge   drihten sēcean
ond tō fæder fæþmum   freoðo wilnian!

  Swā ðā mǣlceare   maga Healfdenes
190 singāla sēað;   ne mihte snotor hæleð
wēan onwendan;   wæs þæt gewin tō swȳð,
lāþ ond longsum,   þē on ðā lēode becōm,
nȳdwracu nīþgrim,   nihtbealwa mǣst.

  Þæt fram hām gefrægn   Higelāces þegn,
195 gōd mid Gēatum,   Grendles dǣda;
sē wæs moncynnes   mægenes strengest
on þǣm dæge   þysses līfes,
æþele ond ēacen.   Hēt him ȳðlidan
gōdne gegyrwan;   cwæð, hē gūðcyning
200 ofer swanrāde   sēcean wolde,
mǣrne þēoden,   þā him wæs· manna þearf.
Ðone sīðfæt him   snotere ceorlas
lȳthwōn lōgon,   þēah hē him lēof wǣre;

180f: Eine Tautologie, nicht untypisch für den Stil des Dichters.
184: *þurh ... nīð*] Es muss sich sinngemäß um etwas moralisch Negatives handeln; also ist Lehnerts Übersetzung durch 'in furchtbarer Drangsal' (nach Klaebers 'in dire distressful wise') zu verwerfen.
186: *wihte*] Ein adverbiell gebrauchter Dativ.
191f: Fast wörtliche Wiederholung von 133b–134a. Ebenso erscheint 197 in 790 und 806 wieder, während im Allgemeinen nur Halbzeilen wiederholt werden.
194: Der Name *Beowulf* wird erst erst Z343 genannt. Vgl. Anm. zu Z86.
195: (1) *gōd*] Starkes Adjektiv wie in *gōd cyning* (11); absolut gebraucht; ähnlich *geong* (13), *hēah* (48; 82). Ein Komma nach *gōd* zu setzen und *mid Gēatum* als Variante von *fram hām* anzusehen, wirkt gekünstelt (siehe darüber Else von Schaubert). – (2) "Der Name

gegen die Volksbedrohung. Das war ihre Sitte,
das Denken der Heiden. An die Hölle dachten sie
180 in ihrem Sinn; den Schöpfer kannten sie nicht, ↓
den Richter der Taten, noch wussten sie [etwas] vom Herren Gott,
noch verstanden sie es, den Schützer des Himmels zu preisen,
den Walter der Herrlichkeit. Wehe ist dem, der muss
wegen schlimmer Bosheit ↓ [seine] Seele stoßen
185 in des Feuers Umarmung, [der] auf Hilfe nicht hoffen darf,
irgendetwas ↓ [zu] ändern. Wohl ist dem, der darf
nach dem Todestag den Herrn aufsuchen
und in des Vaters Umarmung Schutz erflehen.
 So hielt am Sieden (= brütete über) 'den Zeitkummer' der Sohn Healfdenes,
190 immerwährend. Nicht vermochte der kluge Held
das Unglück abzuwenden; der Kampf war zu mächtig, ↓
[zu] hässlich und langwährend, der über die Leute kam,
die schwere Bedrängnis, das größte der Nachtübel.

Beowulfs Aufbruch und Seereise (194–228)
 Das erfuhr in seiner Heimat Hygelacs Gefolgsmann, ↓
195 der Gute (= Tapfere) ↓ unter den Gauten, ↓ Grendels Taten. ↓
Der war des Menschengeschlechts an Kraft der stärkste
an dem Tage (in dieser Zeit) dieses Lebens, ↓
edel und mächtig. Er ließ sich einen Wogengänger (= ein Schiff),
einen guten, ausrüsten; er sagte, er wolle den Kampfkönig
200 über das Schwanenrevier (= das Meer) aufsuchen,
den berühmten König, da ihm (= Hrothgar) Bedarf an Mannen war (sei).
Die Reise ihm verständige Männer
tadelten sehr wenig, ↓ obgleich er ihnen lieb war;

---

der Gauten (ae. *Gēatas* = aisl. *Gautar,* schwed. *Götar*) steht im Ablautverhältnis zu dem
der Goten (aisl. *Gotar*). Beide skand. Völker wohnten einst nahe beieinander, die Goten auf der Insel Gotland, die Gauten in Göt(a)land, dem südlichen Teil des heutigen
Schwedens. Das Reich des Gautenkönigs Hygelac, dessen Gefolgsmann Beowulf ist,
identifiziert man gewöhnlich mit dem heutigen Västergötland und der Hauptstadt
Göteborg" (L). – (3) Das Demonstrativpronomen *þæt* (194) wird variiert durch *Grendles dǣda* (195).
197: Die Alliteration ist deutlich nicht funktional, d.h. auf den natürlichicherweise be-
tonen Wörtern liegend. Man unterschiebe dem Dichter nicht eine tiefgründige Absicht
(*pace,* Mitchell/R!).
203: Litotes für den Inhalt von 204a.

hwetton hige(r)ōfne,   hǣl scēawedon.

205 Hæfde sē gōda   Gēata lēoda
cempan gecorone   þāra þe hē cēnoste
findan mihte;   fīftȳna sum
sundwudu sōhte,   secg wīsade,
lagucræftig mon,   landgemyrcu.
210 Fyrst forð gewāt;   flota wæs on ȳðum,
bāt under beorge.   Beornas gearwe
on stefn stigon, –   strēamas wundon,
sund wið sande;   secgas bǣron
on bearm nacan   beorhte frætwe,
215 gūðsearo geatolīc;   guman ūt scufon,
weras on wilsīð   wudu bundenne.
Gewāt þā ofer wǣgholm   winde gefȳsed
flota fāmīheals   fugle gelīcost,
oð þæt ymb āntīd   ōþres dōgores
220 wundenstefna gewaden hæfde,
þæt ðā līðende   land gesāwon,
brimclifu blīcan,   beorgas stēape,
sīde sǣnæssas;   þā wæs sund liden,
eoletes æt ende.   Þanon up hraðe

204: "Vgl. Tacitus, *Germania* (98 n. Chr.), Kap. X: 'Auspicia sortesque ut qui maxime observant'" (L).
205: *Hæfde ... cempan gecorene*] Man beachte das flektierte Partizip; noch liegt kein 'Perfekt' vor.
207: Die Konstruktion gibt es weder im Dt. noch im späteren Engl. "Solche Relativsätze mit Einschluß des Superlativs finden sich auch im Aisl. und Lat. ('quos audacissimos invenire poterat')" (L).
210ff: Die Folge der geschilderten Sachverhalte ist typisch für den Dichter: das Boot auf dem Wasser (= A); die Männer besteigen das Boot (= B); die Bewegung des Wassers (= A); die Männer tragen Schätze aufs Boot (= B). Man hat dafür die Metapher 'interlace structure' geprägt. Es ist daher abwegig, die Unlogik dadurch beseitigen zu wollen, dass man unter "flota wæs on ȳðum" etwa 'das Schiff lag vor Anker' versteht.
211: (1) *bāt under beorge*] Den Berg darf man nicht zu wörtlich nehmen; man braucht daher keine Bedeutung 'Ufer' für *beorg* zu erfinden oder *bāt* als 'Beiboot' und damit als nicht mit *flota* identisch zu interpretieren. – (2) *Beornas*] – *beorn* noch in dt. *Bernhard*.
216: (1) Beachte die Häufung der Synonyme für 'Männer': *beornas* (211), *secgas* (213), *guman*. (215), *weras* (216). – (2) *wudu* für 'Schiff' ist Synekdoche, und zwar 'materia pro opere' (Rohstoff für Fertigfabrikat); so auch 298. Ähnlich 'Eisen' für 'Schwert', z. B. 989.

Übersetzung 55

sie ermunterten den Tapferen, schauten nach Heil (günstigen Vorzeichen)
aus. ↓
205 [Es] hatte ↓ der Treffliche von den Leuten der Gauten
Kämpen auserlesene (= sich auserlesen),
die kühnsten, die er finden konnte. ↓ Als einer von fünfzehn (= mit 14)
suchte er das Seeholz (= Schiff) auf, der Mann (= Beowulf) führte [sie],
der seekundige Mann, zu den Landgrenzen (zum Gestade).
210 Die Zeit verstrich; das Schiff war auf den Wellen, ↓
das Boot unter dem 'Berge' (der Klippe). ↓ Die bereiten Leute ↓
stiegen auf den Steven. Die Ströme wanden sich,
Meer gegen Sand. Die Männer trugen
in den Schoß des Schiffes glänzende Kostbarkeiten,
215 prachtvolle Kriegsrüstung. Die Mannen schoben hinaus,
die Männer ↓ auf die Wunschfahrt, das 'gebundene Holz' (Schiff). ↓
Es fuhr dann über das wogende Meer, vom Winde getrieben,
das schaumhalsige Schiff ↓ dem Vogel 'am ähnlichsten' (gleich),
bis dass zur entsprechenden Zeit des folgenden Tages
220 der 'Gewundensteven' ↓ (das Schiff) [so weit] gelangt war,
dass die Fahrenden Land sahen,
die Meerklippen glänzen, steile Felsen,
weite Vorgebirge. ↓ Da war der Sund durchfahren,
die Seefahrt zu Ende. Von da aus schnell ↓

218: *fāmi[g]heals*] – ist ein attributiv gebrauchtes Possessivkompositum: '(der) Schaumhals', ein Nomen als Adj. verwendet, was es heute nur noch ausnahmsweise gibt z.B. in dt. *barfuß* und engl. *barefoot*. Die Fügung *flota fāmigheals* entspricht also der Fügung *(ein) Mensch, barfuß*.
220: *wundenstefna*] – ein nominales Possessivkompositum, auch Bahuvrikompositum genannt, wie es sie auch heute noch reichlich gibt, z.B. engl. *paleface*, dt. *Bleichgesicht*, *Trotzkopf*. Hierüber ausführlich Kastovsky 2002. – *Bahuvrii* = 'der Vielreis' = 'der viel Reis Habende'.
223: *sǣnæssas*] Der etymologische Zusammenhang mit dem Wort für 'Nase' dürfte schon altenglisch verloren gegangen sein. Das Wort ist häufig und kommt z.B. auch in Z571 vor.
224a: *eoletes*] Ein unerklärtes Hapaxlegomenon, das so etwas wie 'Seefahrt' bedeuten muss. Ich vermute als Ursprung ein Kompositum *ēo(ge)lēt* (= ws. *ēa(ge)lǣt*), wörtlich-etymologisch 'Wasser(ge)lass' (zu *lǣtan* 'lassen'). Ähnliche Genitivkonstruktionen kommen Z2790 und 2823 vor. Vgl. auch *ǣgweard* 241 (angl. *ǣ* = ws. *ēa*). – Else von Schaubert liest, parallel zu *sund liden*, *ēo lēten æt ende* = 'das Wasser am Ende (am Strand) zurückgelassen'. Ihr Kommentar – *quod vide* – ist weit über eine Seite lang.
224b: *hraðe* 'schnell'] > ne. *rathe*, das noch Milton als Adjektiv kennt: "Bring the rathe primrose that forsaken dies" ("Lycidas" 142). Der Komparativ ist *hraðor* > ne. *rather*.

225 Wedera lēode   on wang stigon,
    sǣwudu sǣldon, –   syrcan hrysedon,
    gūðgewǣdo;   gode þancedon
    þæs þe him ȳþlāde   ēaðe wurdon.

    Þā of wealle geseah   weard Scildinga,
230 sē þe holmclifu   healdan scolde,
    beran ofer bolcan   beorhte randas,
    fyrdsearu fūslicu;   hine fyrwyt bræc

    mōdgehygdum,   hwæt þā men wǣron.
    Gewāt him þā tō waroðe   wicge rīdan
235 þegn Hrōðgāres,   þrymmum cwehte
    mægenwudu mundum,   meþelwordum frægn:
    'Hwæt syndon gē   searohæbbendra,
    byrnum werede,   þē þus brontne cēol
    ofer lagustrǣte   lǣdan cwōmon
240 hider ofer holmas?   [Ic hwī]le wæs
    endesǣta,   ǣgwearde hēold,
    þē on land Dena   lāðra nǣnig
    mid scipherge   sceðþan ne meahte.
    Nō hēr cūðlīcor   cuman ongunnon
245 lindhæbbende,   nē gē lēafnesword
    gūðfremmendra   gearwe ne wisson,
    māga gemēdu.   Nǣfre ic māran geseah
    eorla ofer eorþan,   ðonne is ēower sum,
    secg on searwum;   nis þæt seldguma,

226: (1) *syrcan hrysedon*] – kann auch als 'sie schüttelten ihre Rüstungen (aus)' verstanden werden. – (2) Das Wort *syrcan* entspricht dem aisl. *serkr* (in engl. *berserk* /bə'zɜːk/), das, entlehnt, > me. *serke* > ne. (schottisch) *sark* wird (*-er-* > *-ar-* wie in *clerk* = ne. /klɑːk/). Es taucht auf in dem Namen *Cutty Sark:* "Name of a three-masted tea-clipper (1869) preserved as a museum ship now kept at Greenwich. It was named after the young witch Nannie in Robert Burns' ballad 'Tam o' Shanter' (1791), who wore only a 'cutty sark' [a short shirt or shift] and who is represented by the ship's figurehead – with her arm outstretched to catch the tail of of the farmer's 'gray mare' Maggie." (Frei nach *Oxford Reference Dictionary*.)
228: *wurdon*] "Da es sich um mehrere Männer handelt, wird, wie oft im Ae., die Tätigkeit nicht kollektiv, sondern einzeln gesehen. Vgl. z.B. 257, 510 sowie ne. 'they saved their lives'" (Nickel-Ausgabe).

225 stiegen die Leute der Wederer an Land,
'seilten' (= machten fest) das Schiff. Die Panzerhemden ↓ klirrten,
die Kampfgewänder. [Sie (die Leute der Besatzung)] dankten Gott
[dafür], dass ihnen die Wellenwege (= die Seefahrt) leicht geworden war(en).↓

Beowulfs Ankunft in Dänemark: der Strandwächter (229–319)
Da sah vom 'Wall' (Damm) aus der Wächter der Scyldinge,
230 der die Meereskklippen 'halten' (bewachen) musste,
über die Balken (Laufplanken) glänzende Schilde tragen,
[kampf]bereite ↓ Kampfrüstungen. Ihn trieb die Neugier (< ihn 'brach' = zerriss, bedrückte der 'Fürwitz')
in seinen Gedanken, ↓ 'was' (wer) die Männer seien.
[Er] machte sich auf, zum Gestade zu Pferde zu reiten,
235 der Gefolgsmann Hrothgars. Mit Macht ↓ schwang er
das 'Kraftholz' (den Speer) mit den Händen, fragte mit förmlichen Worten: ↓
"Was seid ihr für Rüstungstragende ['der Rüstungshabenden'],
durch Brünnen Bewehrte, die so den hohen Kiel (das Schiff) ↓
über die Meeresstraße führen 'kamen' (gekommen sind)
240 hierher über die Wogen? Ich war derweil
'Endsasse' (Küstenwächter), ↓ hielt Wasserwacht,
damit nicht im Lande der Dänen irgendeiner der Feinde
mit einem Schiffsheer schädigen könnte.
Nicht haben hier [je] öffentlicher zu kommen begonnen ↓
245 'Schildhabende' (Schildträger) noch das Erlaubniswort (die Losung)
der Kampfführenden wusstet ihr genau, ↓
die Zustimmung der Volkszugehörigen. Nie sah ich einen größeren Krieger
über die Erde [hin], als einer von euch es ist,
der Mann in der Rüstung. Das ist kein Gefolgsmann,

232: *füslicu*] Vgl. *ütfüs* (33).
233: *mödgehygdum*] Ein Abstraktum im Plural; zu *gehygd* vgl. *hyčgan*, 'schwach 3'.
235: *þrymmum*] Abstraktum im Plural.
236: *meþel-wordum*] *meþel* bedeutet eigentlich '(Rats)versammlung' – zu *maþelian* 'reden' (vgl. Anm. zu 1876). Der Sinn ist: 'Er fragte mit förmlichen Worten'. Man beachte insgesamt die zum Ausdruck kommenden Förmlichkeiten – die Bedeutung der Hofetikette – anlässlich des Beowulf-Besuchs am dänischen Hof.
238: *brontne cēol*] Pars pro toto.
241: *endesǣta*] *n*-Deklination; beachte den Nominalstil.
244: Die Betonung des Inchoativen ist hier sachlich wenig sinnvoll, klingt aber gut.
246: *gearwe*] = 'genau' (Adv. zu *gearu*, identisch mit dt. *gar* 'fertig'); beachte die Litotes.

250 wæpnum geweorðad,   næfne him his wlite lēoge,
ænlīc ansȳn.   Nū ic ēower sceal
frumcyn witan,   ǣr gē fyr heonan
lēascēaweras   on land Dena
furþur fēran.   Nū gē feorbūend,
255 merelīðende,   mīn[n]e gehȳrað
ānfealdne geþōht: ofost is sēlest
tō gecȳðanne,   hwanan ēowre cyme syndon.
Him sē yldesta   andswarode,
werodes wīsa,   wordhord onlēac:
260 'Wē synt gumcynnes   Gēata lēode
ond Higelāces   heorðgenēatas.
Wæs mīn fæder   folcum gecȳþed,
æþele ordfruma,   Ecgþēow hāten;
gebād wintra worn,   ǣr hē on weg hwurfe,
265 gamol of geardum;   hine gearwe geman
witena wēlhwylc   wīde geond eorþan.
Wē þurh holdne hige   hlāford þīnne,
sunu Healfdenes   sēcean cwōmon,
lēodgebyrgean;   wes þū ūs lārena gōd!
270 Habbað wē tō þǣm mǣran   micel ǣrende
Deniga frēan;   ne sceal þǣr dyrne sum
wesan, þæs ic wēne.   Þū wāst — gif hit is,
swā wē sōþlīce   secgan hȳrdon —
þæt mid Scyldingum   sceaðona ic nāt hwylc,

275 dēogol dǣdhata,   deorcum nihtum
ēaweð þurh egsan   uncūðne nīð,

250: *næfne*] Ms. *næfre*, was einen Sinn ergibt, wenn man übersetzt 'Nie möge sein Aussehen ihn Lügen strafen!' Sehr wahrscheinlich ist diese Lösung jedoch nicht.
251 und 255: Die Trennung des Nomens von seinem Possessivum heißt in der Rhetorik 'Hyperbaton'.
254: *fēran*] = *fēren* (Konjunktiv, im Glossar als Opt. bezeichnet).
255: *mī[n]ne*] Das Mask. wird im Ms. auch Z418 *mīne* geschrieben, was auf eine Vereinfachung der Aussprache hindeuten könnte.
256–257: Man beachte den hier besonders auffälligen Nominalstil.
257: *cyme*] Beachte den Plural des Abstraktums (*i*-Deklination wie *wine, Dene*).
259: *wordhord onlēac*] Beachte die interessante Metapher. "Solche bewußt metaphorische Ausdrucksweise ist dem *Beowulf*-Dichter im Allgemeinen fremd. Übrigens findet sich diese Wendung auch in anderen ae. Dichtungen (s. Klaeber, S. 139)" (L).

250 der mit Waffen Geschmückte, wenn ↓ ihm nicht sein 'Antlitz' 'lüge',
sein eizigartiges 'Ansehen' (= Aussehen). Jetzt muss ich wissen ↓
eure Herkunft, bevor ihr weiter von hinnen
als 'lose Schauer' (Spione) in das Land der Dänen
fürderhin fahrt ↓. Nun, ihr Fernwohnende,
255 Meerfahrende, hört meinen ↓
einfachen Gedanken: Eile ist das Beste ↓
zu verkünden, 'von wannen euer Kommen ↓ sei' (= woher ihr kommt)."
Ihm antwortete der Älteste,
der Führer der Schar, er erschloss [seinen] Wortschatz (= er sprach) ↓
260 "Wir sind Leute vom Stamme der Gauten ↓ und Hygelacs Herdgenossen.
[Es] war mein Vater den Völkern bekannt,
der edle 'Spitzenerste' (Fürst), Ecgtheow geheißen.
Er erlebte eine große Zahl von Wintern (= Jahren), ehe er sich auf den Weg machte (starb),
265 alt vom Gehöft. An ihn erinnert sich genau
jedweder der 'Weisen' (Ratgeber) weithin über die Erde.
Wir kamen (sind ... gekommen) aus 'holdem Sinn', deinen Herrn, ↓
den Sohn Healfdenes, zu suchen,
den Volksbeschützer; sei du uns mit Lehren gut (= gib du uns guten Rat)!
270 Wir haben für den Berühmten eine große Botschaft,
für den Herrn der Dänen; nicht soll da etwas verborgen ↓
sein, wie ich denke. Du weißt – wenn es [so] ist,
wie wir in Wahrheit sagen hörten –,
dass bei den Scyldingen ich weiß nicht welcher der Feinde (= irgendein Feind), ↓
275 ein verborgener tätlicher Hasser, in dunklen Nächten
unbekannte (unerhörte ↓) Feindseligkeit in schrecklicher Weise offenbart,

---

260: Oder: 'Wir sind, was unsere Herkunft angeht, Gauten.'
267: *hláford*] < *hláfweard* 'Brotwart', 'keeper of the bread', > ne. *lord*. Ähnlich bedeutet *lady* < ae. *hlæfdige* (vgl. ne. *dough*) ursprünglich 'Brotkneterin'. Beide Wörter sind semantische Meliorativa: sie haben eine Aufbesserung ihrer Bedeutung, eine Melioration, erfahren. Eine Pejoration hat z.B. *villain* < *villanus* erfahren, eigentlich = 'worker on a country estate.'
271f: Litotes!
274: Man lese "'þæt ˌmid 'Scyldinˌgum | 'sceaðoˌna ic 'nātˌhwylc".
276: *uncūð*] Vgl. heute *uncouth* 'ungehobelt, unfein' (dt. mit Nasal *un-kund*).

hȳnðu ond hrāfyl. Ic þæs Hrōðgār mæg
þurh rūmne sefan ræd gelæran,
hū hē frōd ond gōd fēond oferswȳðeþ –
280 gyf him edwendan æfre scolde
bealuwa bisigu bōt eft cuman –,
ond þā cearwylmas cōlran wurðaþ;
oððe ā syþðan earfoðþrāge,
þrēanȳd þolað, þenden þær wunað
285 on hēahstede hūsa sēlest.'
  Weard maþelode, ðær on wicge sæt,
ombeht unforht: 'Æghwæþres sceal
scearp scyldwiga gescād witan,
worda ond worca, sē þe wēl þenceð.
290 Ic þæt gehȳre, þæt þis is hold weorod

frēan Scyldinga. Gewītaþ forð beran
wæpen ond gewædu, ic ēow wīsige;
swylce ic maguþegnas mīne hāte
wið fēonda gehwone flotan ēowerne,
295 nīwtyrwydne nacan on sande
ārum healdan, oþ ðæt eft byreð
ofer lagustrēamas lēofne mannan
wudu wundenhals tō Wedermearce,
gōdfremmendra swylcum gifeþe bið,
300 þæt þone hilderæs hāl gedīgeð.'

280: (1) *edwendan*] Lehnerts Übersetzung. Ms. *edwend* wird jedoch besser als Nomen angesehen (*edwenden*, parallel zu *bōt*), wie es auch anderswo im *Beowulf* vorkommt, also 'Wenn ihm je eine Änderung, eine Heilung (*bōt*) der Not der Plagen kommen sollte.' –
(2) Auch in den neuesten *Beowulf*-Ausgaben steht Beowulfs Bemerkung "Wenn sich ihm je [usw.]" als Parenthese zwischen Gedankenstrichen. Else von Schaubert schreibt dazu: "E. Standop (Beitr. z. engl. Philol. 38:112 [= Standop 1957]) empfiehlt – vielleicht mit Recht –, den Gedankenstrich am Schluß von V. 281 fallen zu lassen und *wurðaþ* dem *gyf*-Satz anzuschließen ('wenn für ihn je Abhilfe ... und in dem Fall dann die Sorgenwogen sich abkühlen; oder sonst erträgt er ...'), da *wurðaþ* 'eine treffliche Überleitung zu dem *þolað* des mit *oððe* eingeleiteten Satzes bilden' würde" (Kommentar zu 280f.). –
Die Stelle spielt auf das Walten des Schicksals an.
284: *þǣr*] M/R meinen, *þǣr* stabe absichtlich, trüge einen Akzent und weise darauf hin, dass Beowulf hier auf die Halle zeige. Ein derart funktionalistisches Denken ist modern und hätte den *Beowulf*-Dichter mit Sicherheit verwundert. Zu ähnlichen Fällen von Stabstellung und Akzent siehe Standop 1993 (der die Alliteration in *þǣr* für überschüssig und *þǣr* für unbetont hält).

Leid und Leichenfall (Gemetzel). Ich kann Hrothgar dafür
aus weitherzigem Sinn einen [guten] Rat lehren (erteilen),
wie er, verständig und gut [wie er ist], den Feind überwältigt,
280 wenn sich ihm je umwenden ↓ sollte
die Not der Plagen, wieder Besserung kommen (sollte)
und die Sorgenwallungen kühler werden;
oder [aber] er wird immer von nun an schwere Zeit,
große Not erdulden, solange dort ↓ steht
285 auf der Hochstätte der Häuser Bestes."
Der Wächter sprach, wo [er] auf dem Pferde saß, ↓
der furchtlose 'Amtmann' ↓ (= Wachsoldat): "Über jedes von beidem
muss ein 'scharfer' (wachsamer) Schildkämpfer Bescheid wissen,
über Worte und Werke, ↓ der richtig denkt.
290 Das ↓ höre ich, dass dies eine holde Schar ist (= eine dem Herrn ... holde Schar)
dem Herrn der Scyldinge. Begebt euch vorwärts zu tragen
Waffen und Rüstungen; ich 'weise' euch (zeige euch den Weg).
Desgleichen heiße ich meine Jungmänner
gegen jeden der Feinde euer Schiff,
295 das neugeteerte, das Boot am Strande,
in Ehren zu halten (zu bewachen), bis dass es nachher trägt
über die Meeresströmungen den lieben Mann (= die Mannen ↓),
das 'gewundenhalsige Holz' (Schiff ↓) nach Wedermark,
welchem der Tapferen es gegeben sein wird, ↓
300 dass [er] den Kampfsturm ↓ heil übersteht."

286f: Dem Stil des Dichters entspricht eher die Annahme eines fehlenden Personalpronomens als die einer Parenthese; also liest man besser nicht "(ðær on wicge sæt ombeht unforht)", obwohl theoretisch denkbar.
287: *ombeht*] = dt. *Amt(mann)* < ahd. *ambet* < *ambaht*, eine Entlehnung aus dem Keltischen, die Cäsar mit *ambactus* wiedergibt.
289: *worca*] – statt *weorca* in dieser Verbindung auch Z1100 und Z1833, also keine Verschreibung.
290: *þæt*] – ist kataphorisches (vorausdeutendes) *þæt*, das die Entstehung der Konjunktion *þæt* beleuchtet. Ähnlich *þæt ... þæt* 377–379.
297: Der Singular muss Synekdoche 'Singular statt Plural' sein, weil der Sg. kontextuell unwahrscheinlich ist.
298: *wudu*] = 'Holz' für 'Schiff': siehe unter 216(2).
299: M/R übersetzen 'To such a doer of noble deeds it will be granted ...'. Dass der Dichter dies meinte, ist eher unwahrscheinlich.
300: *hilderæs*] Ein Kompositum mit genitivischem Bestimmungswort. Vgl. dagegen die Zusammensetzungen mit *gūð-*.

Gewiton him þā fēran, – flota stille bād,
seomode on sāle   sīdfæþmed scip,
on ancre fæst.   Eoforlīc scionon
ofer hlēorber[g]an   gehroden golde,
305 fāh ond fȳrheard,   ferhwearde hēold
gūþmōd grimmon. –   Guman ōnetton,

sigon ætsomne,   oþ þæt hȳ [s]æl timbred
geatolīc ond goldfāh   ongyton mihton;
þæt wæs foremǣrost   foldbūendum
310 receda under roderum,   on þǣm sē rīca bād;
līxte sē lēoma   ofer landa fela.
Him þā hildedēor   [h]of mōdigra
torht getǣhte,   þæt hīe him tō mihton
gegnum gangan;   gūðbeorna sum
315 wicg gewende,   word æfter cwæð:
'Mǣl is mē tō fēran.   Fæder alwalda
mid ārstafum   ēowic gehealde
sīða gesunde!   Ic tō sǣ wille,
wið wrāð werod   wearde healdan.'

320 Strǣt wæs stānfāh,   stīg wīsode
gumum ætgædere.   Gūðbyrne scān
heard hondlocen,   hringīren scīr
song in searwum,   þā hīe tō sele furðum
in hyra gryregeatwum   gangan cwōmon.
325 Setton sǣmēþe   sīde scyldas,

303: *eoforlīč*] – ist Neutr.Pl. wie *þā word; līč* = 'Körper'. Die Helme sind offenbar 'boar-crested', während beim Helm von Sutton Hoo nur die Augenbrauen nach außen in Eberköpfe auslaufen. "Abbildungen eines öländischen Reliefs ..., das Krieger mit Helmen darstellt, auf denen sich ein Eber befindet, bringen Holthausens und Klaebers *Beowulf*-Ausgaben. Diese Verzierung ist sicherlich religiösen Ursprungs, da in der nordischen Mythologie der Eber dem Gotte Freyr (ae. *Frēa* 'Herr'), dem Bruder der Freyja, heilig war" (L). Abbildungen (einschl. Sutton-Hoo-Helm) jetzt auch bei M/R.
305: (1) *ferhweard*] Ein Hapaxlegomenon. – (2) *heold*] Der Dichter beginnt im Plural und fährt mit dem Singular 'Er (der Eber) hielt Wache' fort – eine der für ihn typischen Ungenauigkeiten. Zwar könnte man statt an *ferhweard* auch an angl. *ferh*

Übersetzung 63

[Es] begaban sich dann zu fahren – das Boot lag still,
weilte am 'Seile' (an der Leine), das geräumige Schiff,
am Anker fest. Es glänzten die Eberbilder ↓
über den Wangenschützern (Helmen), von Gold geziert,
305 glänzend und feuerhart; [er, der Eber] hielt ↓ Lebenswacht, ↓
der Kampfmutige, über die 'Grimmen' (Kampfentschlossenen). ↓ Die Männer eilten,
gingen zusammen, bis dass sie den gezimmerten 'Saal',
prächtig und goldverziert, erkennen konnten;
das war den Erdbewohnern das berühmteste
310 Gebäude unter den Himmeln, in dem der 'Reiche' (Mächtige) wohnte.
[Es] leuchtete das Licht (= der Glanz der Halle) über viele Länder.
Ihnen zeigte dann der Kampfkühne den 'Hof' der Mutigen
– glänzend –, sodass sie 'ihm entgegen' (= auf ihn zu)
gehen konnten. Einer der Kämpfer (= der Strandwart ↓)
315 wendete sein Pferd, sprach danach das Wort:
"Für mich ist es Zeit zu gehen. Der allwaltende Vater
halte euch mit Gnaden
'der Fahrten' (auf euren Fahrten) gesund. Ich will zum Meer [zurück],
gegen die böse Schar [möglicher Feinde] Wache halten.'

Der 'Amtmann' des Königs (320–398)
320 [Die] 'Straße' war 'steinbunt'; [der] 'Steig' (Weg) 'wies'
[die] Männer ↓ zusammen. Die Kampfbrünne glänzte
hart und handgearbeitet, das 'Ringeisen' (= der Ringpanzer), glänzend,
sang in der Rüstung, als sie zum 'Saale' weiter
in ihrer Kriegsrüstung gegangen kamen.
325 [Sie] setzten, seemüde, die großen Schilde,

(= ws. *fearh*) 'kleines Schwein' denken und dies als Variante zu *eofor* ansehen ('das Schwein hielt Wache'; so Nickel-Ausgabe), wenn dann nicht eine falsche Betonung entstünde.
306: M/R übersetzen unter Beibehaltung von Ms. *grummon* "The gleaming and fire-hardened one held guard over life. The war-minded ones clamoured, the men hastened ...". Doch warum sollten die "war-minded ones" schreien? Ms. *grummon* steht wahrscheinlich für reguläres *grummum* (Dat. Pl. zu *grimman*).
308: *ongyton*] – steht für *ongytan*.
314: Eine merkwürdige Ausdrucksweise, aber offenbar üblich. Vgl. 331, wo ebenfalls kein Name genannt wird und einfach von einem Krieger die Rede ist.
321: Beachte den Dativ *gumum*.

rondas regnhearde   wið þæs recedes weal;
bugon þā tō bence, −   byrnan hringdon,
gūðsearo gumena;   gāras stōdon,
sǣmanna searo   samod ætgædere,
330 æscholt ufan grǣg;   wæs sē īrenþrēat
wǣpnum gewurþad. −   Þā ðǣr wlonc hæleð
ōretmecgas   æfter æþelum frægn:
'Hwanon ferigeað gē   fǣtte scyldas,
grǣge syrcan,   ond grīmhelmas,
335 heresceafta hēap?   Ic eom Hrōðgāres
ār ond ombiht.   Ne seah ic elþēodige
þus manige men   mōdiglīcran.
Wēn' ic þæt gē for wlenco,   nalles for wræcsīðum,
ac for higeþrymmum   Hrōðgār sōhton.
340 Him þā ellenrōf   andswarode,
wlanc Wedera lēod,   word æfter spræc
heard under helme: 'Wē synt Higelāces
bēodgenēatas;   Bēowulf is mīn nama.
Wille ic āsecgan   sunu Healfdenes,
345 mǣrum þēodne,   mīn ǣrende,
aldre þīnum,   gif hē ūs geunnan wile,
þæt wē hinc swā gōdne   grētan mōton.'
Wulfgār maþelode   − þæt wæs Wendla lēod,
wæs his mōdsefa   manegum gecȳðed,
350 wīg ond wīsdōm −:   'Ic þæs wine Deniga,
frēan Scildinga   frīnan wille,
bēaga bryttan,   swā þū bēna eart,
þēoden mǣrne,   ymb þīnne sīð,
ond þē þā andsware   ǣdre gecȳðan,
355 ðē mē sē gōda   āgifan þenceð.'

326: *regnheard*] Noch in dt. *Reinhard*; *regn* (intensivierendes Präfix) = 'sehr', 'sehr groß'. Vgl. mit Nomen *scūrheard* 1033.
330: Eine Umschreibung für die Speerspitze aus 'grauem' Metall; vgl. 334a.
331: Wulfgar, dessen Name erst Z348 genannt wird.
336f: Beachte die disjunktive Wortstellung als poetische Lizenz; die normale Wortfolge wäre *þus manige elþēodige men*.
341: *word*] *Singularis pro plurali* (Synekdoche). Vgl. jedoch 390. − 341a lies o | ó o ò ∧ | ́− ∧ ∧ und vgl. 90a.
342: *heard under helme* ist eine alliterierende Flickphrase (L); ähnlich 404 und 2539.
344: *wille ic*] Offenbar noch keine futurische Bedeutung. Siehe Standop 1957:157f.

die sehr harten ↓ 'Ränder', gegen des Gebäudes Wand,
'beugten sich zur Bank' (= ließen sich nieder). Die Brünnen klirrten
die Kampfrüstung der Männer; die Speere standen,
der Seemänner Rüstung, allesamt zusammen,
330 das Eschenholz oben grau ↓; es war die 'Eisenschar' (= die Bewaffneten)
mit Waffen geschmückt. Dann fragte dort ein stattlicher Held ↓
die Krieger nach ihrer Abstammung:
"Von wannen führt ihr die goldplattierten Schilde,
die [stahl]grauen Panzerhemden und Maskenhelme [herbei],
335 den Haufen der 'Heerschäfte' (Speere)? Ich bin Hrothgars
Bote und 'Amtmann' (= Minister). Nicht sah ich Fremde, ↓
so viele Männer mutiger.
Ich wähne, dass ihr aus Kühnheit, keineswegs aus Verbannung[sgründen],
sondern wegen 'Herzenskraft' (Hochherzigkeit) Hrothgar [auf]suchtet."
340 Ihm da der Kraftberühmte antwortete,
der stattliche Fürst der Wederer, sprach darauf das Wort, ↓
'hart' (= tapfer) unter dem Helm: ↓ "Wir sind Hygelacs
Tischgenossen; Beowulf ist mein Name.
Ich will ↓ dem Sohn Healfdenes,
345 dem berühmten Herrn, meine Botschaft sagen,
deinem Herrn, wenn er uns gestatten will,
dass wir ihn, den so Trefflichen, begrüßen dürfen."↓
Wulfgar sprach – das war der Herr der Wendeln;
[es] war seine Gesinnung manchen bekannt,
350 [seine] Kühnheit und Weisheit ↓ –: "Ich will darüber ↓ den Freund der Dänen,
den Herrn der Scyldinge, befragen,
den Spender von Ringen, 'wie du Bittender bist' (= worum du bittest), ↓
den berühmten Herrn, ↓ betreffs deiner 'Fahrt' (= deines Unternehmens)
und dir die Antwort sogleich verkünden, ↓
355 die mir der Gute (Treffliche) zu geben gedenkt."

347: Eine Tautologie! Logisch wäre 'gestatten, zu begrüßen' oder 'bitten, begrüßen zu dürfen'.
350a: *wīg ond wīsdōm*] Kühnheit und Weisheit sind zwei der vier weltlichen Kardinaltugenden (neben Gerechtigkeit und Mäßigung).
350b: *þæs*] Die Übers. nimmt kataphorisches *þæs* an, vorausweisend auf "swā þū bēna eart" und "ymb þīnne sīð."
352b: Erneut Nominalstil wie schon 256 f.
353: Theoretisch könnte *þēoden mǣrne* Objekt zu *bēna* sein; besser nimmt man es als Variation von *wine Deniga*.
354f: Man lese mit einem ersten Akzent auf *ond* oder auf *ðē*.

Hwearf þā hrædlīce   þǣr Hrōðgār sæt
eald ond anhār   mid his eorla gedriht;
ēode ellenrōf,   þæt hē for eaxlum gestōd
Deniga frēan;   cūþe hē duguðe þēaw.
360 Wulfgār maðelode   tō his winedrihtne:
'Hēr syndon geferede,   feorran cumene
ofer geofenes begang   Gēata lēode;
þone yldestan   ōretmecgas
Bēowulf nemnað.   Hȳ bēnan synt,
365 þæt hīe, þēoden mīn,   wið þē mōton
wordum wrixlan;   nō ðū him wearne getēoh

ðīnra gegncwida,   glædman Hrōðgār!

Hȳ on wīggetāwum   wyrðe þinceað
eorla geæhtlan;   hūru sē aldor dēah,
370 sē þǣm heaðorincum   hider wīsade.'
    Hrōðgār maþelode,   helm Scyldinga:
'Ic hine cūðe   cnihtwesende;
wæs his ealdfæder   Ecgþēo hāten,
ðǣm tō hām forgeaf   Hrēþel Gēata
375 āngan dohtor;   is his eafora nū
heard hēr cumen,   sōhte holdne wine.

Ðonne sægdon þæt   sǣlīþende,
þā ðe gifsceattas   Gēata fyredon
þyder tō þance,   þæt hē þrītiges
380 manna mægencræft   on his mundgripe
heaþorōf hæbbe.   Hine hālig god
for ārstafum   ūs onsende,

361a: *geferede*] Zu *ferian* (vgl. ne. *ferry*), also '(Leute, die) hergebracht wurden'. Theoretisch könnte es sich um *geferede* zu *feran* (dt. *führen*) handeln, doch die Bedeutung 'erreicht Habende' ist eher unpassend.
361 u. 364: Erneut auffälliger Nominalstil.
367: (1) 'Verweigere ihnen deine Antwort nicht' ist Litotes für 'Gib Ihnen Antwort'. – (2) *glædman*] Trotz einer überlieferten Glossierung durch lat. 'hilaris' besteht kein Grund, auch der Form nach das Wort als Adj. anzusehen. Es ist offenbar gebildet wie dt. *Blödmann, Doofmann*. Korrekt bei E. von Schaubert, Glossar.

[Er] begab sich dann schnell [dorthin], wo Hrothgar saß,
alt und grau, mit der Schar seiner Edlen.
Es ging der Machtberühmte, bis dass er vor den 'Achseln' stand
dem Herrn der Dänen; er kannte die Sitte der Gefolgschaft.
360 Wulfgar (der 'Amtmann') sprach zu seinem Freund-Herrn:
"Hier sind Hergebrachte, ↓ von fern Gekommene
über des Meeres Bereich, Leute der Gauten;
dessen Ältesten (Anführer) die Krieger
Beowulf nennen. Sie sind Bittende,
365 dass sie, mein Herr, mit dir
'mit Worten wechseln' (= einen Wortwechsel führen) dürfen. 'Gewähre' du
      ihnen nicht Verweigerung
deiner Gegenreden (= verweigere ihnen nicht deine Antwort ↓),
'Herrlichmann' ↓ Hrothgar!
Sie scheinen in ihrer Kampfrüstung ↓ würdig
der Achtung der Edlen; gewiss 'taugt' (= ist ... gut) der Anführer,
370 der den Kampfmännern hierher wies (= den Weg hierher wies)."
Hrothgar sprach, der Beschützer der Scyldinge:
"Ich kannte ihn als Knaben.
[Es] war sein 'Altvater' Ecgtheow geheißen,
dem zur Ehe ↓ gab Hrethel von den Gauten
375 [seine] einzige Tochter. Jetzt ist sein Nachkomme,
hart (kühn), hierher gekommen, suchte (hat ... aufgesucht) den holden
      Freund.
Dann (ferner) sagten das Seefahrer,
die Gabenschätze der Gauten (= für die Gauten) brachten
dorthin zum Dank (= als Geschenke ↓), dass er von dreißig
380 Männern die Kraft in seinem Handgriff habe,
der Kampfberühmte. Der heilige Gott
sandte ihn uns aus Gnade,

368: *wīggetāwum*] Vielleicht ist das Wort (in gleicher Bedeutung) besser als *wiggetawum* mit kurzem *a* zu lesen (so Nickel-Ausgabe und Jack). Siehe Kommentar bei E. v. Schaubert.
374: *tō hām*] + *forgiefan* als feste Wendung in der Bedeutung 'zur Frau geben' mit unflektiertem *hām* ist im Glossar zu ergänzen.
376a: Zur Skansion siehe unter 90a, also demgemäß = – ò ∧ | ó o.
379: "Hrothgar hat also früher dem Gautenkönig Hygelac Geschenke übersandt. Vgl. Tacitus, *Germania,* Kap. XV: 'Gaudent praecipue finitimarum gentium donis, quae non modo a singulis, sed et publice mittuntur'" (L). Man freut sich über Geschenke, die nicht nur privat, sondern auch von Staats wegen geschickt werden.

tō West-Denum,   þæs ic wēn hæbbe,
wið Grendles gryre.   Ic þǣm gōdan sceal
385 for his mōdþræce   mādmas bēodan.
Bēo ðū on ofeste,   hāt in gān
sēon sibbegedriht   samod ætgædere;
gesaga him ēac wordum,   þæt hīe sint wilcuman
Deniga lēodum.'   [þā tō dura healle
390 Wulfgār ēode,]   word inne ābēad:
'Ēow hēt secgan   sigedrihten mīn,
aldor Ēast-Dena,   þæt hē ēower æþelu can,
ond gē him syndon   ofer sǣwylmas
heardhicgende hider wilcuman.
395 Nū gē mōton gangan   in ēowrum gūðgetāwum,
under heregrīman   Hrōðgār gesēon;
lǣtað hildebord   hēr onbīdan,
wudu wælsceaftas   worda geþinges.'

Ārās þā sē rīca,   ymb hine rinc manig,
400 þrȳðlīc þegna hēap;   sume þǣr bidon,
heaðorēaf hēoldon,   swā him sē hearda bebēad.
Snyredon ætsomne,   þā secg wīsode,
under Heorotes hrōf;   [higerōf ēode,]
heard under helme,   þæt hē on hēoðe gestōd.
405 Bēowulf maðelode   – on him byrne scān,
searonet sēowed   smiþes orþancum –:

383: "Hier erscheint die verbale Fügung *þæs ic wēne* von V. 272 in nominaler Form" (L).
384: *sceal*] Dies ist praktisch bereits ein anlytisches Futur in der ersten Person.
386f: "Oder 'heiß hereinbringen die Sippenschar (= Beowulf und die Gauten) [mich] zu sehen' (?); vgl. V. 395" (L). Eine dritte Bedeutung (nach E.v.Schaubert), 'Heiße die Schar hineingehen, (sie, die Dänen) zu sehen,' wirkt eher gekünstelt. Wahrscheinlich ist die gewählte Übersetzung korrekt.
389f. Keine Lücke im Ms., doch fehlt die Alliteration zwischen 389a und 390b; daher die Emendation. Einfacher ist es, statt Ms. *lēodum* lieber *weorodum* oder *weorode* zu lesen, obwohl ein Abschreibfehler hier nicht wahrscheinlich ist.
390: *word*] – ist 'langsilbiges' Neutrum und kann daher Akk.Sg. oder Pl. sein; wahrscheinlich ein Sg. für den Pl.

zu den West-Dänen, wie ich glaube, ↓
gegen Grendels Schrecken. Ich werde ↓ dem Guten
385 für seinen kühnen Sinn Schätze [an]bieten.
Sei du in Eile (= beeile dich), heiße [sie] hineingehen, ↓
[um] zu sehen meine Sippenschar allesamt zusammen.
Sage ihnen auch mit Worten, dass sie sind willkommen
den Leuten der Dänen. [Dann ging zur Tür der Halle ↓
390 Wulfgar,] entbot [ihnen] [von] drinnen (die) Worte: ↓
"Euch hieß [mich] sagen mein Siegesfürst,
der Führer der Ost-Dänen, dass er eure Abkunft kennt (kenne)
und ihr ihm über die Meereswogen,
ihr Tapfergesinnte, hierher willkommen seid (seiet).
395 Nun dürft ihr gehen in eurer Kampfrüstung,
unter dem Maskenhelm, Hrothgar zu sehen.
Lasst die Kampfschilde hier warten,
'das Holz', die Todesschäfte ↓ (= die hölzernen Speere), des Ausgangs der Worte (der Unterredung)."

Beowulf vor König Hrothgar (399–490)
[Es] erhob sich der 'Reiche' (Mächtige) (= Beowulf), um ihn mancher Kämpe,
400 ein stattlicher Haufe von Degen; einige blieben dort;
sie bewachten das Kampfkleid, ↓ wie ihnen der Tapfere befahl.
Sie eilten zusammen, wo[hin] ↓ der Mann [sie] führte
unter Heorots Dach. [Der Tapfere ging] ↓
'hart' (kühn) unter dem Helm, sodass er im Innern stand.
405 Beowulf sprach – an ihm glänzte die Brünne,
das Kampfnetz (Panzerhemd), 'genäht' (gemacht) durch des Schmieds Geschick –:

397f: "Die Waffen dürfen nicht mit ins Innere [der Halle] genommen werden (so auch in Nibelungenlied V. 83 u. 1683f.)" (L).
398: *wudu*] – ist Akk.Sg. und wohl kollektiv zu verstehen: 'das Holz·' = 'die Speere'. Nach *wudu* sollte ein Komma stehen; so in der Tat E.v.Schaubert. Auch Lehnert merkt an: "Asyndetische Parataxe zweier Substantive." Allerdings kann man auch an eine Variation denken, was ebenfalls ein Komma erfordert. M/R hingegen denken vielleicht zu Recht an ein Kompositum, also 'Holz-Todesschäfte'.
401: *Singularis pro plurali.*
402: *þā*] – ist 'wo, wohin', nicht '[die,] welche'. Es gilt als metrisch überschüssig. Vgl. Z 9. Doch die metrischen Regeln sollten als Tendenzen gelten, nicht als *rigoros* vorauszusetzen.
403: Im Ms. fehlt ohne Lücke 403b.

'Wæs þū, Hrōðgār, hāl!   Ic eom Higelāces
mǣg ond magoþegn;   hæbbe ic mǣrða fela
ongunnen on geogoþe.   Mē wearð Grendles þing
410 on mīnre ēþeltyrf   undyrne cūð;

secgað sǣlīðend,   þæt þæs sele stande,
reced sēlesta   rinca gehwylcum
īdel ond unnyt,   siððan ǣfenlēoht
under heofenes hādor   beholen weorþeð.
415 Þā mē þæt gelǣrdon   lēode mīne
þā sēlestan,   snotere ceorlas,
þēoden Hrōðgār,   þæt ic þē sōhte,
forþan hīe mægenes cræft   mīn[n]e cūþon;
selfe ofersāwon,   ðā ic of searwum cwōm,
420 fāh from fēondum,   þǣr ic fīfe geband,
ȳðde eotena cyn,   ond on ȳðum slōg
niceras nihtes,   nearoþearfe drēah,
wræc Wedera nīð   – wēan āhsodon –,

forgrand gramum;   ond nū wið Grendel sceal,
425 wið þām āglǣcan   āna gehēgan
ðing wið þyrse.   Ic þē nū-ðā,
brego Beorht-Dena,   biddan wille,
eodor Scyldinga,   ānre bēne,
þæt ðū mē ne forwyrne,   wīgendra hlēo,
430 frēowine folca,   nū ic þus feorran cōm,

þæt ic mōte āna   [ond] mīnra eorla gedryht,

407: "*Wæs (wes)* ... *hāl!*] "Der allgemeine altgermanische Gruß: as. *hēl wis (þū)*, ahd. *heil wis*, aisl. *wes heill* oder *heill wes;* me. *wes heil* (< ae. *wes* + aisl. *heil*), ne. *wassail* 'zum Wohle', beim Zutrinken" (L). *Hāl* ist Adjektiv, also heißt der Gruß wörtlich 'Sei heil!'. Aus dem Trinkspruch entsteht das heutige Nomen *wassail* /'wɒseɪl/ 'Gelage'.
408f und 418ff: Typische Selbstberühmungen, die dem modernen Leser ganz unbekannt sind. Es gibt sie jedoch schon bei Homer und Vergil.
409: *þing*] Ae. *þing* kann viele Bedeutungen haben, ist jedoch wie auch das deutsche *Ding* ursprünglich in der Rechtssprache zu Hause und bedeutet primär 'Streitsache', dann nur noch 'Sache'. 'Grendels Streit' = der Streit mit/gegen Grendel. Vgl. *folketing* als Bezeichnung für das dänische Parlament.
411: *þæs*] – ist sicher = *þes,* der normalen Form des Demonstrativums.
413f: Umschreibung (Periphrase) für 'sobald die Sonne untergeht'.

"Heil dir, Hrothgar! ↓ Ich bin Hygelacs
Verwandter und Jungkrieger. Ich habe der Taten viele ↓
'begonnen' (verrichtet) in [meiner] Jugend. Mir wurde Grendels Streit ↓
410 auf meinem 'Erbboden' (auf meinem Gehöft, Besitztum) 'un-heimlich'
    bekannt.
[Es] sagen das Seefahrer, dass dieser ↓ Saal stehe,
das schönste Gebäude, jedem der Krieger
eitel und unnütz, sobald das Abendlicht ↓
unter des Himmels Heiterkeit ↓ verborgen wird (werde).
415 Da ↓ rieten mir das meine Leute,
die Besten, kluge Männer,
König Hrothgar, dass ich dich [auf]suchte (aufsuchen solle),
weil sie meine Riesenkraft kannten,
selber sahen, als ich aus den Kämpfen kam,
420 [blut]bunt (blutbedeckt) von den Feinden, als ich fünf ↓ [von ihnen] 'band',
das Geschlecht der Riesen 'ödete' (vernichtete) und auf den Wellen schlug
die 'Seenixen' ↓ des Nachts, große Not ertrug,
der Wederer Bedrängnis rächte – sie (die 'Nixen') suchten ('fragten') 'Weh'
    (das Unglück) ↓ –,
die Feinde zermalmte. Und nun will ich gegen Grendel,
425 gegen den Unhold, alleine austragen
den Streit mit dem Riesen. Ich möchte dich nun denn,
Herrscher der Glanz-Dänen, bitten,
Schützer der Scyldinge, um eine Gunst:
dass du mir nicht verweigern mögest, Beschützer der Krieger,
430 'Freifreund' (freigiebiger Freund) der Völker, wo ich nun von weither kam
    (gekommen bin),
dass ich allein darf und ↓ meiner Edlen Schar,

414a: "Konkreter Genitiv + Abstraktum steht im Ae. öfter an Stelle von Adj. + Konkretum (vgl. etwa auch V. 464, 478, 483)" (L nach E.v.Schaubert). Man emendiert jedoch besser zu *haðor* 'Gewölbe'.
415: *þā*] – ist Adv. und begleitet den Fortgang der Handlung wie in Z 53, 64, 74, 86 usw., während *ðā* 419 = 'als' ist.
420: *fīfe*] – die flektierte Form wie in dt. *alle fünfe, alle neune*.
422: Die *niceras* sind jedoch männlich: *nicor* 'der Nix', ahd. *nicchus*; Nixe < ahd. *nicchussa*.
423: (1) Die Gauten heißen *Gēatas*, *Weder-Gēatas* oder *Wederas*. – (2) 'Sie suchten das Unglück', d.h. waren selbst schuld an ihrer Niederlage (also stilistisch ein Fall von Ironie).
423a: Zur Skansion siehe unter 90a, also demgemäß = x | óo ò ʌ | -́.
431: Im Ms. steht das *ond* erst zu Beginn von Z 432, was man zur Not so belassen könnte.

þes hearda hēap,   Heorot fǣlsian.
Hæbbe ic ēac geāhsod,   þæt sē ǣglǣca
for his wonhȳdum   wǣpna ne recceð;
435 ic þæt þonne forhicge,   swā mē Higelāc sīe,
mīn mondrihten,   mōdes blīðe,
þæt ic sweord bere   oþðe sīdne scyld,
geolorand tō gūþe,   ac ic mid grāpe sceal
fōn wið fēonde   ond ymb feorh sacan,
440 lāð wið lāþum;   ðǣr gelȳfan sceal
dryhtnes dōme   sē þe hine dēað nimeð.
Wēn' ic þæt hē wille,   gif hē wealdan mōt,
in þǣm gūðsele   Gēotena lēode
etan unforhte,   swā hē oft dyde,
445 mægen Hrēðmanna.   Nā þū mīnne þearft
hafalan hȳdan,   ac hē mē habban wile
d[r]ēore fāhne,   gif mec dēað nimeð;
byreð blōdig wæl,   byrgean þenceð,
eteð āngenga   unmurnlīce,
450 mearcað mōrhopu;   nō ðū ymb mīnes ne þearft
līces feorme   leng sorgian.
Onsend Higelāce,   gif mec hild nime,
beaduscrūda betst,   þæt mīne brēost wereð,
hrægla sēlest;   þæt is Hrǣdlan lāf,

455 Wēlandes geweorc.   Gǣð ā wyrd swā hīo scel!'
Hrōðgār maþelode,   helm Scyldinga:
'For [g]ewy[r]htum þū,   wine mīn Bēowulf,
ond for ārstafum   ūsic sōhtest.
Geslōh þīn fæder   fǣhðe mǣste,

432: M/R nehmen 431b–432a als Vokativ ('O my band of warriors ...') – eine nicht sehr wahrscheinliche Deutung.
435: So L. und E.v.Schaubert. Andere meinen, es hieße einfach 'Hygelac möge mir (meinetwegen) froh im Herzen [= wohl gesonnen?] sein'.
441: "Vgl. die nhd. Wendung *dran glauben müssen*" (L); *daran* = 'an eine höhere Gerechtigkeit'.
445: Das Ms. hat *mægen hreð manna*, was auch als *mægenhreð manna* 'Großruhm (= Blüte) der Mannen' gedeutet werden kann und nicht nur eine bessere Alliteration ergibt, sondern auch das Problem, wer die Grethmannen waren, beseitigt. M/R lesen *mægen hreðmanna* 'the glorious warrior'. Liest man mit L *Hrēðmanna*, so sind die Gauten als 'Männer des Königs *Hrēðel*' gemeint.

dieser kühne 'Haufen'↓, Heorot säubern.
Ich habe auch erfahren, dass der Unhhold
aus seiner Sorglosigkeit [heraus] nicht auf Waffen zählt.
435 Ich verschmähe es denn, so [wahr] ↓ mir Hygelac,
mein Mann-Herr, freundlichen Sinnes sei,
dass ich ein Schwert trage oder einen großen Schild,
einen 'Gelbschild' zum Kampfe; vielmehr will ich mit dem Griff
'fangen' (greifen, packen) gegen den Feind und um [mein] Leben kämpfen,
440 Feind gegen Feind. Da soll glauben
dem Urteil des Herrn, ↓ den der Tod [hinweg]nimmt.
Ich wähne, dass er, wenn er walten darf,
in dem Kampfsaal Leute der Gauten
furchtlos essen will, wie er [es] oft tat,
445 die Mannschaft der Hrethmannen.↓ Nicht brauchst du mein
Haupt zu verhüllen, ↓ denn er will mich haben
von Blut 'bunt', wenn mich der Tod [hinweg]nimmt.
[Er] trägt den blutigen Leichnam fort, gedenkt ihn zu verzehren;
[es] isst der Einzelgänger unbarmherzig,
450 'markiert' [mit Blut] die Moorgründe. Nicht brauchst du [dann]
für meines Körpers Unterhalt länger zu sorgen.↓
Übersende Hygelac, wenn mich der Kampf hinwegnimmt,
der Kampfgewänder bestes, das meine Brust schützt,
der Brünnen schönste; das ist Hrethels ↓ 'Hinterlassenschaft' (= ein Erbstück Hrethels),
455 Wielands Werk. Es geht immer das Schicksal, wie es muss.
   Hrothgar sprach, der Schützer der Scyldinge:
"Für 'Bewirktes', ↓ mein Freund Beowulf,
und aus Freundlichkeit hast du uns aufgesucht.
Es 'schlug' dein Vater die größte Fehde,

446: Eine Umschreibung für 'Du brauchst mich nicht zu bestatten (weil mich Grendel auffrisst)' – ein Hauch makabren Humors. "Bei den Germanen wie auch bei anderen Völkern war die Sitte weit verbreitet, den Toten das Haupt zu verhüllen" (L).
451: Die Präsensformen ("byreð blōdig wæl" – 448) bezeichnen die Gewohnheit und damit auch das, was hypothetisch in Zukunft geschehen kann, etwa = 'Dann pflegt er hinwegzutragen ... Dann (sollte das so geschehen) brauchst du dich nicht zu sorgen ...' – "wohl ironisch gemeint wie V. 157 f." (L).
454: Der Text zeigt eine Variante für *Hreðles*.
457: "Hrothgar spielt auf die im folgenden näher ausgeführten Dienste an, die er einst Beowulfs Vater Ecgtheow geleistet hat und läßt so die von Beowulf angebotene Hilfe als Dankesschuld erscheinen" (L).

460 wearþ hē Heaþolāfe   tō handbonan
    mid Wilfingum;   ðā hine (wi)ga(n)a cyn
    for herebrōgan   haban ne mihte.
    Þanon hē gesōhte   Sūð-Dena folc
    ofer ȳða gewealc,   Ār-Scyldinga;
465 ðā ic furþum wēold   folce Deniga
    ond on geogoðe hēold   ginne rīce,
    hordburh hæleþa;   ðā wæs Heregār dēad,
    mīn yldra mæg   unlifigende,
    bearn Healfdenes;   sē wæs betera ðonne ic!
470 Siððan þā fæhðe   fēo þingode;
    sende ic Wylfingum   ofer wæteres hrycg
    ealde mādmas;   hē mē āþas swōr.
    Sorh is mē tō secganne   on sefan mīnum
    gumena ǣngum,   hwæt mē Grendel hafað
475 hȳnðo on Heorote   mid his heteþancum,
    fǣrnīða gefremed;   is mīn fletwerod,
    wīghēap gewanod;   hīe wyrd forswēop
    on Grendles gryre.   God ēaþe mæg
    þone dolsceaðan   dǣda getwǣfan!
480 Ful oft gebēotedon   bēore druncne
    ofer ealowǣge   ōretmecgas,
    þæt hīe in bēorsele   bīdan woldon
    Grendles gūþe   mid gryrum ecga.

    Ðonne wæs þēos medoheal   on morgentīd,
485 drihtsele drēorfāh,   þonne dæg līxte,
    eal bencþelu   blōde bestȳmed,
    heall heorudrēore;   āhte ic holdra þȳ lǣs,

461: (1) *Wilfingum*] Über die Wylfinge weiß man nichts Näheres. Wahrscheinlich wohnte der Stamm an der heutigen deutschen oder polnischen Ostseeküste. – (2) In 461b liest man heute lieber *Wedera cyn*. Siehe Z423(1).
462: *herebrōga*] Eigentlich 'Kriegs-(Heeres-)Schrecken', d.h. Furcht vor Krieg. Der Sinn ist: "Beowulfs Vater mußte nach der Tötung des Heatholaf sein Land verlassen, da diesem sonst Krieg gedroht hätte" (L).
466b: *ginne rīce*] Die Handschrift hat *gim merice*, was Klaeber als 'scribal blunder' für "ginne rice" bezeichnete – vielleicht zu Unrecht. Möglicherweise ist ein Kompositum gemeint: 'Gemmenreich' (M/R: 'a realm of jewels'), identisch mit dem Inhalt von *hordburh* 'treasure city'. E.v.Schaubert druckt *gimme rīce*, Jack bleibt jedoch bei *gi[nn]e rīce*.

460 wurde dem Heatholaf zum 'Handtotschläger' (Mörder)
gegen die Wylfinge. ↓ Da konnte ihn der 'Stamm der Kämpfer' (sein Volk) ↓
wegen Kriegsgefahr ↓ nicht haben (bei sich behalten).
Von da aus suchte er das Volk der Süddänen auf
über das Wogen der Wellen, der 'Ehren-Scyldinge'.
465 Da 'waltete' (regierte) ich eben [erst] über das Volk der Dänen
und 'hielt' (besaß, regierte) in der Jugend ein großes Reich, ↓
die Schatzburg der Helden. Da war Heregar tot,
mein älterer Bruder, nicht [mehr] 'lebend' (am Leben),
der Sohn Healfdenes; der war besser als ich!
470 Darauf legte [ich] diese Fehde mit Geld bei, ↓
sandte ich den Wylfingen über des Wassers Rücken
alte Schätze. Er (Ecgtheow) schwor mir Eide. ↓
'Sorge' (Kummer) bereitet mir zu sagen in meinem Sinn
irgendeinem der Menschen, was mir Grendel
475 an Leid auf Heorot ↓ mit seinen Hassgedanken,
an Überfällen zugefügt hat: Es ist meine Hallenschar,
der Kampfhaufe vermindert; sie fegte das Schicksal hinweg
in Grendels Graus. Gott kann leicht
den 'tollen' (verwegenen) Schädiger von seinen Taten abhalten. ↓
480 Sehr oft vermaßen sich die vom Bier trunkenen
Krieger über den Bierkrug [hin] (= über dem Bierkrug),
dass sie im Biersaal erwarten wollten
Grendels Kampf mit dem Graus der Schwerter (= mit grausigen
    Schwertern).
Dann war diese Methalle zur Morgenzeit,
485 der Gefolgschaftssaal, blutbedeckt, wenn der Tag leuchtete,
alle Bankdielen von Blut benetzt,
die Halle von Schwertblut. Ich besaß umso weniger der 'Holden' (ergebenen
    Männer), ↓

470: Das heißt, er zahlte Wergeld für Heatholaf.
472: "Entweder [schwor er,] daß er Frieden halten wollte, oder [er leistete] einen Treueid gegenüber Hrothgar" (L).
475: *hyndo*] – steht für reguläres *hynða* (Gen.Pl.).
479: Vielleicht ist gemeint: 'Nur Gott kann vielleicht …'.
483: *gryrum*] Dat.Pl. des Abstraktums – eine Metonymie.
487f: Die altenglische Syntax erlaubt entweder 'umso weniger Ergebener …, da (= insofern) sie der Tod …' oder '… welche der Tod …'; *þē þā* ist doppeldeutig, die Konstruktion nicht ganz logisch.

dēorre duguðe,   þē þā dēað fornam.

Site nū tō symle   ond onsǣl meoto,
490 sigehrēð secgum,   swā þīn sefa hwette.'

Þā wæs Gēatmæcgum   geador ætsomne
on bēorsele   benc gerȳmed;
þǣr swīðferhþe   sittan ēodon,
þrȳðum dealle.   Þegn nytte behēold,
495 sē þe on handa bær   hroden ealowǣge,
scencte scīr wered.   Scop hwīlum sang
hādor on Heorote.   Þǣr wæs hæleða drēam,
duguð unlȳtel   Dena ond Wedera.

Unferð maþelode,   Ecglāfes bearn,
500 þē æt fōtum sæt   frēan Scyldinga,
onband beadurūne –   wæs him Bēowulfes sīð,
mōdges merefaran,   micel æfþunca,
forþon þe hē ne ūþe,   þæt ǣnig ōðer man

ǣfre mǣrða þon mā   middangeardes
505 gehēde under heofenum   þonne hē sylfa –:

489: Handschriftliches *meoto* ist Hapaxlegomenon. Der Sinn scheint klar zu sein: "In fact, the King's exhortation, 'enjoy yourself and speak your mind freely,' leaves nothing to be desired" (Klaeber). Weniger wahrscheinlich ist die Lesart *on sǣl meoto* 'in due time contemplate' mit einem Verbum *meotan* im Imperativ (so Jack).
493: Die Wendung 'sitzen gehen' ist noch heute völlig geläufig im Niederdeutschen.
496: Zu *scop* siehe Z90.
497: *drēam*] – s. unter Z88. Das Wort hier durch 'fröhliche Schar' wiederzugeben, also eine Metonymie wie in *Nachbarschaft* (= Personen) anzunehmen, hat wenig für sich.
498: L kommentiert: "Ungenaue Variation" – soll heißen, *duguð unlȳtel* steht zwar syntaktisch, nicht aber logisch (semantisch) auf der gleichen Stufe wie *hæleða drēam*.
499: *Unferð*]. Der Name ist traditionell als 'mar-peace', 'Unfriede', gedeutet worden, was jedoch unsicher bleibt. Im Ms. erscheint er als *Hunfrið*. Alliteration und Metrik sprechen jedoch für eine Form mit langem *u*: *Ūnfrið* (so mit Recht Jack). Z1165 wird er als *þyle* bezeichnet, der dem König zu Füßen sitzt. Wahrscheinlich war er am Hofe so et-

der teuren Gefolgschaft, da diese der Tod weggenommen (dahingerafft) hatte.
Setze dich jetzt zum Mahle und 'entseile' [deine] Gedanken (= lass ... freien Lauf), ↓
490 [deinen] Siegesruhm [gegenüber] den Männern, wie dein Sinn dich antreibt ('wetzt').

Der Beginn der Empfangsfeier (491–498)
Dann wurde den Gautenmannen zusammen vereint
im Biersaal eine Bank geräumt,
wo die Tapferen sich niedersetzten, ↓
die durch Stärke Berühmten. Ein Degen waltete [seines] Amtes,
495 der auf den Händen trug [einen] verzierten Bierkrug;
[er] schenkte das reine Getränk ein. Der Skop ↓ sang derweilen
heiter auf Heorot. Da war der Helden Freude, ↓
eine nicht kleine Gefolgschaft ↓ der Dänen und Wederer.

Die Unferth-Episode (499–606)
Unferth ↓ sprach, des Ecglafs Sohn,
500 der zu Füßen saß dem Herrn der Scyldinge,
'entband' [eine] Kampfrune. [Es] war ihm Beowulfs Fahrt (Unternehmen),
[die] des mutigen Seefahrers, ein großes Ärgernis,
weil er nicht 'gönnte', dass ein anderer Mann (= es niemandem gönnte, dass er)
jemals mehr Ruhmestaten auf Erden
505 vollführte ↓ unter den Himmeln als er selber:

---

was wie ein heutiger Regierungssprecher; in seiner Funktion im Gedicht ist er der 'wicked counselor' (Klaeber); Klaeber meint, der spätere Zug von "sportsmanlike fairness toward Beowulf" sei vom Dichter selbst hinzugefügt worden. Möglicherweise soll der Streit ein typisch germanisches *fliting* sein, ein Wettstreit mit Worten, der aus dem Altnordischen bekannt ist und der in der mittelalterlichen Literatur seinen Niederschlag in poetischen Streitgesprächen gefunden hat (z.B. zwischen Leib und Seele oder in dem Gedicht "The flyting of Dunbar and Kennedie" [nach 1500]). (Das Verbum kommt als 2.Sg.Prät. Z507 vor; vgl. dt. *Fleiß*.) Die "sportsmanlike fairness" besteht darin, dass der Streit nicht die geringsten bösen Folgen hat und Unferð später dem Beowulf sogar sein Schwert namens Hrunting zur Verfügung stellt, mit dem dieser gegen die Grendelmutter in den Kampf zieht (1455ff).
505: *gehēde*] Ms. *gehedde*. Drei Verben kommen in Betracht: (1) *gehēgan* 'austragen' (L; häufigste Deutung); (2) *gehēdan* (vgl. *hēdde* 2697, ne. *to heed*) 'care about' (also etwa 'ihm war an den Ruhmestaten gelegen' – plausibel); (3) *gehȳdan* 'to hide' (eher unwahrscheinlich).

'Eart þū sē Bēowulf, sē þe wið Brecan wunne,
on sīdne sǣ ymb sund flite,
ðǣr git for wlence wada cunnedon
ond for dolgilpe on dēop wæter
510 aldrum nēþdon? Nē inc ǣnig mon,
nē lēof nē lāð, belēan mihte
sorhfullne sīð, þā git on sund rēon;

þǣr git ēagorstrēam earmum þehton,
mǣton merestrǣta, mundum brugdon,
515 glidon ofer gārsecg; geofon ȳþum wēol,
wintrys wylm[um]. Git on wæteres ǣht
seofon niht swuncon; hē þē æt sunde oferflāt,
hæfde māre mægen. Þā hine on morgentīd
on Heaþo-Rǣmes holm up ætbær;
520 ðonon hē gesōhte swǣsne ēþel,
lēof his lēodum, lond Brondinga,
freoðoburh fægere, þǣr hē folc āhte,
burh ond bēagas. Bēot eal wið þē
sunu Bēanstānes sōðe gelǣste.
525 Ðonne wēne ic tō þē wyrsan geþingea,
ðēah þū heaðorǣsa gehwǣr dohte,
grimre gūðe, gif þū Grendles dearst
nihtlongne fyrst nēan bīdan.'
    Bēowulf maþelode, bearn Ecgþēowes:
530 'Hwæt, þū worn fela, wine mīn Unferð,
bēore druncen ymb Brecan sprǣce,

507: *sund*] Hier scheint eher die Bedeutung 'Schwimmen', 512 eher die Bedeutung 'See, Meer' vorzuliegen. Sicher ist das nicht.
510: *aldrum*] – Pl. wie in ne. *They lost their lives.*
512: *rēon*] – zu *rōwan* 'rudern'. Der Kontext deutet darauf hin, dass hier und 539 'schwimmen' gemeint sein muss.
513: Eine Periphrase für 'im Meere schwimmen'.
517: "Ne. Restformen der altgerm. Zählung nach Nächten statt nach Tagen sind *sennight, fortnight*. Vgl. Tacitus, *Germania*, Kap. XI: 'nec dierum numerum, ut nos, sed noctium computant.'" (L).
519: *Heaþo-Rǣmes*] Späte Schreibung *-es* für *-as*. Die Raumar sind die Bewohner des heutigen Romerike nördlich von Oslo. *Rēamas* ist die Form in dem altenglischen Gedicht "Widsith" ("Weitfahrt") Z.63.

"Bist du der Beowulf, der mit Breca kämpfte,
auf hoher See im Schwimmen ↓ wetteiferte,
wo ihr beide aus Wagemut die Fluten durchforschtet
und aus Großrederei ins tiefe Wsser
510 euch mit dem Leben ↓ wagtet? Nicht vermochte euch irgendjemand,
nicht Freund noch Feind, auszureden
die 'sorgenvolle Fahrt' (= das gefährliche Abenteuer), als ihr auf dem Wasser schwammt.
Dort bedecktet ihr beide den Meeresstrom mit den Armen, ↓
durchmaßet die Meeresstraße, schwanget mit den Händen,
515 glittet über den Ozean. Die See wogte von Wellen,
von des Winters Wogen. Ihr beide mühtet euch in des Wassers Gewalt
sieben Nächte. ↓ Er besiegte dich beim Schwimmen,
hatte mehr Kraft. Da trug ihn in der Morgenzeit
das Meer aufwärts zu den 'Kampf-Reamas' (den Heatho-Raumar ↓);
520 von dort aus suchte er die liebe Heimat auf,
der seinen Leuten Teure, das Land der Brondinge, ↓
die schöne Friedensburg, wo er ein Volk besaß,
eine Burg und Schätze. Die ganze '[Ver]heißung' (Wette) ↓ gegen dich
erfüllte wahrlich der Sohn Beanstans. ↓
525 Daher vermute ich für dich ein schlechteres 'der Ergebnisse', ↓
obwohl du [sonst] in Kampfesstürmen ↓ überall tüchtig warst,
einen grimmigen Kampf, ↓ wenn du Grendel wagst
die nachtlange Frist [hindurch] von nahem zu 'erwarten' ↓ (= ihm zu trotzen).
Beowulf sprach, der Sohn Ecgtheows:
530 "Nun, du sprachst sehr viel, mein Freund Unferth,
vom Biere trunken, über Breca,

521: *Brondinga*] In *Widsith* ist Breca König der Brondinge, was der Dichter auch hier voraussetzt – trotz des späteren *knihtwesende* (535). Wer die Brondinge waren, ist nicht bekannt.
523: *Bēot*] – zu *[be]hātan*, jedoch im Sinne von 'verheißen (versprechen oder wetten)', etwas Bestimmtes zu leisten.
524: *Bēanstānes*] Beanstan ist Brecas Vater.
525: *wēne ic*] *Wēnan* steht mit Genitiv *wyrsan*; dieser mit partitivem Genitiv; also wörtlich 'Ich erwarte von dir (eines) Schlechteren der Ergebnisse.'
526: Beachte den Gen.Pl. in adverbieller Funktion.
527: *grimre gūðe*] Der Gen.Sg. variiert *wyrsan geþinges*.
528: *bīdan*] – mit dem Genitiv (*Grendles*).

sægdest from his sīðe! Sōð ic talige,

þæt ic merestrengo māran āhte,
earfeþo on ȳþum, ðonne ǣnig ōþer man.
535 Wit þæt gecwǣdon cnihtwesende
ond gebēotedon — wǣron bēgen þā gīt
on geogoðfēore — þæt wit on gārsecg ūt
aldrum nēðdon, ond þæt geæfndon swā.
Hæfdon swurd nacod, þā wit on sund rēon,
540 heard on handa; wit unc wið hronfixas
werian þōhton. Nō hē wiht fram mē
flōdȳþum feor flēotan meahte,
hraþor on holme, nō ic fram him wolde.
Ðā wit ætsomne on sǣ wǣron
545 fīf nihta fyrst, oþ þæt unc flōd tōdrāf,
wado weallende, wedera cealdost,
nīpende niht, ond norþanwind
heaðogrim ondhwearf; hrēo wǣron ȳþa.
Wæs merefixa mōd onhrēred;
550 þǣr mē wið lāðum līcsyrce mīn
heard hondlocen helpe gefremede,
beadohrægl brōden, on brēostum læg
golde gegyrwed. Mē tō grunde tēah
fāh fēondscaða, fæste hæfde
555 grim on grāpe; hwæþre mē gyfeþe wearð,

533: *merestrengo*] – mit jüngerem *-o* statt *-u*; so auch *earfeþo* 534 und *wado* 546.
534: Erneut eine semantisch ungenaue Variation wie schon 498.
535–573: Der Dichter lässt Beowulf das Geschehen anders darstellen als Unferth. Der spricht von einem Wettkampf, während Beowulf ein zunächst gemeinsam, dann allein erlebtes Abenteuer schildert, ohne dass der Dichter irgendwo auf diese Diskrepanz hinwiese. Sie bleibt rätselhaft.
538: *aldrum*] Pl. wie in ne. *They lost their lives* (auch schon 510).
540: *hronfixas*] – mit /sk/-Metathese, bevor *sc* in *fisc* > /ʃ/ wurde.
543: (1) Wie auch noch bei Shakespeare und wie *wollen* im Deutschen (*Ich will fort*) kann ae. *will* ohne Infinitiv stehen, obwohl man in Z543 auch an Ellipse des Infinitivs *flēotan* denken könnte. (2) *him*] Die Annahme einer funktionalen Alliteration mit Akzent auf *him* bei M/R. ist abwegig; vgl. *mē* 563.
545: (1) "Sie schwammen also nach der Trennung noch zwei Tage weiter, wie aus V. 517 zu schließen ist" (L). – (2) Ich verstehe 545ff so, dass zunächst vom Wasser die Rede

'sagtest' (sprachst) von seiner 'Fahrt'. Für wahr halte ich es (= ich möchte behaupten),
dass ich an 'Meereskraft' ↓ mehr hatte,
Drangsal in den Wogen, ↓ als irgendein anderer Mann.
535 Wir sagten (beschlossen) das als Knaben ↓
und gelobten (wetteten) – wir waren beide damals noch
im Jugendalter –, dass wir auf dem Meer draußen
[uns] mit dem Leben ↓ wagten, und das führten wir auch so aus.
Wir hatten nackte Schwerter, als wir aufs Meer schwammen,
540 hart in der Hand. Wir gedachten uns gegen die Walfische ↓
zu wehren. Weder konnte er im Geringsten von mir
auf den Meereswogen weit [fort]schwimmen,
schneller auf dem Meere, noch wollte ↓ ich von ihm fort.
Da waren wir beide zusammen auf der See
545 eine Zeit von fünf Nächten, bis dass uns die Flut trennte, ↓
die wallenden Ströme; [bis] das kälteste der Wetter,
die dunkelnde Nacht und der Nordwind
[uns] kampfgrimmig entgegenkam. Rauh waren die Wellen.
Es war der Meeresfische 'Mut' (= Zorn) aufgerührt.
550 Dort leistete mir gegen die Feinde mein 'Leibpanzer' (Brustpanzer),
hart und handgearbeitet, ↓ Hilfe,
das geflochtene Kampfgewand; [es] lag auf [meiner] Brust, ↓
mit Gold verziert. Mich zog zu Grunde
der feindliche 'Feindschädiger', ↓ hatte [mich] fest,
555 'grimmig' im Griff. Aber es war mir gegeben, ↓

---

ist – mit ungenauer Syntax: das Verbum *tödräf* im Singular hat je ein Subjekt im Singular und eins im Plural –, sodann vom Wetter – mit Verbum *ondhwearf* im Singular und drei Subjekten im Singular –, schließlich wieder (548b) vom Wasser.
551: Wieder ein Fall nachgestellter und unflektierter Adjektive und Partizipien wie im Deutschen ('mein Panzer, hart und handgearbeitet'). Lehnert übersetzte zu Unrecht 'mein Panzer, der harte und handgefügte'.
552: Man sieht sehr schön, wie der Dichter zunächst eine Variation anbringt (*beadohrægl* 552), dann aber ein zweites Verbum einführt (*læg*); theoretisch, aber wohl nicht im Sinne des Dichters, könnte man nach *gefremde* (551) auch einen Punkt setzen.
554: "Ein erster Hinweis auf Beowulfs zweites Hauptabenteuer, vgl. V. 1501 ff." (L). Doch das ist eher eine moderne Sehweise aufgrund des Wortlauts.
555: 'Es war mir gegeben' könnte sowohl Ausdruck eines germanischen Schicksalsglaubens sein (so L) als auch ein Hinweis auf Gottes Hilfe.

þæt ic āglǣcan   orde gerǣhte,
hildebille;   heaþorǣs fornam
mihtig meredēor   þurh mīne hand.

Swā mec gelōme   lāðgetēonan
560 þrēatedon þearle.   Ic him þēnode
dēoran sweorde,   swā hit gedēfe wæs.
Næs hīe ðǣre fylle   gefēan hæfdon,
mānfordǣdlan,   þæt hīe mē þēgon,
symbel ymbsǣton   sǣgrunde nēah;
565 ac on mergenne   mēcum wunde

be ȳðlāfe   uppe lǣgon,
sweo[r]dum āswefede,   þæt syðþan nā
ymb brontne ford   brimlīðende
lāde ne letton.   Lēoht ēastan cōm,
570 beorht bēacen godes,   brimu swaþredon,
þæt ic sǣnæssas   gesēon mihte,
windige weallas.   Wyrd oft nereð
unfǣgne eorl,   þonne his ellen dēah.
Hwæþere mē gesǣlde,   þæt ic mid sweorde ofslōh
575 niceras nigene.   Nō ic on niht gefrægn
under heofones hwealf   heardran feohtan,

nē on ēgstrēamum   earmran mannon;
hwæþere ic fāra feng   fēore gedīgde

sīþes wērig.   Ðā mec sǣ oþbær,

563: *mē*] "*Mē* (like *minne* l. 445 and *mīnes* l. 450) is a word normally unstressed, but here it is given exceptional rhetorical emphasis by the poet, who places it in a position where it receives accent and alliterates" (M/R). Obwohl in der Tat *mē* alliteriert, ist die Annahme einer absichtlich funktionalen Alliteration mit Akzent auf *mē* abwegig.
565: (1) *mēce*] Das Nomen für 'Schwert' ist ein poetisches Wort, das nur in dieser anglischen Form vorkommt (ws.*mǣče); *ē* für ws. *ǣ* auch in *þēgon* 563. Es gibt weitere Wörter dieser Art, z. B. *beadu-* 'Kampf-'. – (2) Der Plural ist ein *pluralis pro singulari*, also Synekdoche.
567: *sweo[r]dum*] Ebenfalls Plural für Singular.
572f: "Sprichwörtlicher Ausspruch, vgl. lat. *Fortes fortuna adiuvat*, ne. *Fortune favours the brave*. Häufig tritt Gott an die Stelle des Schicksals (V. 669, 1270 ff., 1552 ff., 2291 ff.), wie

dass ich den Unhold mit der [Schwert]spitze erreichte (traf),
mit dem Kampfschwert. Der Kanmpfsturm nahm hinweg
das mächtige Meerestier durch meine Hand.

So bedrängten mich häufig die Übeltäter
560 heftig. Ich vergalt es ihnen
mit meinem guten Schwert, wie es angemessen war.
Keineswegs hatten sie an der 'Fülle' (eines Mahls) Freude,
die Übeltäter, dass sie mich verzehrten,
das Mahl 'umsaßen', dem Seegrunde nahe.
565 Vielmehr lagen [sie] am Morgen, von Schwertern (= durch mein Schwert) ↓
  verwundet,
'beim Nachlass der Wellen' (= am Strande) obenauf,
von Schwertern (= vom Schwert) ↓ getötet, sodass sie seitdem nicht
auf der hohen 'Furt' (= auf hoher See) die Seefahrer
an der Reise hindern. Das Licht (die Sonne) kam von Osten,
570 das strahlende Zeichen Gottes, die Brandungen legten sich,
sodass ich die Meeresklippen erblicken konnte,
[die] windigen 'Wälle' (das Meeresufer). 'Wyrd' (das Schicksal) errettet oft ↓
den nicht zum Tode bestimmten Mann, wenn seine Tapferkeit 'taugt'.
Mir gelang es eben, ↓ dass ich mit dem Schwerte erschlug ↓
575 neun 'Nixen' (= männliche Ungeheuer). Nicht erfuhr ich in der Nacht
unter des Himmels Wölbung von härterem Kampf (= von härterem Kampf
  in der Nacht)
noch von einem ärmeren Mann ↓ in der Meeresströmung.
Doch ich überstand den Griff der Feinde mit dem Leben (= ich kam mit dem
  Leben davon),
müde von der 'Fahrt' (dem Abenteuer). Dann trug mich die See [davon],

---

nhd. *Hilf dir selbst, dann hilft dir Gott!* (L). Wieder ein epischer Schlusspunkt. Umso merkwürdiger wirkt es, dass der Dichter gleich darauf geradezu beiläufig berichtet, dass Beowulf auch noch neun weitere Seeungheuer erschlug, was trotz des Ungenauigkeitsbonus, den man dem Dichter einräumen muss, nicht gerade als geschickt angesehen werden kann. Das von Kritikern immer wieder stillschweigend implizierte Motto 'The poet can do no wrong' gilt nicht!
574a: 'Eben' als Erklärung für das Vorausgehende (nach E.v.Schaubert).
574b: Wohl nur zufällig und unbeabsichtigt enthält der Abvers einen zweiten Stab, was metrisch eigentlich unüblich ist.
577: *mannon*] – für *mannan* (Akk.Sg.) ist späte Schreibung.

580 flōd æfter faroðe   on Finna land,
    wadu weallendu.   Nō ic wiht fram þē
    swylcra searonīða   secgan hȳrde,
    billa brōgan.   Breca næfre gīt
    æt heaðolāce,   nē gehwæþer incer,
585 swā dēorlīce   dǣd gefremede
    fāgum sweordum   — nō ic þæs [fela] gylpe —,
    þēah ðū þīnum brōðrum   tō banan wurde,
    hēafodmǣgum;   þæs þū in helle scealt
    werhðo drēogan,   þēah þīn wit duge.
590 Secge ic þē tō sōðe,   sunu Ecglāfes,
    þæt næfre Gre[n]del swā fela   gryra gefremede,
    atol ǣglǣca,   ealdre þīnum,
    hȳnðo on heorote,   gif þīn hige wǣre,
    sefa swā searogrim,   swā þū self talast;
595 ac hē hafað onfunden,   ðæt hē þā fǣhðe ne þearf,
    atole ecgþrǣce   ēower lēode
    swīðe onsittan,   Sige-Scyldinga;
    nymeð nȳdbāde,   nǣnegum ārað
    lēode Deniga,   ac hē lust wigeð,
600 swefeð ond sendeþ,   secce ne wēneþ
    tō Gār-Denum.   Ac ic him Gēata sceal
    eafoð ond ellen   ungeāra nū
    gūþe gebēodan.   Gǣþ eft sē þe mōt

580: *Finna land*] Sicher nicht das heutige Finnland, sondern eher das Land der Lappen in Nordnorwegen. Vielleicht ist auch eine Landschaft an der schwedischen Südwestküste gemeint. Doch die Schwimmstrecken und Örtlichkeiten sind ohnehin nicht realistisch zu verstehen.

581: (1) *wadu*] – ist N.Pl. zu *wæd* 'Wasser', eine Emendation für Ms. *wudu* 'Holz, Schiff', das sich vielleicht als Metapher retten lässt (so M/R: 'ein wogendes Schiff' = Meer), aber sehr merkwürdig anmutet. – (2) *weallendu*] – ist späte Schreibung für normales *weallende*. – (3) Wieder (wie schon 545) haben wir die Folge Nomen im Singular + Verbum im Singular + zweites Nomen im Plural.

583a: Siehe Anm. zu 414a.

586: (1) Man beachte die inhärente Ironie dieser Bemerkung innerhalb der typischen Selbstberühmung. – (2) M/R ergänzen statt *fela* das Adverb *swīðe*, was auch anderswo ähnlich gebraucht wird und daher in der Tat ebenso gut ist. Keine Lücke im Ms.; der Schreiber hat mit Sicherheit ein Wort ausgelassen.

587: "Mit bitterer Ironie stellt Beowulf den Brudermord, auf den auch V.1167 f. angespielt wird, als Unferths einzige Heldentat hin (Hoops, 587)" (L).

580 die Flut 'der Strömung nach' (= mit der Strömung) an der Finnen Land, ↓
 die wallenden Strömungen. ↓ Keineswegs habe ich von dir (= über dich)
 von solchen tückischen Kämpfen sagen hören,
 von Schwerterschrecken. ↓ Breca hat nie bisher
 beim 'Kampfspiel' (= im Kampfe) – noch einer von euch beiden –
585 eine solch kühne Tat vollbracht,
 mit glänzenden Schwerteren – nicht, dass ich mich dessen viel rühmte –,
 obwohl du deinen Brüdern zum Mörder wurdest, ↓
 den 'Hauptverwandten'; dafür wirst du in der Hölle ↓
 Verdammnis erleiden, wenn auch dein Verstand tüchtig sein mag.
590 Ich sage dir wahrlich, Sohn Ecglafs,
 dass niemals Grendel so viele Untaten vollbracht hätte, ↓
 der schreckliche Unhold, [gegenüber] deinem Herrn,
 Leiden(staten) in Heorot, wenn dein Mut wäre,
 dein Sinn so kampfgrimmig, wie du selbst behauptest.
595 Doch er (Grendel) hat herausgefunden, dass er die Fehde,
 den schrecklichen Schwertsturm eures Volkes, ↓
 nicht zu fürchten braucht, der Sieg-Scyldige.
 Er nimmt 'Notpfand' (= Blutzoll), schont keinen
 vom Volke der Dänen, sondern folgt [vielmehr seiner] Lust,
600 tötet und 'sendet' [ins Jenseits], ↓ erwartet nicht [Abwehr]kampf
 von den Speer-Dänen. Aber ich werde ihm der Gauten
 Kraft und Mut nun in Kürze
 im Kampf entbieten. Danach geht wieder, wem es vergönnt ist, ↓

588: Außer dem *e* von *helle* ist am abgedeckten Rand des Ms. nichts mehr lesbar, doch wird *helle* von 'Thorkelin A' (dem von Thorkelin angeheuerten Schreiber) bezeugt, der das Wort 1787 offenbar noch lesen konnte. M/R lesen (nach Robinsons Vorschlag) unnötigerweise *healle* = 'Halle'.
591–601: Beachte, mit welch poetischem Elan der Dichter erneut die Untaten Grendels zu beschreiben bemüht ist. Die Stelle ist ihm deutlich zu lang geraten.
596: *ēower*] – ist Gen.Pl. des Personalpronomens, also eigentlich zu übersetzen 'des Volkes von euch'.
598a: Eine Untertreibung als Metapher für das Morden.
600: *sendeþ*] Wegen *forsendan* 904 und *onsendan* 2266 'ins Jenseits befördern' ist auch *sendan* als Euphemismus für 'töten' zu verstehen. Der absolute Gebrauch bleibt dennoch merkwürdig.
603–606: Eine Voraussage als Epiphonem.
603b: "Formelhaft wie V.1387" (L).

       tō medo mōdig,   siþþan morgenlēoht
605 ofer ylda bearn   ōþres dōgores,
    sunne sweglwered   sūþan scīneð!'

    Þā wæs on sālum   sinces brytta,
    gamolfeax ond gūðrōf; gēoce gelȳfde
    brego Beorht-Dena; gehȳrde on Bēowulfe
610 folces hyrde   fæstrædne geþōht.
    Ðǣr wæs hæleþa hleahtor, hlyn swynsode,
    word wǣron wynsume. Ēode Wealhþēow forð,
    cwēn Hrōðgāres,   cynna gemyndig,
    grētte goldhroden guman on healle,
615 ond þā frēolīc wīf ful gesealde
    ǣrest Ēast-Dena   ēþelwearde,
    bæd hine blīðne   æt þǣre bēorþege,
    lēodum lēofne;   hē on lust geþeah
    symbel ond seleful, sigerōf kyning.
620 Ymbēode þā   ides Helminga
    duguþe ond geogoþe dǣl ǣghwylcne,
    sincfato sealde,   oþ þæt sǣl ālamp,
    þæt hīo Bēowulfe, bēaghroden cwēn
    mōde geþungen   medoful ætbær;
625 grētte Gēata lēod, gode þancode
    wīsfæst wordum   þæs ðe hire sē willa gelamp,
    þæt hēo on ǣnigne eorl gelȳfde
    fyrena frōfre.   Hē þæt ful geþeah,

    wælrēow wiga   æt Wealhþēon,
630 ond þā gyddode   gūþe gefȳsed;

605: *ōþres dōgores*]: 'anderen Tages' als adverbielle Bestimmung im Genitiv; vgl.dt. *tags (darauf)*.

606: (1) "D.h. erst am hellen Tage, vgl. V. 917 ff., 1008 ff" (L). Mit Z606 endete Lehnerts Übersetzung. Alles Folgende wurde in dieser Ausgabe neu übersetzt. – (2) Mit den Worten Beowulfs endet die Unferth-Episode. Dass Beowulf nicht über einen Wettkampf berichtet und sein Bericht keinerlei Folgen hat, ist ein Mangel der Makrostruktur, den man nicht beschönigen sollte.

612: *Wealhþēow*] Der Name ist unklar; *wealh* = 'fremd', 'Welsh'.

zum Mete mutig, sobald das Morgenlicht
605 über die Menschenkinder am anderen Tage, ↓
die Sonne, glanzumkleidet, von Süden scheint." ↓

Fortgang der Feier: Königin Wealhtheow und Beowulfs erste Ruhmrede (607–661)
Dann war in Freuden (= in guter Stimmung) der Schatzspender,
grauhaarig und kampfberühmt; [es] vertraute auf Hilfe
der Herr der Glanz-Dänen; [es] hörte von Beowulf
610 des Volkes Schützer [dessen] festen Entschluss.
Dann war [da] das Lachen der Krieger; Lärm ertönte,
die Worte waren fröhlich. [Es] trat Wealhtheow ↓ vor,
die Königin Hrothgars, der [Hof]sitten kundig,
grüßte, goldgeschmückt, die Männer in der Halle,
615 und die edle Frau entbot den Becher
zuerst dem Beschützer der Ostdänen,
bat ihn, froh [zu sein] ↓ beim Biergelage,
dem Volke liebenswert: Er genoss mit Freude
das Fest und den 'Saalbecher', der siegberühmte König.
620 [Es] 'umging' dann die Frau der Helminge ↓
[die] 'Tugend und Jugend' (= die Alten und Jungen); einen jeden Teil,
entbot das 'Schatzgefäß' (= den kostbaren Becher), bis dass die Zeit kam,
dass [sie] zu Beowulf, die ringgeschmückte Königin,
die Hochgemute, den Metbecher trug,
625 den Herrn der Gauten begrüßte, Gott dankte ↓
mit weisen Worten dafür, dass ihr Wunsch erfüllt wurde,
dass sie an einen Edlen glaubte (glauben durfte),
[einen] 'Trost der Frevel' (= Hilfe gegen die Frevel). Er (Beowulf) empfing den Becher,
der schlachtwilde Kämpfer, von Wealhtheow
630 und redete dann, zum Kampf 'angetrieben' (bereit).

617: Der Infinitiv *wesan* gilt als 'ausgelassen' (so L, Klaeber und andere), doch die Akkusativformen der beiden Adjektive deuten eher auf eine eigenständige Konstruktion als auf eine Ellipse hin.
620: Die Helminge sind offenbar der (unbekannte) Stamm, aus dem Wealhtheow kommt.
625–28: Viel umständlicher kann man es nicht ausdrücken; doch das ist der Stil des Dichters.

Bēowulf maþelode, bearn Ecgþēowes:
'Ic þæt hogode, þā ic on holm gestāh,
sǣbāt gesæt mid mīnra secga gedriht,
þæt ic ānunga ēowra lēoda
635 willan geworhte, oþðe on wæl crunge
fēondgrāpum fæst. Ic gefremman sceal
eorlīc ellen, oþðe endedæg
on þisse meoduhealle mīnne gebīdan!'
Ðām wīfe þā word wēl līcodon,
640 gilpcwide Gēates; ēode goldhroden
frēolicu folccwēn tō hire frēan sittan.

Þā wæs eft swā ǣr inne on healle
þrȳðword sprecen, ðēod on sǣlum,

sigefolca swēg, oþ þæt semninga
645 sunu Healfdenes sēcean wolde
ǣfenræste; wiste þǣm āhlǣcan
tō þǣm hēahsele hilde geþinged,
siððan hīe sunnan lēoht gesēon meahton,
oþ ðe nīpende niht ofer ealle,
650 scaduhelma gesceapu scrīðan cwōman
wan under wolcnum, Werod eall ārās.
[Ge]grētte þā guma ōþerne,

631–638: Es folgt eine typische Ruhmrede, eine *gilpcwide* (64), später eine weitere in Form einer *Comitatus*-Rede (675–687), in der der Kämpfer vor der Schlacht Sieg oder Tod gelobt. Erhellendes findet sich bei Schücking 1933, nur dass wir heute das Heldentum der Germanen nicht mehr ausschließlich in heroischem Licht sehen würden. Man bedenke auch, dass sich diese Geisteshaltung schon bei Vergil findet: siehe unter Z1389.
640: Ein Verbum im Plural mit einem Subjekt im Pl. und einem im Sg.: eine mangelhafte Kongruenz, die auch heute noch im Engl. wie im Dt. häufig ist.
642: *wæs*] Das *wæs* ist zunächst Hilfsverb und bildet das Passiv in Z642f, zugleich aber die elliptische Kopula und damit 'main verb' in Z643f, was nicht korrekt ist – somit ein Solözismus, d. h. eine *Ad-hoc*-Normabweichung (eine übliche Normabweichung ist eine poetische Lizenz). Zusammen mit der Koppelung 'da war das Volk und der Lärm des Siegesvolkes' ist das Ganze stilistisch nicht gerade glücklich oder gar idiomatisch.
643: *þēod*] 'Volk' – das Wort, aus dem das Wort *deutsch* abgeleitet ist (mhd. *diut-(i)sch*) wie *völkisch* aus *Volk*. Die Ableitung dürfte zur Unterscheidung vom romanischen Frän-

Beowulf sprach, der Sohn Ecgtheows: ↓
"Ich gedachte, als ich in See stach,
ins Seeboot stieg mit meiner Mannen Schar,
dass ich ganz sicher eurer Leute
635 Willen bewirkte (= Wunsch erfüllen wollte) – oder auf der Walstatt fiele,
fest im Feind-Griff. Ich werde ausführen
[eine] heldische Tat – oder [aber] meinen letzten Tag
in dieser Methalle erwarten!"
Der Frau gefielen diese Worte gut,
640 die Ruhmrede des Gauten. ↓ [Es] 'ging sitzen' die goldgeschmückte,
die 'frei-liche' (= edle = frei geborene) Volksköniging bei ihrem Manne.

Dann war (wurde) danach wie zuvor in der Halle
das 'Kraftwort' gesprochen (= kräftig gesprochen), [es war ↓] das Volk in
    Stimmung,
[da war] des Siegvolkes Schall – bis dann sogleich
645 der Sohn Healfdenes suchen wollte
die Abendruhe (= Nachtruhe). Er wusste, dass dem Unhold ↓
in dem Hochsaal Kampf beschieden sein würde,
seit sie das Sonnenlicht [noch?] sehen konnten, ↓
bis die Nacht, über alle dunkel werdend,
650 die 'Gestalten der Schattenhelme' (= Nachtgespenster) geschritten kamen,
schwarz unter den Wolken. Die ganze Mannschaft erhob sich.
[Es] grüßte ↓ dann der Mann den anderen,

---

kisch entstanden sein. Das Deutsche heißt unter Karl dem Großen *Theodisca lingua*. Im *Beowulf* sind die *þeod*-Komposita von Interesse, z.B. das nur im *Beowulf* belegte *þeod-þrea* 'Volksdrangsal'.
646f: "Wörtlich: 'Er wusste dem Unhold für den Hochsaal Kampf beschlossen' = 'Er wusste, dass der Unhold zu Kampf in dem Hochsaal entschlossen war'" (L). Vgl. Z1836f "tō hofum Gēata geþingeð".
648ff: "V.648–651 bedeuten: 'von der Zeit, wo sie das Sonnenlicht sehen konnten, bis (*oþ ðe*) die Nacht hereinbrach'" (L), d.h. man ahnte es den ganzen Tag vorher. Man beachte, dass *oððe* auch 'oder' bedeuten kann (wie z.B. 635), was hier jedoch keinen rechten Sinn ergibt. Insgesamt eine schwierige Stelle. Nach M/R (und Klaeber) ergibt sich als englische Übersetzung 'He (Hrothgar) had known an attack [to be] planned by the foe (Grendel) against the high hall from the time that they could see the light of the sun until (*oþ ðe*) night came'.
652a: [*ge*]*grēte*] Ohne *ge*- ist der Anvers metrisch zu leicht.

Hrōðgār Bēowulf, ond him hǣl ābēad,
wīnærnes geweald, ond þæt word ācwæð:
655 'Nǣfre ic ǣnegum men ǣr ālȳfde,
siþðan ic hond ond rond hebban mihte,
ðrȳþærn Dena būton þē nū ðā.
Hafa nū ond geheald hūsa sēlest,
gemyne mǣrþo, mægenellen cȳð,
660 waca wið wrāþum! Ne bið þē wilna gād,
gif þū þæt ellenweorc aldre gedīgest.'

Cōm on wanre niht
scrīðan sceadugenga. Scēotend swǣfon,
þā þæt hornreced healdan scoldon,
705 ealle būton ānum. Þæt wæs yldum cūþ
þæt hīe ne mōste, þā metod nolde,

sē s[c]ynscaþa under sceadu bregdan; —

ac hē wæccende wrāþum on andan

bād bolgenmōd beadwa geþinges.
710 Ðā cōm of mōre under misthleoþum
Grendel gongan, godes yrre bær;
mynte sē mānscaða manna cynnes
sumne besyrwan in sele þām hēan.
Wōd under wolcnum tō þæs þe hē wīnreced,

653: *ābēad*] "*Ābēad* steht hier in Verbindung mit zwei ganz verschiedenen Objekten: 'und er (Hrothgar) entbot ihm Heil (= wünschte ihm Glück), (verlieh ihm) Gewalt über das Weinhaus'" (L) — also ein semantisches Zeugma.
654b: Der Singular steht für den Plural ('... sprach die folgenden Worte') — also eine Synekdoche. 655: *Men* ist Dativ Singular (dekliniert wie *fōt*) — "'irgendeinem Menschen', außer natürlich Hrothgars eigenen Leuten (vgl. V. 480 ff.)" (L).
660: *wrāþum*] Dativ Singular.
702: *cōm*] "Some enthusiasts have found the threefold bell-like announcement of Grendel's approach [*cōm* 702, 710, 720] a highly dramatic device" (Klaeber). Man kann sich fragen, warum sich Klaeber mit dieser Auffassung — klugerweise? — nicht identifiziert.
703b: "Recht sonderbar mutet es an, daß Beowulfs Mannen trotz der drohenden Gefahr einschlafen. Vielleicht wollte der Dichter dadurch Beowulfs Leistung noch größer erscheinen lassen, oder es liegt eine alte Märchentradition zugrunde" (L). Die "Mär-

[nämlich] Hrothgar Beowulf, und entbot ↓ ihm Heil,
Gewalt über das Weinhaus, und sprach das Wort: ↓
655 "Nie habe ich irgendeinem Mann ↓ früher anvertraut
– seit ich Hand und Schild heben konnte –
das Prachthaus der Dänen außer nun dir.
Habe nun und 'halte' (bewache) das schönste der Häuser,
gedenke des Ruhmes, [deine] Großkraft verkünde,
660 wache gegen den Feind! ↓ Nicht wird dir Mangel an Wünschenswertem sein,
wenn du jenes 'Heldenwerk' mit deinem Leben überstehst.

Der Grendelkampf (702–727)
[Es] kam ↓ in der dämmerigen Nacht
geschritten der Schattengänger. Die 'Schützen' schliefen, ↓
die das Giebelhaus 'halten' (= bewachen) sollten,
705 alle außer einem. Das war den Menschen ↓ bekannt,
dass [er] sie (die Menschen = Männer) nicht durfte – weil Gott es nicht
    wollte –
der 'Geistschädiger' ↓ (Dämon), 'in die Schatten' (ins Schattenreich)
    schleudern.
Vielmehr erwartete er (Beowulf), wachend, in Ärger gegen den 'Wütenden'
    (Feind),
zornentbrannt, den Ausgang des Kampfes.
710 Dann kam vom Moore unter den 'Nebelhügeln' (= im Schutze des Nebels)
Grendel gegangen, trug Gottes Zorn [gegen ihn gerichtet].
[Es] gedachte der 'böse Schädiger' (Übeltäter), von des Menschen Geschlecht
einen zu überlisten im Saale, dem hohen.
[Er] ging unter Wolken dorthin, wo er den Weinsaal,

---

chentradition" haben wir bereits im Neuen Testament: Auch die Jünger Jesu schlafen im Augenblick der Gefahr! M/R. meinen, es ließe sich über den germanischen Schicksalsglauben erklären, wonach für jeden die Stunde des Todes vorbestimmt gewesen sei. Der gleiche Gedanke findet sich jedoch schon bei Vergil, den der Dichter wahrscheinlich kannte; siehe unter 1389. Das Motiv der feigen, wenn auch nicht schlafenden Heldenbegleiter taucht auch beim Drachenkampf auf (2880–2891).
705: *yldum*] – zu *ielde, ylde* (Mask.Pl.) 'die Menschen', eigentlich die Alten (*ieldu, yldu* 'das Alter', Fem. Abstraktum). Siehe Glossar unter *ylde*.
707: *scynscapa*] Ein merkwürdiger Ausdruck (*scinna* heißt 'Scheiner', d.h. 'ghost', 'spirit', und kommt Z939 vor). Vielleicht sollte man es bei Ms. *synscapa*, analog zu *synscapa* Z801 (ebenfalls für Grendel), belassen, auch wenn üblicherweise der zweite Teil eines Kompositums nicht allein alliterieren kann. Immerhin hat Flasdieck jedoch auch einige s/sc-Alliterationen gefunden (1950:269f).

715 goldsele gumena   gearwost wisse

fǣttum fāhne. Ne wæs þæt forma sīð,
þæt hē Hrōþgāres   hām gesōhte;
nǣfre hē on aldordagum   ǣr nē siþðan
heardran hæle,   healðegnas fand!
720 Cōm þā tō recede   rinc sīðian
drēamum bedǣled. Duru sōna onarn
fȳrbendum fæst,   syþðan hē hire folmum (æt)hrān;

onbrǣd þā bealohȳdig,   ðā (hē ge)bolgen wæs,
recedes mūþan. Raþe æfter þon
725 on fāgne flōr   fēond treddode,
ēode yrremōd;   him of ēagum stōd
ligge gelīcost   lēoht unfǣger.

980   Ðā wæs swīgra secg,   sunu Ec[g]lāfes,
on gylpsprǣce   gūðgeweorca,
siþðan æþelingas   eorles cræfte
ofer hēanne hrōf   hand scēawedon,
fēondes fingras;   foran ǣghwylc wæs,
985 stīð[r]a nægla gehwylc   stȳle gelīcost,
hǣþenes handsporu   hilderinces
egl[u] unhēoru;   ǣghwylc gecwæð,

719: *hæle*] Die Übersetzung setzt ein *hæle* voraus, eine Lesart, die mit einiger Sicherheit korrekt ist; *hæle* zu *hælu, -o*, ein abstraktes Femininum wie *strengu* 'Kraft' und *yldu* 'Alter'. Lehnerts *heardran hæle* bedeutet 'einen härteren Helden', was zu einer ungeschickten asyndetischen Parataxe zweier Nomina – eins Sg., eins Pl. – führt.

724: *raþe*] Beachte die Schreibung ohne *h,* die neben normalem *hraþe* zwar einmalig im *Beowulf* ist, zusammen mit der Alliteration jedoch auf Ausfall des /h/ hindeutet. Siehe auch Anm. zu 224.

727: *ligge*] "Spät-ws. *ig* für *ī* ist umgekehrte Schreibung. Da etwa *fāmig* zu *fāmi* (218) geworden war, schrieb man umgekehrt häufig *hig* für *hī* (1085, 1596, 1770), *ligge* für *līge*, *wigge* (1656) für *wīge* usW" (L).

980: Manche übersetzen 'Dann war der Sohn Ecglafs ein schweigsamerer Mann', streichen also das Komma in Z980.

983f: Das Nennen von 'Hand' und 'Fingern' muss nicht wörtlich genommen werden; gemäß 970 ließ Grendel Hand, Arm und Schulter zurück. "Der Sinn ist nach Klaeber

715 den Goldsaal der Männer, am besten 'wusste' (= genau wusste, dass ... lag),
von Schmuck 'bunt' (glänzend). Nicht war es das erste Mal,
dass er Hrothgars Heim aufsuchte.
Nie in seinen Lebenstagen, 'früher oder später' (weder ... noch),
fand er 'mit härterem Heil' ↓ (= schlimmer für ihn selbst) die Hallendegen.
720 Es kam zu der Halle der Recke (Grendel) 'gehen' (= gegangen),
der Freude beraubt. Die Tür gab bald nach,
[obwohl] mit 'Feuerbändern' (= geschmiedet) fest, als er sie mit [seinen] Händen berührte.
[So] riss er, übelgesinnt, als er erzürnt war (= erzürnt wie er war),
der Halle Tür auf. Gleich ↓ darauf
725 trottete auf den bunten Boden der Feind,
ging zornig gesinnt. Ihm 'stand' von den Augen,
einer Lohe ↓ ähnlich, ein unheimliches Licht.

Der zur Schau gestellte Arm (980–990)
980 Dann war schweigsamer der Mann, ↓ der Sohn Ecglafs,
bezüglich der Ruhmrede, [seiner] kriegerischer Taten,
als die Edlen – durch die Tapferkeit des Helden [Beowulfs] –
über das hohe Dach die Hand sahen, ↓
des Feindes Finger. Vorn war ein jeder,
985 der festen [Finger]nägel ↓ dem Stahle ähnlich,
des Heiden 'Handsporn' (Klaue), des Kriegsmannes,
scheußlich, unheimlich. ↓ Ein jeder sagte,

'Sie schauten über (auf) das hohe Dach hin [und erblickten] die Hand', die Beowulf gemäß V. 836 *under gēapne hrōf* gelegt hatte" (L).
984: "ǣghwylc ... gehwylc"] ist ungeschickt. Manche Ausgaben emendieren daher *ǣghwylc* zu *ǣghwǣr*. Doch vielleicht sollte man es bei der Ms.-Lesung bewenden lassen: "Der überkommene Text vermittelt eine deutliche Vorstellung in etwas umständlicher, dichterisch nicht sehr geschickter Form" (E.v.Schaubert) – eine kluge Bemerkung.
985: Die Handschrift liest *steda nægla gehwylc* = 'jede der Stellen der Nägel'. Lehnerts (und Klaebers) Emendation ergibt 'ein jeder der harten (festen) Nägel'. M/R und Jack lesen *stedenægla* = '(der) Hartnägel' (Sg. *stedenægl*).
987a: Zwei Adjektive sind zwar denkbar (asyndetische Parataxe; man sollte die Adjektive dann im Text durch Kommata trennen), doch vielleicht kann man es mit E. v. Schaubert bei der Ms.-Lesart *egl unhēoru* = 'unheimliche Spitze (Kralle)' belassen, was gut zu dem Sg. *handsporu* passen würde, wenn man *egl*, fō., als '(spitze) Ähre', 'Granne' deuten darf.

þæt him heardra nān   hrīnan wolde

īren ǣrgōd,   þæt ðæs āhlǣcan
990 blōdge beadulfolme   onberan wolde.

                          Þā wæs sǣl ond mǣl,
    þæt tō healle gang   Healfdenes sunu:
1010 wolde self cyning   symbel þicgan.
    Ne gefrægen ic þā mǣgþe   māran weorode
    ymb hyra sincgyfan   sēl gebǣran.
    Bugon þā tō bence   blǣdāgande,
    fylle gefǣgon;   fægere geþǣgon
1015 medoful manig   māgas þāra
    swīðhicgende   on sele þām hēan,
    Hrōðgār ond Hrōþulf.   Heorot innan wæs
    frēondum āfylled;   nalles fȳcenstafas
    Þēod-Scyldingas   þenden fremedon. —
1020 Forgeaf þā Bēowulfe   bearn Healfdenes
    segen gyldenne   sigores tō lēane,

    hroden hildecumbor,   helm ond byrnan;
    mǣre māðþumsweord   manige gesāwon
    beforan beorn beran.   Bēowulf geþah
1025 ful on flette;   nō hē þǣre feohgyfte
    for sc[ē]oten[d]um   scamigan ðorfte, —

988–990: "'dass ihm (= Grendel) kein treffliches Schwert (*īren*) der Tapferen (*heardra*) etwas anhaben (*hrīnan*) konnte, das des Unholds blutige Kampflust verkürzen wollte' (s. Hoops)" (L). Es ist jedoch wahrscheinlicher, dass die Stelle vom Abtrennen des Armes handelt und *heardra nān* und *īren ǣrgōd* als Varianten zu sehen sind; beachte *onberan* = 'einschneiden' mit *on-* = 'hinein', nicht 'von ... weg'.

989: 'Eisen' für 'Schwert' ist eine Synekdoche 'vom Weiteren'; sie drückt hier das Fertigprodukt durch den Rohstoff aus (*materia pro opere*).

1012: "Nach *gefrignan* steht im Ae. die Akk.-cum-Inf.-Konstruktion: 'Nicht hörte ich da (*þā* = Adv.), dass ein Volk in größerer Schar ... sich besser gebarte (ausnahm)'" (L). Gemeint ist jedoch wohl nicht, dass sich die Festteilnehmer anständig benahmen, sondern dass sie sich wohlfühlten: *gebǣran* = 'laut Freude äußern', 'fröhlich lärmen' (E.v. Schaubert).

1013: *blǣdāgende*] 'Ruhmbesitzer'. Der Dichter hat keine Schwierigkeiten, immer neue Umschreibungen (meist Komposita) für die *retainer* zu finden.

dass ihn nichts an 'Hartem' (= harten Materialien) verletzen 'wollte' (= konnte), ↓
[kein] 'altgutes' Eisen ↓ (= kein erprobtes Schwert), welches des Übeltäters
990 blutige Kampfhand 'durchdringen' wollte (= abschlagen konnte?).

Die zweite Hallenfeier mit Geschenkübergabe (1008–1055)
Dann war die Zeit und Gelegenheit [gekommen],
dass in die Halle ging Healfdenes Sohn.
1010 Der König wollte selbst an dem Fest teilnehmen.
Nicht hörte ich da ein Volk in größerer Schar
sich um ihren Schatzspender besser gebaren. ↓
[Es] nahmen Platz auf den Bänken 'Ruhmbesitzer', ↓
erfreuten sich der 'Fülle' (= des Mahls). Es genossen angemessen
1015 manchen Metschoppen ihre Verwandten, ↓
[die] hochgemuten, im Saale, dem hohen,
Hrothgar und Hrothulf. Heorot war im Innern
mit Freunden gefüllt. Keineswegs hatten
die Volks-Scyldinge damals bereits Verrat geübt. ↓
1020 [Es] gab dann dem Beowulf der Sohn Healfdenes ↓
ein goldenes 'Zeichen' (eine Standarte) 'des Sieges zum Lohn' (= als Lohn für
den Sieg),
ein verziertes Schlachtenbanner, ↓ Helm und Brünne.
Das berühmte Kostbarkeitsschwert sahen viele
vor den Helden tragen. Beowulf genoss ↓
1025 den Becher in der Halle; auch brauchte er sich wegen der Belohnung
vor den Kriegern nicht zu schämen.

1013–17: Vielleicht bezieht sich der ganze Passus auf die beiden in Z1017 genannten Personen; dann müsste ein Komma nach *gefægon* 1014 stehen.
1015: *māgas þāra* ...] "ihre hochgemuten Volksgenossen ... Hrothgar und Hrothulf" (L). Hrothulf ist der Sohn Halgas, also ein Neffe Hrothgars, und möglicherweise dessen Nachfolger als König. Siehe auch Z1019.
1019: Der Dichter liebt Andeutungen. Hier wie auch 1164 und anderswo spielt er an auf einen späteren Verrat Hrothulfs; worin der tatsächlich bestand, ist unbekannt.
1020: *bearn*] Ms. *brand Healfdenes* = 'Healfdenes Schwert' ergibt einen guten Sinn, setzt jedoch voraus, dass das Subjekt des Satzes zu ergänzen wäre, was allerdings auch nicht ungewöhnlich wäre (s. unter Z6b). Selbst dass vorher von *zwei* Personen die Rede ist, schließt diese Deutung nicht aus.
1022: Ms. *hilte cumbor*] Die Nickel-Ausgabe liest *brodenhilte cumbor* 'Feldzeichen mit verzierter Stange', steht aber mit dieser Lesart allein.
1024: *geþah*] Zu *geþicgan;* die normale Form wäre *geþeah*.

ne gefrægn ic frēondlīcor   fēower mādmas
golde gegyrede   gummanna fela
in ealobence   ōðrum gesellan.
1030 Ymb þæs helmes hrōf   hēafodbeorge
wīrum bewunden   wala ūtan hēold,
þæt him fēla lāf   frēcne ne meahte

scūrheard sceþðan,   þonne scyldfreca

ongēan gramum   gangan scolde.
1035 Heht ðā eorla hlēo   eahta mēaras
fǣtedhlēore   on flet tēon,

in under eoderas;   þāra ānum stōd
sadol searwum fāh,   since gewurþad;
þæt wæs hildesetl   hēahcyninges,
1040 ðonne sweorda gelāc   sunu Healfdenes
efnan wolde, –   nǣfre on ōre læg
wīdcūþes wīg,   ðonne walu fēollon.
Ond ðā Bēowulfe   bēga gehwæþres
eodor Ingwina   onweald getēah,
1045 wicga ond wǣpna;   hēt hine wēl brūcan.
Swā manlīce   mǣre þēoden,
hordweard hæleþa,   heaþorǣsas geald
mēarum ond mādmum,   swā hȳ nǣfre man lyhð,

1027a: *frēondlīce*] ist Adv. Man beachte den Komparativ *-līcor* /-k-/.
1027–1029: Wie schon 1011f habe ich auch hier die AcI-Konstruktion in der Übersetzung belassen, obwohl sie so im Deutschen nicht möglich ist. – "'Nicht erfuhr ich, daß viele Menschen ...' ist Litotes für 'nie erfuhr ich, daß ein Mensch ...'" (L). Der *gefrignan*-Satz ist formelhaft; vgl. Z2. Im Übrigen klingt der Sazt so, als ob öfters irgendwo vier Geschenke übergeben würden – eine Ausdrucksweise, die zum Habitus des Dichters gehört.
1030: (1) *hēafodbeorg*] ist Kenning für 'Helm'. *Wala*, Ms. *walan*, muss Subjekt sein. – (2) "Ein mit Draht umwundener Bügel außen wartete des Kopfschutzes, tat [= diente als] Kopfschutz um den oberen Teil des Helmes herum" (E.v.Schaubert *s.v. hēafod-beorg*). Der Sutton-Hoo-Helm hat "a D-shaped iron crest [the *wala* – *ESt*] inlaid with silver wires in chevron pattern" (Bruce-Mitford 1979:48).
1032: (1) Eine Periphrase für 'Schwert'. – (2) *meahte*] Ms. *meahton* ist zu rechtfertigen, wenn man entweder *lāfe* (Pl.) liest oder aber (besser) einen 'Plural nach dem Sinn' (*notional concord*) annimmt.

Nicht erfuhr ich freundlicher ↓ vier Kostbarkeiten, ↓
mit Gold verziert, viele der Männer
auf der Bierbank anderen geben.
1030 Um des Helmes 'Dach' 'hielt den Kopfschutz' (Helm), ↓
mit Drähten umwunden, außen der [Helm]kamm,
damit ihn die 'Hinterlassenschaft der Feilen' (das Schwert) ↓ nicht in kühner Weise
'schauerhart' (= hart im Kampfsturm ↓) schädigen könne, wenn der Schildkämpfer
gegen [die] Feinde [an]gehen musste.
1035 [Es] hieß dann der Schützer der Edlen acht Mähren,
'goldwangig' (= mit vergoldetem Zaumzeug), 'auf den Boden' (= in die Halle) ziehen –
hinein in den 'Etter' (= in das Gebäude), von denen einem 'stand'
ein Sattel, kunstvoll verziert, mit Juwelen geschmückt.
Das war der Kampfsitz des Hochkönigs,
1040 wenn 'am Schwertspiel' (Kampf) der Sohn Healfdenes
teilnehmen wollte. Nie [er]lag (versagte) an der Spitze [des Heeres] ↓
des Weitberühmten [Kampf]kraft (Mut), wenn die Erschlagenen fielen.
Und dann dem Beowulf verlieh für beides von jedem
der Schützer der Ing-Freunde ↓ Anwalt[schaft] (= Besitzrecht):
1045 [über] Pferde und 'Waffen'. [Er] hieß ihn [sie] gut zu gebrauchen. ↓
In solch männlicher Weise vergalt der berühmte Herrscher,
der Schatzwart der Helden, die Kampfstürme [Beowulfs]
mit Mähren und und Schätzen – [so]dass sie (die Geschenke) nie jemand tadeln wird,

---

1033: *scūrheard*] = 'schauerhart', wohl über die 'Schauer' der fliegenden Pfeile zu erklären. Nachgestelltes unflektiertes Adjektiv wie so oft, z.B. auch Z13.
1041: Man kann auch erwägen, ob *on ōre* vielleicht 'am Anfang' = 'im Argen' heißt, und übersetzen 'Nie lag im Argen der Mut ...'. Die mit der Übersetzung gewählte Deutung ist aber wohl die wahrscheinlichere.
1044: *Ingwina*] *Ingwine* ist eine Umschreibung für 'Dänen', *Ing-* wie in Tacitus' *Ingaevones* [sic] = 'Ingwäonen': "Manno tres filios assignant, e quorum nominibus proximi Oceano Ingaevones, medii Herminones, ceteri Istaevones vocantur" (*Germania*, Kap.2). Mannus, so Tacitus, war der Sohn des aus der Erde geborenen Gottes Tuisto. – Die dem Englischen, Niederländischen, Friesischen und Niederdeutschen gemeinsamen Spracheigentümlichkeiten, etwa der Zusammenfall von Dativ und Akkusativ beim Personalpronomen (engl. *me* = 'mir' und 'mich'), heißen Ingwäonismen. Zusammen bilden die 'ingwäonischen' Dialekte das Nordseegermanische.
1045: "'Er hieß ihn, (sie) gut zu gebrauchen' = 'sich (ihrer) wohl zu erfreuen'. Formelhafte Wendung, vgl. V.2812" (L).

sē þe secgan wile   sōð æfter rihte.

1050   Đā gȳt ǣghwylcum   eorla drihten
þāra þe mid Bēowulfe   brimlāde tēah,
on þǣre medubence   māþðum gesealde,
yrfelāfe,   ond þone ǣnne heht
golde forgyldan,   þone ðe Grendel ǣr
1065 māne ācwealde.

....

Hwearf þā bī bence,   þǣr hyre byre wǣron,
Hrēðrīc ond Hrōðmund,   ond hæleþa bearn,
1190 giogoð ætgædere;   þǣr sē gōda sæt,
Bēowulf Gēata   be þǣm gebrōðrum twǣm.
Him wæs ful boren,   ond frēondlaþu
wordum bewægned,   ond wunden gold
ēstum geēawed,   earm[h]rēade twā,
1195 hrægl ond hringas,   healsbēaga mǣst
þāra þe ic on foldan   gefrægen hæbbe.

....

1215 Wealhðēo maþelode,   hēo fore þǣm werede sprǣc:
'Brūc ðisses bēages,   Bēowulf lēofa,
hyse, mid hǣle,   ond þisses hrægles nēot,
þēo[d]gestrēona,   ond geþēoh tela,
cen þec mid cræfte,   ond þyssum cnyhtum wes

1220 lāra līðe!   Ic þē þæs lēan geman.

Hafast þū gefēred,   þæt ðē feor ond nēah
ealne wīdeferhþ   weras ehtigað,
efne swā sīde   swā sǣ bebūgeð,
windgeard, weallas.   Wes þenden þū lifige,

1051: Die Übersetzung ahmt die ae. Konstruktion nach, die nicht unüblich ist. "Nach *þara þe* steht im ae. Relativsatz fast regelmäßig der Sg." (L).
1055: "Der Name des von Grendel (V.740–745) gefressenen Gautenkriegers *Hond-sciōh* 'Handschuh' (vgl. den Ortsnamen *Handschuhsheim* bei Heidelberg), für den König Hrothgar hier Wergeld zahlt, wird erst V.2076 genannt" (L). Wahrscheinlich ist gemeint, dass der König *anstelle Grendels* Wergeld zu zahlen bereit ist.

der [da] sagen möchte die Wahrheit 'gemäß dem Richtigen' (= nach allem, was recht ist).
1050 Dazu gab einem jeden der Herr der Edlen,
'von denen, der' mit Beowulf den Seeweg gezogen war, ↓
auf jener Metbank Kostbarkeiten (= ein Geschenk),
ein Erbstück, und jenen einen hieß er
mit Gold 'vergelten' (= auszahlen), den Grendel früher
1055 in [seiner] Bosheit tötete. ↓

Wealhtheow und ihre Söhne (1188–1196)
Dann wandte [sie, Wealhtheow, sich] der Bank zu, wo ihre Söhne waren,
Hrethrich und Hrothmund, und der Helden Kinder,
1190 die Jugend (= die Jüngeren), zusammen. Da saß der Gute,
Beowulf, der Gaute, bei den zwei Brüdern.
Ihm wurde ein Becher gebracht, und freundliche Einladung [wurde]
in Worten ausgesprochen, ↓ und gewundenes Gold
'durch Huld' (huldvoll) angeboten, zwei Armringe,
1195 Brünne ↓ und Ringe, das schönste der Halsbänder, ↓
von denen ich je auf auf Erden gehört habe.

Wealhtheow und Beowulf (1215–1227)
1215 Wealhtheow sprach – sie sprach vor der Schar –:
"Freue dich über diesen Ring, ↓ lieber Beowulf,
junger Mann, 'mit Heil' und nutze diese Brünne,
[diese] Volksgeschenke, und lass es dir gut gehen,
mache dich bekannt bezüglich deiner 'Kaft' (= Tapferkeit) und diesen Knaben
sei mit Lehren freundlich. Ich werde dir 'dessen' 'Lohn gedenken' (= dich dafür belohnen).
Du hast es geschafft, dass dich fern und nah
das ganze Leben lang die Männer achten
sogar so weit wie das Meer,
[der] 'Windhof' (der Ort der Winde), [die] 'Wälle' (Klippen) umgibt. Sei, solange du lebst,

---

1193: Das heißt, es wurde mancher Trinkspruch ausgebracht.
1195: (1) *hrægl*] Eigentlich 'garment', vielleicht eine Synekdoche vom Weiteren (ein *locus a maiore ad minus* – Lausberg, § 193). – (2) *healsbēaga mǣst*] – das 1199 als *Brōsinga mene* bezeichnete Halsband, in der nordischen Sage *Brisinga men*, der Halsschmuck der Freya. Wer die Brisinge waren, ist nicht bekannt.
1216: *bēages*] Der Ring ist das mythische Halsband aus Z1195 (siehe dort).

1225 æþeling, ēadig! Ic þē an tela
sincgestrēona. Bēo þū suna mīnum
dǣdum gedēfe, drēamhealdende!

Bēowulf maþelode, bearn Ecgþēowes:
'Ne sorga, snotor guma! Sēlre bið ǣghwǣm,
1385 þæt hē his frēond wrece, þonne hē fela murne.
Ūre ǣghwylc sceal ende gebīdan
worolde līfes; wyrce sē þe mōte
dōmes ǣr dēaþe; þæt bið drihtguman
unlifgendum æfter sēlest.
1390 Ārīs, rīces weard, uton hraþe fēran,
Grendles māgan gang scēawigan.
Ic hit þē gehāte: nō hē on helm losaþ,
nē on foldan fæþm, nē on fyrgenholt,
nē on gyfenes grund, gā þǣr hē wille!
1395 Ðȳs dōgor þū geþyld hafa
wēana gehwylces, swā ic þē wēne tō.'
Āhlēop ðā sē gomela, gode þancode,
mihtigan drihtne, þæs sē man gespræc.

Bēowulf maþelode, bearn Ecgþēowes:
'Geþenc nū, sē mǣra maga Healfdenes,

1226: *suna mīnum*] 'meinem Sohn' "= Hrethric, dem älteren und Thronanwärter" (L).
1227: Die Zeilen 1228–1231 sind in der Inhaltsübersicht abgedruckt und übersetzt.
1389: Die folgende Vergil-Stelle könnte Vorbild gewesen sein, doch vielleicht ist die Ähnlichkeit nur Zufall:
    Stat sua quique dies. Breve et irreparabile tempus
    Omnibus est vitae; sed famam extendere factis
    Hoc virtutis opus. (*Äneïde* 10.467f)
    Jedem ist sein Tag bestimmt. Kurz und unwiederbringlich
    Ist das Leben für alle; doch sich durch Taten Ruhm zu verschaffen,
    Ist eine Aufgabe der Tapferkeit.
1390: (1) *hraþe*] Es alliteriert das *r*, was eine Aussprache *raþe* statt *hraþe* voraussetzt, die man eigentlich fürs Altenglische noch nicht annimmt. Siehe auch 724. Die ursprüngliche Unterpunktierung des *h* in Lehnerts Text sollte (wie bei Klaeber) dessen Ausfall andeuten. – (2) Zum Rhythmus von 1390a siehe unter 90a. Vorschlag: x | ́ ∧ x x | ́.

1225 Edler, glücklich. Ich 'gönne' (wünsche) dir geziemend
[jede Menge] Schätze. Sei du meinem Sohn ↓
durch Taten freundlich [gesinnt], [du] 'Freudehaltender' (= Glücklicher)!" ↓

Ruhmreden vor dem zweiten Kampf (1383–1398)
Beowulf sprach, der Sohn Ecgtheows:
"Sorge dich nicht, weiser Mann! Besser ist es einem jeden,
1385 dass er seinen Freund räche, als dass er viel trauere.
Ein jeder von uns muss das Ende erwarten
seines Lebens in dieser Welt. Bewirke – wer es darf (= wem es gegeben ist) –
Ruhm vor [seinem] Tode. Das ist [den] Gefolgsleuten,
[den] verstorbenen, später das Beste. ↓
1390 Erhebe dich, [des] Reiches Wart, lass uns schnell ↓ gehen,
die Spur des Verwandten Grendels zu besichtigen.
Ich verspreche es dir: Nicht wird er (= sie ↓) in einen Schutz entkommen:
weder in den Schoß der Erde noch in [den] Bergwald
noch in des Ozeans Tiefe, wohin er auch gehen mag!
1395 Diesen Tag habe du Geduld ↓
mit einem jeden [deiner] Leiden, wie ich es von dir erwarte."
Dann erhob sich der Greis (Hrothgar), dankte Gott,
dem mächtigen [Gefolgs]herrn, für das, was der Mann gesagt hatte.

Beowulfs Verabschiedung von Hygelac (1473–1496)
Beowulf sprach, der Sohn Ecgtheows:
"Gedenke nun, [du,] der berühmte Sohn Healfdenes, ↓

1392, 1394: Das männliche *hē* für Grendels Mutter (auch noch 1260, 1497; ähnlich das männliche Relativum 1887) ist merkwürdig; 1379 ist sie sogar als *felasinnig secg*, 'vielsündiger Mann', bezeichnet worden. Klaeber zitierte Milton: "For spirits, when they please, I Can either sex assume, or both" (*Par. Lost* I:423). Ob aber das den Gebrauch des Maskulinums für Grendels Mutter erklärt? In den Zeilen 1344 und 2685 ist feminines *hand*, in Z2421 feminines *wyrd* Bezugswort für *sē*. Man könnte daran denken, dass in diesen und ähnlichen Fällen die lautliche Ähnlichkeit von *sē* und *sēo* eine Ursache der Verwechselungen sei. Man vergleiche die Entstehung von ne. *she*, zu der der mittelenglische Zusammnfall von mask. *hē* und fem. *hēo* beigetragen hat. Gegen eine solche Erklärung spricht, dass die Formen *sēo* und *sio* im Text sehr häufig und somit für das Femininum normal sind.
1395f: Gemeint ist einfach 'mit deinem Leiden (in Gestalt der Grendelüberfälle)'. Technisch handelt es sich in 1396a um eine Synekdoche in Gestalt eines *pluralis pro singulari*.
1474: *se mǣra maga*] "Mit Bewahrung des best. Art. beim Vokativ" (L).

1475 snottra fengel, nū ic eom sīðes fūs,
goldwine gumena, hwæt wit geō spræcon,
gif ic æt þearfe þīnre scolde
aldre linnan, þæt ðū mē ā wære
forðgewitenum on fæder stæle.
1480 Wes þū mundbora mīnum magoþegnum,
hondgesellum, gif mec hild nime;

swylce þū ðā mādmas, þē þū mē sealdest,
Hrōðgār lēofa, Higelāce onsend.
Mæg þonne on þæm golde ongitan Gēata dryhten,
1485 gesēon sunu Hrædles, þonne hē on þæt sinc staráð
þæt ic gumcystum gōdne funde
bēaga bryttan, brēac þonne mōste.

Ond þū Unferð læt ealde lāfe,
wrætlīc wægsweord wīdcūðne man
1490 heardecg habban; ic mē mid Hruntinge
dōm gewyrce, oþðe mec dēað nimeð!'
Æfter þæm wordum Weder-Gēata lēod
efste mid elne, – nalas andsware
bīdan wolde; brimwylm onfēng
1495 hilderince. Ðā wæs hwīl dæges,
ær hē þone grundwong ongytan mehte.

Bēowulf maþelode, bearn Ecgþēowes:
'Hwæt, wē þē þās sælāc, sunu Healfdenes,

1480: Das ae. *mund* (vgl. dt. *Vormund*) ist nicht mit dt. *Mund* verwandt, sondern mit lat. *manus* 'Hand'; von da aus = 'Schutz'.
1485a: Zum Rhythmus des Verses siehe unter 90a. Vorschlag: x | - ^ x x | - ò.
1486: *funde*] Regulär wäre *fand; funde* gilt als ws. Form, aus dem Pl. übernommen.
1487: (1) *brēac*] Sollte sich *brēac*, wie M/R meinen, vielleicht auf *bēaga* beziehen? Es erscheint eher unwahrscheinlich. – (2) Zu 1487b: "Zu ergänzen ist *his:* 'Ich erfreute mich *seiner,* solange ich konnte'" (L).
1489: *wægsweord*] siehe Z1667.
1490: Man beachte in Z1489f die Art der Variation. Ist Unferth = A, das Schwert = B, so ist die Folge ABAB – wie in vielen anderen Fällen.
1495: *hwīl dæges*] Z2320b *ær dæges hwīle* heißt mit Sicherheit 'vor Tages Anbruch', und M/R übersetzen demgemäß 1495f 'As it was daytime before he could discover the

1475 kluger Fürst, da ich nun fahrtbereit (= bereit zu sterben) bin,
Goldfreund der Männer, [dessen,] was wir einst (früher) sprachen:
Wenn ich in deinem Interesse
des Lebens verlustig gehen sollte, dass du mir immer seiest,
dem Fortgegangenen, an Vaters statt.
1480 Sei du der [Vor]mund[schafts]träger ↓ meinen Gefolgsleuten,
meinen Handgesellen, falls mich der Kampf '[hinweg]nehme' (= nehmen sollte).
Desgleichen sende die Geschenke, die du mir gabst,
lieber Hrothgar, dem Hygelac.
Der mag dann an dem Gold erkennen, der Herr der Gauten,
1485 der Sohn Hrethels, wenn er auf den Schatz schaut,
dass ich einen an Mannestugend guten (= freigiebigen) fand, ↓
[einen] Ringspender, [ihn] 'brauchte' ↓ (= mich seiner ↓ erfreute), solange ich
'durfte' (= es mir beschieden war).
Und lasse du [den] Unferth das alte Erbstück,
das kunstvolle 'Wellenschwert', ↓ den weit-bekannten Mann,
1490 die 'harte Schneide' haben. ↓ Ich werde mir mit Hrunting
Ruhm erwirken, oder der Tod nimmt mich [hinweg]!"
Nach diesen Worten eilte der Herr der Weder-Gauten
mit Eile. Keineswegs wollte er der Antwort
warten. – Die Wasserwoge empfing
1495 den Helden. Dann war [dauerte es] eine [gute] Weile des Tages, ↓
bevor er den Grund [des Gewässers] erkennen konnte. ↓

Beowulfs Kampfbericht (1651–1676)
Beowulf sprach, der Sohn Ecgtheows:
"Fürwahr, wir brachten dir die See-Trophäen, Sohn Healfdenes,

---

bottom.' "The fact that it was daytime explains why the ogress detected Beowuf so quickly [Z1497ff]". Beowulfs Rede müsste aber dann in der Nacht stattgefunden habe. Die Nickel-Ausgabe setzt Punkt nach *dæges* ('der Tag war angebrochen') und übersetzt 'Ehe er den Grund sehen konnte, bemerkte schon (die Unholdin) ...' – auch dies eine eher unwahrscheinliche Deutung. Meine Übersetzung, dem Sinne nach etwa 'es dauerte sehr lange, bis ...', hält sich an die traditionelle Deutung, weil plausibler. Der Dichter liebt die unwahrscheinlichen Übertreibungen, wie Beowulfs Schilderung seines Seeabenteuers in der Unferth-Episode zeigt. Rhetorisch haben wir eine gedankliche Hyperbel. 1496: Die Fortsetzung der Stelle (1497–1505) lautet übersetzt: 'Bald fand der [*sic*], der den Bereich der Fluten kampflüstern 100 Halbjahre lang beherrscht hatte, grimmig und gierig, [heraus], dass da einer der Menschen das Reich der Ungeheuer von oben erkundete'.

leod Scyldinga, lustum brohton
tires to tacne, þē þū hēr tō lōcast.
1655 Ic þæt unsōfte ealdre gedīgde,
wigge under wætere, weorc genēþde
earfoðlīce; ætrihte wæs
gūð getwæfed, nymðe mec god scylde.

Ne meahte ic æt hilde mid Hruntinge
1660 wiht gewyrcan, þēah þæt wæpen duge;
ac mē geūðe ylda waldend,
þæt ic on wāge geseah wlitig hangian
ealdsweord ēacen – oftost wīsode
winigea lēasum –, þæt ic ðȳ wæpne gebræd.

1665 Ofslōh ðā æt þære sæcce, þā mē sæl āgeald,
hūses hyrdas. Þā þæt hildebil
forbarn, brogdenmæl, swā þæt blōd gesprang,
hātost heaþoswāta. Ic þæt hilt þanan

fēondum ætferede; fyrendæda wræc,
1670 dēaðcwealm Denigea, swā hit gedēfe wæs.
Ic hit þē þonne gehāte, þæt þū on Heorote mōst
sorhlēas swefan mid þīnra secga gedryht,
ond þegna gehwylc þīnra lēoda,
duguðe ond iogoþe, þæt þū him ondrædan ne þearft,

1675 þēoden Scyldinga, on þā healfe,
aldorbealu eorlum, swā þū ær dydest.'

1656: *Wigge* ist wieder umgekehrte Schreibung für *wige* (s. 727).
1658: *getwæfed*] – eigentlich 'ent-zweit', dann auch 'behindert', 'beendet'; vgl. dt. *Zweifel*. – "'Fast war der Kampf gehemmt, beendet,' d.h. 'fast hätte ich nicht mehr kämpfen können' (Hoops)" (L).
1665: Das Personalpronomen *ic* fehlt.
1666: *hūses hyrdas*] "Der Plural ist hier wie in V.1669 (*fēondum*) unberechtigt. Er wird gewöhnlich als genereller Plural (auch 'generic plural') aufgefaßt, zuweilen auch als Überbleibsel einer früheren Fassung der Sage, nach der Beowulf den Unhold Grendel nur verwundet habe, um ihn dann zusammen mit seiner Mutter in der submarinen Behausung zu töten (vgl. Klaeber, S. xviii)" (L).

Herr der Scyldinge, mit Freuden,
als Zeichen des 'Ruhms' (Erfolgs), auf die du hier schaust.
1655 'Unsanft' (kaum) kam ich mit dem Leben davon,
im Kampf ↓ unter Wasser, vollbrachte das Werk
[nur] mit Mühe. Beinahe war
der Kampf [für mich] vorbei (= wäre ... gewesen), ↓ hätte mich nicht
  Gott geschützt.
Nicht vermochte ich im Kampf mit [Hilfe von] Hrunting
1660 etwas bewirken, obwohl jene Waffe [viel] taugt.
Doch mir vergönnte der Herr der Menschen,
dass ich an der Wand sah glänzend hängen
ein riesiges 'Altschwert' – öfters führte er (Gott) (= hat ... geführt)
den 'Freundelosen' (= den Einsamen [in einer Notlage]) –, dass ich
  die[se] Waffe schwang.
1665 [Ich] ↓ erschlug dann in dem Streit, als mir die Gelegenheit günstig war,
die Bewohner des Hauses. ↓ Dann verbrannte das Kampfschwert,
das 'geschwungene Zeichen', ↓ als das Blut herausschoss,
der heißeste 'Kampfschweiß'. Ich führte dann den Griff von dannen
  [fort]
von den Feinden. Ich rächte die Übeltaten,
1670 den Todesmord der Dänen (= an den Dänen), wie es sich gebührt.
Ich verspreche dir sodann (nunmehr), dass du auf Heorot
sorglos schlafen kannst mit den Männern deiner Gefolgschaft
und jedwedem der Degen deiner Leute,
der 'Tugend und Jugend' (= den Alten und Jungen), dass du für sie ↓ nicht
  zu fürchten brauchst,
1675 Herr der Scyldinge, 'auf dieser Hälfte' (= von dieser Seite her)
'Lebensübel' (= Tod) für die Edlen, wie du es bisher tatest (= musstest). ↓

1667: *brogden-mǽl*] Metaphorisch für 'Schwert': "das mit geschwungenen, ineinander geflochtenen Zeichen Versehene, d.i. hier die – in deutlichen Gegensatz zum Griff des Schwertes gestellte – mit Damaszierung versehene Klinge des Schwertes" (E.v.Schaubert, Glossar). Die Damaszierung ist ein altes Verfahren zur Herstellung von Klingen, bei dem harte und weiche Eisenteile miteinander durch Schweißen und Hämmern verbunden werden und die Berührungslinien zu einem Muster gestaltet werden können.
1674: *him*] "'Für sie', variiert durch *eorlum* V.1676" (L).
1676: Die Zeilen 1687–1698 sind in ANHANG VI abgedruckt.

Ðā git him eorla hlēo   inne gesealde,
mago Healfdenes,   māþmas twelfe;
hēt [h]ine mid þǣm lācum   lēode swǣse
sēcean on gesyntum,   snūde eft cuman.

1870 Gecyste þā   cyning æþelum gōd,
þēoden Scyldinga,   ðegn betstan
ond be healse genam;   hruron him tēaras
blondenfeaxum.   Him wæs bēga wēn
ealdum infrōdum,   ōþres swīðor,
1875 þæt h[ī]e seoðða(n) [nō]   gesēon mōston,

mōdige on meþle.   Wæs him sē man tō þon lēof,

þæt hē þone brēostwylm   forberan ne mehte;
ac him on hreþre   hygebendum fæst
æfter dēorum men   dyrne langað
1880 beorn wið blōde.   Him Bēowulf þanan,
gūðrinc goldwlanc   græsmoldan træd
since hrēmig;   sǣgenga bād
āge[n]dfrēan,   sē þe on ancre rād.
Þā wæs on gange   gifu Hrōðgāres
1885 oft geæhted;   þæt wæs ān cyning
ǣghwæs orleahtre,   oþ þæt hine yldo benam
mægenes wynnum,   sē þe oft manegum scōd.

1871b: Der Vers scheint nur drei Silben zu haben – zu wenig, meinen M/R ausdrücklich, um zu skandieren. Doch *þegn* dürfte trotz der Schreibung zweisilbig gewesen sein, was jedoch immer noch zu wenig ist, weil sich zwei stumpf gefüllte Takte ergeben. Siehe ANHANG II.
1873: Eine Mischung aus 'Sie fragten sich, ob sie sich je wiedersehen würden oder nicht' und 'Sie ahnten, dass ... nicht ...'.
1876: (1) *on meþle*] Eine Floskel, die man ebenso gut streichen könnte, diente sie nicht der Alliteration. Im Übrigen denkt der Dichter weniger an ein politisches Gremium als an das Zusammensein der Männer – eine der üblichen Ungenauigkeiten, zu denen Alliteration und Variationstechnik verleiten. – (2) Dem ae. *mæþel, meþel* 'Versammlung' entspricht ahd *mahal*, das über ein mittellat. *mallus* in *Thiodmalli* > *Detmold* erhalten ist. Vgl. Anm. zu 236.

Verteilung von Abschiedsgeschenken (1866–1887)
Dann gab ihm der Schützer der Edlen im Inneren [der Halle],
der Sohn Healfdenes, zwölf Geschenke
und hieß ihn, mit den Geschenken [seine] lieben Leute
in Gesundheit [aufzu]suchen, 'bald wieder [nach Hause] zu kommen' (=
    zurückzukehren).
1870 Es küsste dann der König, 'gut von Herkunft' (= aus edelem Geschlecht),
der Herr der Scyldinge, den besten der Degen
und 'nahm ihn beim Halse' (= umarmte ihn). Es flossen ihm Tränen,
dem 'Gemischthaarigen' (Grauhaarigen). Ihm war Ahnung von zweierlei, ↓
dem Alten und Weisen, vom zweiten [jedoch] stärker:
1875 dass sie sich [nämlich] danach nicht mehr sehen 'dürften' (= es ihnen nicht
    vergönnt sei ...),
die Tapferen 'im Rat' (= in der Ratsversammlung ↓). Es war ihm der Mann so
    lieb,
dass er [seine] 'Brustwallung' nicht ertragen konnte.
Doch brannte ihm im Herzen, in Gedankenbändern fest, ↓
nach dem lieben Mann eine verborgene (geheime) Sehnsucht
1880 im Blute. – Von dort betrat Beowulf,
der goldstolze Recke, den Grasboden, ↓
seines Schatzes (der Geschenke) froh. Der Seegänger (das Schiff) wartete
auf den Eigentümer-Herrn, [der,] der 'am Anker ritt' (= vor Anker lag).
Da wurde auf dem Wege die Gabe Hrothgars
1885 oft 'geachtet' (gerühmt ↓). Das war ein eizig[artiger] König, ↓
in jeder Weise untadelig, bis ihn das Alter
der Freude [seiner] Macht (= an seiner Macht) beraubte, das oft manchem
    schadete (= geschadet hat). ↓

1878ff: Natürlich sind diese Formulierungen nicht wörtlich zu nehmen. Es ist die Art
und Weise, wie der Dichter in seinem Stil die simple Aussage umschreibt, dass der Abschied von Beowulf dem alten König sehr schwer fiel. Aus heutiger Sicht ist dieser Stil
mit seinen ewigen Wiederholungen und Variationen von grotesker Umständlichkeit.
Darf man ihn aber deswegen tadeln?
1881: Gemeint ist der Erdboden außerhalb der Halle.
1885: (1) *geæhted*] Ws. *eahtian* < *eaht* = 1. 'Rat, Überlegung', 2. 'Achtung, Wert(ung)'. – (2)
Zu 1885b vgl. Z11.
1887: (1) *sē þe*] Maskulinum, obwohl *yldo* 'Alter' Femininum ist. "Hier wird *sē þe* statt *sēo
þe* ähnlich wie in V. 1260, wo es auf Grendels Mutter bezogen wird, für die feindliche
Macht des Alters gebraucht" (L). M/R denken – nicht sehr wahrscheinlich – an eine
männliche Personifizierung. – Vgl. Anm. zu 1392. – (2) Das Alter, das oft (!) vielen
(nicht allen?) 'geschadet' hat (d.h. viele sterben ließ) – eine amüsante dreifache Litotes!

2190   Hēt ðā eorla hlēo   in gefetian,
heaðorōf cyning,   Hrēðles lāfe
golde gegyrede;   næs mid Gēatum ðā
sincmāðþum sēlra   on sweordes hād;
þæt hē on Bīowulfes   bearm ālegde,
2195   ond him gesealde   seofan þūsendo,
bold ond bregostōl.   Him wæs bām samod
on ðām lēodscipe   lond gecynde,
eard, ēðelriht,   ōðrum swīðor
sīde rīce   þām ðǣr sēlra wæs.

Gegrētte ðā   gumena gehwylcne,
hwate helmberend   hindeman sīðe,
swǣse gesīðas: 'Nolde ic sweord beran,
wǣpen tō wyrme,   gif ic wiste hū
2520   wið ðām āglǣcean   elles meahte
gylpe wiðgrīpan,   swā ic giō wið Grendle dyde;

ac ic ðǣr heaðufȳres   hātes wēne,
[o]reðes ond attres;   forðon ic mē on hafu

bord ond byrnan.   Nelle ic beorges weard
2525   oferflēon fōtes trem,   ac unc [furður] sceal

weorðan æt wealle,   swā unc wyrd getēoð,
metod manna gehwæs.   Ic eom on mōde from,

2195: "Zu ergänzen ist wahrscheinlich *hīda* 'Hufen Landes', so daß das Beowulf verliehene Land der Größe Nordmerciens entspricht (s. Klaeber)" (L). Das Wort für 'Hufen' ist nicht mit *hide* 'Haut' verwandt!
2196: Beowulf erhielt natürlich keinen Stuhl, sondern den Herrschertitel – also liegt eine Metonymie 'Symbol für Abstraktum' vor (vgl. 'der Heilige Stuhl' oder 'die Krone' = der Staat, repräsentiert durch den König).
2197: *gecynde*] Zu *cynn*, 1. 'Geschlecht, Volk', 2. 'Art', gehört *cynd* 'Art, Eigenschaft' (ne. *kind*) und *cynd* (Adj.) 'eigen', 'angeboren, vererbt'. Der Herrscher, aus edlem Geschlecht stammend, hat sich durch Freigebigkeit auszuzeichnen, was die semantische Brücke zu 'kindness' herstellt. Die Freigebigkeit ist eine der sieben Kardinaltugenden des Mittel-

Beowulfs Heimkehr: Hygelacs Schwert (2190–2199)
2190 Es hieß dann der Schützer der Edlen hineintragen,
der kampfberühmte König, Hrethels Erbe,
mit Gold geschmückt. Es gab bei den Gauten damals
keinen größeren Schatz in Gestalt eines Schwertes.
Das legte er (der Bedienstete) in Beowulfs Schoß
2195 und übergab ihm sieben Tausend, ↓
Haus und Herrscherstuhl. ↓ 'Ihnen war beiden zugleich'
in der 'Volkschaft' (= in dem Land) Land zu eigen: (= ihnen gehörte) ↓
Boden, Grundrecht, doch mehr dem anderen (Hygelac),
[nämlich] ein großes Reich dem, der der 'Bessere' (= Bedeutendere) war.

Beowulfs Abschiedsrede: die Schlussworte (2516–2537)
[Er] grüßte dann einen jeden der Männer,
die kühnen Helmträger, zum letzten Male,
die lieben Genossen: "Ich würde kein Schwert tragen,
[keine] Waffe gegen den '[Lind]wurm', wenn ich wüsste, wie [ich] gegen den
2520 Bösewicht sonst
mit Ruhm ↓ [hand]greiflich werden könnte, wie ich es einst gegen Grendel
'tat' (wurde).
Doch wähne ich dort (= im Lager des Drachens) die Hitze des Kampffeuers,
[feurigen] Atem und Gift. ↓ Darum 'habe für mich ich an' (= bin ich bekleidet
    mit)
Schild und Brünne. Ich will 'des Berges Wart'
2525 kein 'Stück' des Fußes (= keinen Fußbreit) fliehen (= nicht fliehen vor ...),
sondern uns soll fürderhin
'am Wall' [beschieden] sein, wie [es] uns das Schicksal bestimmt,
der Herrgott ↓ eines jeden der Menschen. Ich bin in [meiner] Gesinnung [so]
    tapfer,

---

alters: die dritte der drei 'theologischen' Tugenden: Glaube, Hoffnung, Liebe; Liebe im Sinne der Nächstenliebe, der *liberalitas* (gr. A'*gape*).
2521: Gemeint ist: 'wie ich sonst meine Selbstberühmung (mit Sieg-oder-Tod-Versprechen), die *gilp-cwide* (640), erfüllen könnte'.
2523: *attres*] < *ātor* (Ms. *hattres*) entspricht dem deutschen *Eiter*. Das *r* bewirkt Verdoppelung des Konsonanten.
2527: *metod*] Es ist bemerkenswert, dass *metod* den Begriff *wyrd* variiert. Es macht die ursprüngliche Bedeutung von *metod* als 'das Zumessende' (das Schicksal) oder 'der Zumessende' (Gott) deutlich. Auch das Verbum *mōtan* bedeutet ursprünglich das 'Zugemessenwerden' (> 'dürfen'; heute *must* = 'müssen') (Standop 1957:67; 75).

þæt ic wið þone gūðflogan   gylp ofersitte.

　　　Gebīde gē on beorge   byrnum werede,
2530 secgas on searwum,   hwæðer sēl mæge
　　　æfter wælræse   wunde gedȳgan
　　　uncer twēga.   Nis þæt ēower sīð,
　　　nē gemet mannes,   nefn(e) mīn ānes,
　　　þæt hē wið āglæcean   eofoðo dæle,
2535 eorlscype efne.   Ic mid elne sceall
　　　gold gegangan,   oððe gūð nimeð,
　　　feorhbealu frēcne   frēan ēowerne!'

　　　Wīglāt maðelode,   wordrihta fela
　　　sægde gesīðum   – him wæs sefa geōmor –:
　　　'Ic ðæt mæl geman,   þær wē medu þēgun,
　　　þonne wē gehēton   ūssum hlāforde
2635 in bīorsele,   ðē ūs ðās bēagas geaf,
　　　þæt wē him ðā gūðgetāwa   gyldan woldon,
　　　gif him þyslicu   þearf gelumpe,
　　　helmas ond heard sweord.   Ðē hē ūsic on herge gecēas

　　　tō ðyssum sīðfate   sylfes willum,
2640 onmunde ūsic mærða,   ond mē þās māðmas geaf,
　　　þē hē ūsic gārwīgend   gōde tealde,
　　　hwate helmberend, –   þēah ðe hlāford ūs
　　　þis ellenweorc   āna āðōhte
　　　tō gefremmanne,   folces hyrde,
2645 forðām hē manna mæst   mærða gefremede,

　　　dæda dollīcra.   Nū is sē dæg cumen,
　　　þæt ūre mandryhten   mægenes behōfað,
　　　gōdra gūðrinca;   wutun gongan tō,

2528: "Nach alter epischer Tradition hält Beowulf vor dem Kampf gewöhnlich eine Ruhm- und Trotzrede, wie V.675ff., 1392ff., 2510ff." (L). Vgl. auch 586 und beachte die inhärente Ironie, die offenbar zur Ruhmrede gehört wie die eigentliche Selbstberühmung, insofern Beowulf vorgibt, auf die Ruhmrede verzichten zu wollen, während er sich mitten in einer solchen befindet. Wie üblich steht am Ende die Parole 'Sieg oder Tod' (2535–37).

dass ich gegen jenen 'Kampfvogel' (= den geflügelten Drachen) mich der
   Ruhmrede enthalte. ↓
Wartet ihr auf dem Hügel, Brünnenbewehrte,
2530 Männer in der Rüstung, wer [von uns] besser kann
nach dem Schlachtsturm die Wunde (= Wunden) überstehen,
[wer] von uns beiden. Das ist nicht euer Abenteuer,
nicht das Zumutbare eines Mannes (= einem Manne) – außer mir allein –, ↓
dass er mit dem Bösewicht 'sich die Kraft teile' (= die Kräfte messe),
2535 Heldisches vollbringe. Ich werde mit Mut
Gold erringen – oder der Kampf nimmt,
furchtbares 'Lebensübel' (= Tod), euern Herrn [hinweg].

Wiglafs Ruhmrede (2631–2660)
Wiglaf sprach viel 'Wortrechtes' (= viele Ermahnungen),
sagte den Genossen – ihm war traurig der Sinn (zumute) –:
"Ich erinnere mich an die Zeit, als wir des Mets genossen,
als wir gelobten unserem Herrn
2635 im Biersaale, der uns die Ringe gab,
dass wir ihm die Kampfrüstung (die Geschenke) vergelten wollten,
wenn ihm derartiger Bedarf entstehen sollte,
die Helme und harten Schwerter. Er, der uns deswegen ↓ aus dem Heere
   auswählte
für dieses Abenteuer aus eigenem Willen,
2640 bedachte uns mit [dieser] Ehre und gab mir die Schätze,
weil er uns für gute Kämpfer hielt,
tapfere Helmträger, obwohl der Herr (= Beowulf) für uns
diese Großtat allein gedachte
durchzuführen, der Volkshirte,
2645 weil er 'der Menschen' (= von allen) das meiste an Heldentaten vollbracht
   hatte,
tollkühne Taten. Nun ist der Tag gekommen,
dass unser Anführer der Kraft bedarf,
guter Kampfmänner. ↓ Lasst uns zu ihm gehen,

2533: "'Das ist kein Unternehmen für euch, noch das Vermögen eines Menschen (=
   das vermag kein Mensch) außer mir allein' (Hoops)" (L).
2638–2642: *ðe ... þe*] Die Übersetzung mit 'deswegen ... weil' ist die übliche. Theoretisch wäre auch ein 'er, der' (2638) ... 'er, der' (2641) denkbar.
2648: Lehnert setzte mit Klaeber und E.v. Schaubert (anders als später Jack und M/R)
   zu Recht ein Komma nach Z2647 und nahm damit die 'Kampfmänner' als Variation
   von 'Kraft' an – ein ähnlicher Fall wie Z1–2.

helpan hildfruman,   þenden hyt sy,
2650 glēdegesa grim!   God wāt on mec,
þæt mē is micle lēofre,   þæt mīnne līchaman
mid mīnne goldgyfan   glēd fæðmie.
Ne þynceð mē gerysne,   þæt wē rondas beren
eft tō earde,   nemne wē ǣror mægen
2655 fāne gefyllan,   feorh ealgian
Wedra ðēodnes.   Ic wāt geare,
þæt nǣron ealdgewyrht,   þæt hē āna scyle
Gēata duguðe   gnorn þrōwian,
gesīgan æt sæcce;   ūrum sceal sweord ond helm,
2660 byrne ond beaduscrūd   bām gemǣne.'

'Ic ðāra frætwa   frēan ealles ðanc,
2795 wuldurcyninge   wordum secge,
ēcum dryhtne,   þē ic hēr on starie,
þæs ðe ic mōste   mīnum lēodum
ǣr swyltdæge   swylc gestrȳnan.
Nū ic on māðma hord   mīne bebohte
2800 frōde feorhlege,   fremmað gēna

lēoda þearfe;   ne mæg ic hēr leng wesan.

2649: *hyt*] Das *hyt(t)*, eine spätws. Form für *hit(t)* – beides anderswo nicht belegt –, anstelle von normalem *hāt* 'Hitze' (2605 vorkommend) ist merkwürdig. Klaeber meinte: "That *hyt* should be the 'proleptic' pronoun is not likely (though perhaps not impossible). The assumption of a noun *hit(t)* 'heat' [...] has been largely approved by modern scholars". Dennoch nehmen neuerdings M/R trotzig *hyt* als kataphorisches (vorausweisendes = Klaebers 'proleptic') Personalpronomen, also im Sinne von 'it' an und übersetzen 'while there (*hyt*) is grim fire-terror.' Was sie nicht bedacht haben: Das *hyt* alliteriert und müsste folglich einen Akzent tragen, was eine Heuslersche Überlänge auf einem unbetonten Wort im ersten Takt des nur zwei Takte mit nur zwei zwei Silben umfassenden Zentrums des Abverses ergäbe. Dies ist metrisch unmöglich.
2650–2652: 'Gott weiß *von* mir'] Zu ergänzen ist der Gedanke '[lieber,] als dass ich feige zurückschreckte'.
2651: *līc-hama*] – ist eigentlich 'Körper-Hülle' (mit *hama* vgl. dt. *Hemd*; auch *hämisch*, eigentlich = 'verhüllt,' ist mit *hama* und *Hemd* verwandt). Dt. *Leichnam* zeigt unorganisches *n*, nachdem der Bezug zu einem Wort wie *hama* gerissen war.

dem Kampführer zu helfen, solange 'Hitze' [des Drachens] ↓ ist,
2650 grimmige Glut! Gott weiß von mir, ↓
dass es mir viel lieber ist, dass mein Körper ↓
[zusammen] mit meinem Goldgeber die Glut 'umarme'.
Es deuchtet mir nicht ziemlich, dass wir die Schilde tragen
wieder zurück zur 'Erde' (zur Heimat), ↓ wenn wir nicht vorher
2655 den Feind ↓ fällen können, das Leben verteidigen
des Herrn der Wederer. Ich weiß genau,
dass es keine 'Alrwerke' (= frühere Taten) ↓ gab, dass er allein
von der Gefolgschaft der Gauten Leid ertragen ↓ sollte,
im Kampfe fallen. Uns ↓ soll Schwert und Helm,
2660 Brünne und Kampfkleid ↓ beiden gemeinsam [sein].

Beowulfs letzte Worte (2794–2820)
"Ich sage 'für alles dieser Schätze' dem Herrn Dank,
2795 dem Himmelskönig, mit Worten,
dem ewigen Herrn, auf die ich hier 'starre' (blicke),
dafür, dass ich meinen Leuten
vor dem Todestag solche erlangen durfte.
Nun, da ich für den Schatz von Kostbarkeiten mein
2800 altes 'Lebenslos' (Leben) 'verkauft' (hingegeben) habe, erfüllt [ihr] ↓ in Zukunft
der Menschen Bedarf; ich kann hier nicht länger bleiben.

2654: "Eine Umschreibung für 'daß wir in die Heimat zurückkehren'" (L).
2655: *fāne*] Akk. Mask. zu *fāh* (vgl. *fǣhðe* 'Fehde'), erhalten in ne. *foe*.
2657: *ealdgewyrht*] Der wörtliche Sinn ist: 'Ich weiß, dass es keine "Alttaten" gab (gegeben hat), [deretwegen er es verdient gehabt hätte,] dass er allein "Leid ertragen" sollte (für die er hätte – mit dem Tod – büßen müssen)'. Gemeint ist einfach: Er hatte es nicht verdient zu sterben. Die Wiedergabe von *ealdgewyrht* durch 'alte Verdienste' (Glossar) würde Ironie implizieren, was kaum im Sinne des Dichters sein dürfte.
2658: 'Leid ertragen' statt 'sterben' ist – wieder einmal – Litotes!
2659–60: *ūrum ... bām*]: "*ūrum* (Poss.) ... *bām* (2660) 'uns beiden' für *ūre ... bām* mit Angleichung des *ūre* an den D.Pl. *bām*" (L); *ūre* ist Genitiv.
2660: *beaduscrūd*] Ms. *byrdu scrud* ergibt keinen Sinn.
2800: *fremmað*] – sieht man am besten als Imperativ an; inhaltlich spricht dafür auch 2801b. M/R wollen es jedoch auf *māðma hord* beziehen, was grammatisch ungeschickt, wenn auch wohl nicht ganz unmöglich ist: "'Now that I have exchanged my old life for the hoard of treasures, they will accomplish the needs of the people.' The plural *fremmað* agrees with *māðma*."

Hātað heaðomǣre   hlǣw gewyrcean
beorhtne æfter bǣle   æt brimes nosan;

sē scel tō gemyndum   mīnum lēodum
2805 hēah hlīfian   on Hronesnæsse,
þæt hit sǣlīðend   syððan hātan
Bīowulfes biorh,   ðā ðe brentingas
ofer flōda genipu   feorran drīfað.'
Dyde him of healse   hring gyldenne
2810 þīoden þrīsthȳdig,   þegne gesealde,
geongum gārwigan,   goldfāhne helm,
bēah ond byrnan,   hēt hyne brūcan well –:
'Þū eart endelāf   ūsses cynnes,
Wǣgmundinga;   ealle wyrd forswēop
2815 mīne māgas   tō metodsceafte,
eorlas on elne;   ic him æfter sceal.'
Þæt wæs þām gomelan   gingæste word
brēostgehygdum,   ǣr hē bǣl cure,
hāte heaðowylmas;   him of hræðre gewāt
2820 sāwol sēcean   sōðfæstra dōm.

2802: (1) Auch hier haben M/R eine eigene Idee: Sie übersetzen sinngemäß 'Es werden die Kampfberühmten einen Grabhügel errichten lassen', doch besteht aus Sicht der Handlung kein Anlass zu einer solchen Prophezeiung. – (2) "Die Errichtung von Grabhügeln an erhöhten Orten wird uns in [germanischen] Quellen öfters bezeugt. Auch in der Odyssee XXIV, 80ff., der Ilias VII, 85ff. und der Äneide VI, 232ff. wird darüber berichtet (s. Klaeber, S. 221)" (L).
2805: *Hronesnæsse*] Ein 'Walfisch-Kap' an der gautischen Küste; vgl. *hronfixas* (540).
2806: *hit*] "Lose verknüpftes *hit* statt eig. *hine* (zu *hlǣw* m.)" (L). Doch *hlǣw* kommt nach Ausweis der Wörterbücher auch als Neutrum vor.
2808: (1) Das heißt, 'über die dunklen Fluten' (eine Metonymie *abstractum pro concretum*). Vgl. ähnlich die 'Heiterkeiten des Himmels' 414. – (2) *drīfað*] Beachte, dass man heute noch im Englischen etwa ein Auto 'treibt', diese Wendung also sehr alt ist.
2813ff: In Beowulfs Rede kommt etwas von der Wehmut über das Vergangene zum Ausdruck, von der Tolkien immer wieder spricht. Nach T. beschreibt der Dichter "a past that itself had depth and reached backward into a dark antiquity of sorrow" (Fulk, S. 31).
2814: *forswēop*] Ms. *for speof*. Ein Blick auf 477 "hīe wyrd forswēop" – 'sie fegte das Schicksal fort' – legt die Emendation nahe. Westphalen sieht den Schreibfehler als ty-

Heißt die Kampfberühmten einen Grabhügel errichten, ↓
einen glänzenden nach [meiner] Verbrennung an einem [Landes-]Vorsprung
   des Meeres.
Der soll zur Erinnerung für meine Leute
2805 hoch emporragen auf Hronesness, ↓
dass 'es' ↓ die Seefahrer dann heißen
'Beowulfs Berg', die da die Schiffe
über die 'Dunkelheit der Flut' ↓ von weit her 'treiben'." ↓
Er tat sich vom Halse einen goldenen Ring,
2810 der kühngesinnte Fürst, gab [ihn] dem Degen,
dem jungen Krieger, einen goldfarbenen Helm,
Ring und Brünne, hieß ihn, [alles] gut zu 'gebrauchen':
"Du bist der letzte unseres Stammes, ↓
der Wägmundige. Alle hat das Schicksal hinweggenommen, ↓
2815 meine Verwandten, gemäß Schicksalsfügung,
die Edlen in [ihrer] Kraft; ich muss ihnen folgen."
Das war des Alten jüngstes ↓ (letztes) Wort
aus [seinen] Brustgedanken, ehe er das Feuer 'wählte',
die heißen Kampfwogen. ↓ Aus seinem Inneren begab sich
2820 die Seele [zu] suchen das Schicksal der Rechtschaffenen.↓

---

pisch für Schreiber 2 an: "Man darf wohl wirklich nicht annehmen, daß S2 den Text,
den er kopierte, an allen Stellen verstand oder auch nur verstehen wollte" (1967:98).
2817: *gingæste*] – statt eigentlich *gingeste*. In solchen Schreibungen des Ms. kann man die
Abschwächung der Vokale zu einem Schwalaut in minderbetonten Silben erkennen.
2819f: (1) Eine Periphrase in Gestalt einer Litotes für 'sterben'. – (2) Ms. *hwæðre* ist wohl
eine der Verschreibungen, die Schreiber 2 unterlaufen; vgl. unter 2814.
2820: *sōðfæstra dōm*] M/R machen darauf aufmerksam, dass in *sōðfæstra dōm* Subjekts- oder Objektsgenitiv vorliegen kann, wobei sie *dōm* als 'judgement' ansehen.
Wahrscheinlich ist jedoch 'das Schicksal der Rechtschaffenen' gemeint (oder der 'Gerechten', wie sie in der Bibel heißen), also letztlich der Himmel; daher 'die Herrlichkeit der Gerechten' (E.v.Schaubert). Tolkien: "[The poet] does not tell us [what
theological view Beowulf held], saying simply that Beowulf's spirit departed to whatever judgement awaits such just men, though we may take it that this comment
implies that he was not destined to the fiery hell of punishment, being reckoned
among the good. There is in any case here no doubt of the transmutation of words
originally pagan. [...] His funeral is not Christian, and his reward is the recognized
virtue of his kingship and the hopeless sorrow of his people" (1936, APPENDIX b,
Fulk, S. 39f).

2860 Þā wæs æt ðām geongan   grim andswaru
ēðbegēte   þām ðe ǣr his elne forlēas.
  Wīglāf maðelode,   Wēohstānes sunu,
  sec[g] sārigferð   – seah on unlēofe –:
    'Þæt, lā, mæg secgan   sē ðe wyle sōð specan,
2865 þæt sē mondryhten,   sē ēow ðā māðmas geaf,
  ēoredgeatwe,   þē gē þǣr on standað, –
  þonne hē on ealubence   oft gesealde
  healsittendum   helm ond byrnan,
  þēoden his þegnum,   swylce hē þrȳdlīcost
2870 ōwer feor oððe nēah   findan meahte –,
  þæt hē gēnunga   gūðgewǣdu
  wrāðe forwurpe,   ðā hyne wīg beget.
  Nealles folccyning   fyrdgesteallum

  gylpan þorfte;   hwæðre him god ūðe,
2875 sigora waldend,   þæt hē hyne sylfne gewræc
  āna mid ecge,   þā him wæs elnes þearf.
  Ic him līfwraðe   lȳtle meahte
  ætgifan æt gūðe,   ond ongan swā þēah
  ofer mīn gemet   mǣges helpan;
2880 symle wæs þȳ sǣmra,   þonne ic sweorde drep

  ferhðgenīðlan,   fȳr unswīðor
  wēoll of gewitte.   Wergendra tō lȳt
  þrong ymbe þēden,   þā hyne sīo þrāg becwōm.
  Nū sceal sincþego   ond swyrdgifu,

2860f: (1) *geongan*] Ms. *geongum* ist wohl ein Schreibfehler. – (2) *grim*] – steht für Fem. *grimu*. – (3) Das Ganze ist Litotes für 'Da hielt er nicht mit einer tadelnden Rede zurück.'
2861: *forlēas*] – mit dem Dativ!
2863: *sec(g)*] – für Ms. *sec:* E.v.Schaubert nimmt – mit asyndetischer Parataxe – *sēc* 'krank' > 'traurig' an (die Form *sēc* mit anglischer Ebnung statt ws. *sēoc;* vgl. ne. *sick*, dt. *siech*). So später auch die Nickel-Ausgabe, doch die Emendation zu *secg* liegt näher.
2869f: (1) Vgl. zur Syntax 207. – (2) *þrȳdlīcost*] Obwohl lautlich und grammatisch *þrȳðlīcoste* zu erwarten wäre, gilt *þrydlīcost* inzwischen als mögliche Form für normales *þrȳð-* (noch in *Gertrud*, die 'Speer-Tüchtige'). Auch *setla* (Z5), dt. *Sessel*, hatte ursprünglich *ðl*.

Wiglaf an die geflohenen Gefährten (2860–2891)
2860 Da war 'bei dem' (von seiten des) 'Jungen' (Wiglaf) eine 'grimmige Antwort' ↓
leicht zu erlangen für denjenigen, der vordem seinen Mut verloren hatte. ↓
Wiglaf sprach, der Sohn Weohstans,
der trauriggesinnte Mann, ↓ [er] blickte auf die Ungeliebten:
"Das mag wohl sagen der die Wahrheit sagen will,
2865 dass der Herr, der euch die Schätze gab,
die Kriegsrüstung, in der ihr dort steht,
die er auf der Metbank oft verteilte
an die Hallesitzenden, Helm und Brünne,
der Anführer an seine Degen, die tüchtigsten, ↓ die er
2870 fern oder nah finden konnte,
dass er geradezu die Kampfgewänder
schlimmerweise verschleuderte, als ihn der Kampf erfasste. ↓
Keineswegs 'durfte' der Volkskönig (= hatte er Grund, ... zu) sich der Kampfgesellen
rühmen, doch vergönnte es ihm Gott,
2875 der Walter der Siege, dass er sich selber 'rächte',
allein mit dem Schwert, als ihm Mut vonnöten war.
Ich konnte ihm Lebensschutz wenig
gewähren im Kampf, doch begann ich dennoch
über mein Vermögen [hinaus] ↓ dem Genossen zu helfen.
2880 Immer wurde er (der Drache) [wenigstens] schwächer, wenn ich mit dem Schwert traf ↓
den Todfeind. Das Feuer wallte weniger heftig
aus [seinem] 'Ge-wissen' (= Kopf ↓). Zu wenig (= wenige) der Verteidiger
scharte sich um ihren Herrn, als die Zeit für ihn [dafür] gekommen war.
Nun ↓ wird das Geschenkempfangen und Schwertgeben,

2872: Der Sinn des Passus ist: 'Das muss man wahrheitsgemäß feststellen, dass der, der euch so reich beschenkte [usw.], letztlich, als es für ihn zum Kampf kam, seine Geschenke [an Unwürdige] verschleudert hatte.

2879: *gemet*] : Zum Verbum *metan* 'messen', also eigentlich das jemandem von Geburt (d.h. von Gott) und von Hause aus Zugemessene. Vgl. *Metod* 110.

2880: *drep*] – zu *drepan*; eine merzische Form anstelle von *dræp* (verstärkte 'Aufhellung' des älterem *a* in einsilbigen Wörtern im Merzischen, z.B. auch in *deg* statt ws. *dæg*).

2882: Die Rhetorik spräche hier von *abstractum pro concreto*.

2884: *Nū*] Ms. hat *hū*. In der Regel liest man jedoch wie auch L *nū*. "However, an exclamation seems to fit logically" (M/R). Folglich lesen M/R in der Tat *hū*. Doch die vermeintliche Natürlichkeit darf man mit Fug bezweifeln. Man muss der modernen Neigung, nach Möglichkeit nicht zu emendieren, Grenzen ziehen.

2885 eall ēðelwyn   ēowrum cynne,
    lufen ālicgean;   londrihtes mōt
    þǣre mǣgburge   monna ǣghwylc
    īdel hweorfan,   syððan æðelingas
    feorran gefricgean   flēam ēowerne,
2890 dōmlēasan dǣd.   Dēað bið sēlla
    eorla gehwylcum   þonne edwītlīf!'

                    Nū is ofost betost,
    þæt wē þēodcyning   þǣr scēawian,
    ond þone gebringan,   þē ūs bēagas geaf,
3010 on ādfǣre.   Ne scel ānes hwæt
    meltan mid þām mōdigan,   ac þǣr is māðma hord,

    gold unrīme   grimme gecēa(po)d,
    ond nū æt sīðestan   sylfes fēore
    bēagas (geboh)te;   þā sceall brond fretan,
3015 ǣled þeccean, –   nalles eorl wegan
    māððum tō gemyndum,   nē mægð scȳne
    habban on healse   hringweorðunge,
    ac sceal geōmormōd,   golde berēafod
    oft, nalles ǣne,   elland tredan,
3020 nū sē herewīsa   hleahtor ālegde,
    gamen ond glēodrēam.   Forðon sceall gār wesan

2887: "Für die treulose Tat des Einzelnen büßt die ganze Sippe (Hoops)" (L). Woran, wie man sieht, L nicht dachte, ist dieses Stück germanischer Ethik und germansichen Rechts, die Sippenhaft (von den Nazis wiederbelebt), nicht nur positiv zu sehen.
2888 *īdel hweorfan*] = 'verlustig gehen', nicht 'must wander, deprived of the right to hold land' (Jack).
2890: "Vgl. Tacitus, *Germania*, Kap. XIV: 'Infame in omnem vitam ac probrosum superstitem principi suo ex acie recesisse'" (L). ('Als für das ganze weitere Leben schmachvoll und schimpflich gilt es, seinen Anführer auf dem Schlachtfeld im Stich zu lassen.')
2891: Eine Abschluss-Sentenz mit germanischem Ethos.
3010ff: Hier kommt der Fatalismus als Grundstimmung, auf den Tolkien immer wieder abhob, besonders deutlich zum Ausdruck. Man fühlt sich an eine ähnliche Stimmung – ohne jede christliche Hoffnung – bei Shakespeare erinnert. Nach dem Verschwinden eines durch Zauber bewirkten Balletts sagt der Zauberer Prospero:
    The solemn temples, the great globe itself,
    Yea, all which it inherit, shall dissolve,

2885 alle Erblandfreude für euer Geschlecht,
[alle] Freude [darüber?] aufhören. Des Landrechts wird
ein jeder der Männer dieser Sippe ↓
verlustig gehen, ↓ sobald die Edlen
weithin erfahren von eurer Flucht,
2890 eurer unrühmlichen Tat. ↓ Der Tod ist besser
jedem der Krieger als ein 'Schandeleben' (= Leben in Schande). ↓

Aus der Rede des Boten (Schlussteil) (3007–3027)
Nun ist Eile das Beste,
dass wir den Volkskönig dort anschauen
und ihn, der uns die Ringe gab,
3010 auf den 'Scheiterhaufen-Weg' bringen. Nicht soll [nur] etwas Einzelnes ↓
zusammen mit dem Mutigen 'schmelzen' (verbrennen), vielmehr gibt es einen
Hort von Schätzen,
endlos Gold, bitter erkauft;
und nun zuletzt erkaufte [er] ↓ mit seinem eigenen Leben
[die] Ringe. Diese soll ↓ der Brand 'fressen' ↓ (verzehren),
3015 die Flamme 'bedecken', nicht [soll] ein Krieger tragen
ein Kleinod zur Erinnerung noch ein schönes Mädchen
am Halse haben einen Ringschmuck.
Vielmehr soll [man] traurig, des Goldes beraubt,
oft, nicht [nur] einmal, das 'Fremdland' begehen, ↓
3020 nun [da] der Heerführer das Lachen [beiseite] legte,
Unterhaltung und Freude. ↓ Daher wird ↓ mancher Speer,

And, like this insubstantial pageant faded,
Leave not a rack behind. (*Tempest,* 4.1.153–156)
3013: Man kann auch anders konstruieren und *gebohte* 1314 als Partizip auffassen: "da ist viel Gold, teuer erkauft, und nun zuletzt [*sind* da noch] die mit seinem eigenen Leben erkauften Ringe" (so L.), nur dass dann die Kongruenz unstimmig ist (*bēagas'* ist Plural).
3014: (1) *sceal*] Das von Z3010 an auftretende *sceal* bedeutet zunächst 'sollen', geht aber mit 3021 in Voraussage über. – (2) *fretan*] < *for-etan*. Das *for-* entspricht dem lat. *per* in *perdere.* Vgl. dt. *fressen* und beachte die Bedeutungsentwicklung in ne. *fret.* – (3) Tatsächlich wird gemäß Z3163–65 der Drachenhort nicht verbrannt, sondern verscharrt.
3019: Die Ausweisung ins Ausland (Verbannung) war im germanischen Recht eine gefürchtete Strafe. Hier dürfte die Wendung als Metapher für extremes Trauern gemeint sein. Beachte auch die Bedeutungsentwicklung von ahd. *eli-lenti* (*eli-* zu lat. *alius*) > *Elend.*
3021: (1) Eine (sicher merkwürdige) Periphrase für 'sterben'. – (2) *sceal*] Das *sceal* von 3021b – "sceal ... wesan ... bewunden" – gilt auch für *weccan* (3024), *reordian* (3025) und *secgan* (3026) – ein grammatisches Zeugma.

monig morgenceald   mundum bewunden,
hæfen on handa,   nalles hearpan swēg
wīgend weccean,   ac sē wonna hrefn
3025 fūs ofer fǣgum   fela reordian,
earne secgan,   hū him æt ǣte spēow,

þenden hē wið wulf   wæl rēafode.'

Him ðā gegiredan   Gēata lēode
ād on eorðan   unwālīcne,
helm[um] behongen,   hildebordum,
3140 beorhtum byrnum,   swā hē bēna wæs;
ālegdon ðā tōmiddes   mǣrne þēoden
hæleð hīofende,   hlāford lēofne.
Ongunnon þā on beorge   bǣlfȳra mǣst
wīgend weccan;   wud(u)rēc āstāh
3145 sweart ofer swioðole,   swōgende lēg
wōpe bewunden   – windblond gelæg –,
oð þæt hē ðā bānhūs   gebrocen hæfde
hāt on hreðre.   Higum unrōte
mōdceare mǣndon,   mondryhtnes cw(e)alm;
3150 swylce giōmorgyd   (s)īo g(eō)meowle

3023: Die Konstruktion ist eigentlich "Da wird [der] Speer sein – mancher [Speer], morgenkalt – von Händen ergriffen." Das Umfassen und Erheben der kalten Speere ist Metapher für den kommenden Krieg. Der Morgen wurde dazu von den Germanen mit Negtivem verbunden.
3024ff: Ein poetisch besonders gut gelungenes Bild, so makaber es ist. Der das Schlachtfeld umkreisende Rabe ist im Altenglischen ein Klischee, aber das 'Berichten' des Raben an den Wolf haben wir nur an dieser *Beowulf*-Stelle.
3027: (1) *wið wulf*] Aus metrischen Gründen liest man auch *wið wulfe* 'zusammen mit dem Wolf'; doch auch *wið* = 'gegen' kommt in Betracht, also etwa 'contending with the wolf' (so Clark Hall) oder 'mit dem Wolf um die Wette' (so Else von Schaubert). Dagegen Klaeber: "The meaning 'contending with' has been postulated [...]. But this would be entirely irregular. In all other instances the well-known animals of prey act in full harmony." – (2) *wæl rēafode*] Die Übersetzung bildet zur Verdeutlichung das Nomen *die Wal*. Ae. *wæl* ist Neutrum und als kollektiver Singular zu verstehen: 'das Gefallene' = 'die Gefallenen'

'morgenkalt', von den Fingern umgriffen,
von den Händen erhoben werden ↓ – keineswegs [wird] der Harfe Klang
den Krieger wecken; vielmehr wird der schwarze Rabe, ↓
3025 gierig nach Todgeweihten, viel erzählen
und dem Adler berichten, wie es 'ihm beim Fraße erging' (= er es sich gut
    gehen ließ),
als er mit dem Wolf [zusammen] ↓ 'die Wal' 'raubte' (= die Gefallenen
    fraß). ↓

Das Bestattungszeremoniell (Schluss) (3137–3182)
Dann bereiteten ihm die Leute der Gauten
einen Scheiterhaufen ↓ auf dem Boden, einen 'unweichlichen' (= stattlichen), ↓
mit Helmen behangen, [mit] Kampfschilden,
3140 glänzenden Brünnen, wie er gebeten hatte. ↓
Sie legten dann in die Mitte den berühmten Fürsten,
den Helden, wehklagend, den geliebten Herrn.
Dann begannen auf dem Hügel das große Totenfeuer
die Krieger zu 'wecken'. Der Holzrauch stieg [auf]
3145 schwarz über der Glut; die prasselnde Lohe,
mit Klagen 'umwunden' – das Windbrausen hatte sich gelegt –,
bis sie ↓ das 'Knochenhaus' (= den Körper) 'zerbrochen' hatte,
heiß im Innern. Im Herzen unfroh,
beklagten sie ihren Schmerz, den Tod ihres Herrn.
3150 Desgleichen sang ein Trauerlied die 'Einst-Frau' (= alte Frau?) ↓

3138: (1) "Die Angelsachsen kannten vor ihrer Christianisierung sowohl die Leichenverbrennung als auch die Beerdigung. Die altgerm. Leichenverbrennung wurde mit der Einführung des Christentums durch die Erdbestattung verdrängt. In dem Bericht über Beowulfs Bestattung hat der Dichter die beiden getrennten Arten der Bestattung vereinigt" (L). – (2) Man beachte flektiertes *unwāclīcne* zusammen mit unflektiertem *behongen*, was nicht als ungewöhnlich anzusehen ist.
3140: Eine der typischen Nominalphrasen wie schon 352 und 364, genauer: ein Nomen als prädikatives Komplement von *wæs* anstelle des Verbums *biddan*.
3147: *hē*] Das *hē* bezieht sich auf das maskuline *lēg* (= ws. *līg*).
3150–55: (1) Nach vielem Hin und Her hat sich Westphalen 1967, §I.3, wieder für Zupitzas Auffrischungstheorie ausgesprochen, wonach z.T. nicht mehr Lesbares in der Handschrift von einer späteren Hand nachgezogen worden sei. Anders, so W, seien die offenkundigen Fehler auf Vorder- und Rückseite von Folio 182 nicht zu erklären. – (2) Zu diesen Zeilen siehe Näheres in ANHANG V.
3150 (*s*)*īo g*(*eo*)*meowle*] Statt *meowle* (L) läse man besser *mēowle*. Man liest heute für 3150b jedoch allgemein *Gēatisc mēowle*.

(æfter Bīowulfe   b)undenheorde
(so)ng sorgcearig,   sǣde geneahhe,
þæt hīo hyre (hearmda)gas   hearde ond(rē)de,
wælfylla worn,   (wīgen)des egesan,
3155   hȳ[n]ðo (ond) h(æft)nȳd.   Heofon rēce swe(a)lg.

Geworhton ðā   Wedra lēode
hl(ǣw) on [h]līðe,   sē wæs hēah ond brād,
(wǣ)glīðendum   wīde g(e)sȳne,
ond betimbredon   on tȳn dagum
3160   beadurōfes bēcn,   bronda lāfe
wealle beworhton,   swā hyt weorðlīcost
foresnotre men   findan mihton.
Hī on beorg dydon   bǣg ond siglu,
eall swylce hyrsta,   swylce on horde ǣr
3165   nīðhēdige men   genumen hæfdon;
forlēton eorla gestrēon   eorðan healdan,
gold on grēote,   þǣr hit nū gēn lifað

3151a: – ist im Ms. nicht mehr lesbar. Westphalen liest *Bīowulfes cwēn*. Vermutlich ist jedoch nur von einer üblichen Klagefrau die Rede.
3151b: *bundenheorde*] "Im Gegensatz zu Mädchen und jungen Frauen, die das Haar frei herabfallend trugen" (L). Auch für die Lesart *wundenheorde* hat man einen guten Grund gefunden: Klagende Frauen trugen ihr Haar lose: "Mourning women are widely described as having unbounded or dishevelled hair" (Jack). Doch damit wäre – wegen fehlender Alliteration – auch *Beowulf* aus 3151*a* verdrängt! Und würde nicht *wundenheorde* eher auf 'braided hair' als auf 'dishevelled hair' passen? – Ae. *heorde*, schwaches Femininum wie *tunge*, ist in ne. *the hards* erhalten, das 'Werg' oder 'Hanfsträhne' bedeutet. Die Herkunft des Wortes ist unklar.
3152b: *sǣde geneahhe*] Vor Zupitza las man nur *sælde*, was eine Emendation zu *sǣde* plausibel erscheinen ließ, aber Zupitza entdeckte den Querstrich im *ð*. Nach Westphalen enthält das Ms. mit ziemlicher Sicherheit so etwas wie *sǣlðe g neahl ...*, was er als *sǣlðe g[e]neahl[eas]* liest. Entscheidende Frage: Ist das *sǣlðe* des Ms. zu retten? – Obwohl das auf Kemble zurückgehende *geneahhe* auf schwachen Füßen steht, wurde es bald orthodox, und man las weithin *sǣde geneahhe*. Erst Pope 1942 liest *s[w]īðe geneahhe*, dem sich dann spätere Herausgeber anschließen (Westphalen, S. 224). Westphalen weiter: "[Doch] Pope irrt. [...] Die angebliche Ms.-Lesart *swīðe* oder *s.īðe* (von Schaubert) ist so offensichtlich falsch, daß es schon einer gewissen Autoritätsgläubigkeit bedarf, um zu übersehen, [...] daß [zuverlässige Zeugen vor Pope] *æl* als zweiten und dritten Buchstaben lesen" (S.225). W. sieht *sǣlðe* als instrumentalen Genitiv an

auf Beowulf, ↓ [die Frau] mit gebundenem Haar, ↓
sang trauervoll, sagte reichlich (= immer wieder) ↓
dass sie ihre 'Harmtage' (= böse Zeiten) ↓ sehr fürchte,
viel an 'Walfülle' (= Kriegsgemetzel), Terror des Feindes, ↓
3155 Drangsal ↓ und 'Haftnot' (Gefangenschaft). – Der Himmel verschlang den Rauch.
 Es 'bewirkten' dann die Leute der Wederer
einen Grabhügel auf der Klippe; ↓ der war hoch und breit,
von den Seefahrern ↓ von weitem 'gesehen' (= zu sehen),
und 'zimmerten' dann in zehn Tagen
3160 des Kampfberühmten 'Zeichen' ↓ (= Denkmal), umgaben die Brandreste ↓
mit einem Wall, wie es am besten
die allerklügsten Menschen 'finden' (ersinnen) konnten. ↓
Sie taten in den 'Berg' [hinein] Ring und Schmuckstücke,
All solche Kleinode, die vom [Drachen]hort früher
3165 kampfmutige Männer genommen hatten,
ließen den Schatz der Männer die Erde 'halten',
das Gold im 'Grieß' (= Kies, Sand), wo es nun fürderhin 'lebt' (bleibt),

---

und übersetzt seinen erschlossenen Text durch "Sie sang voll Sorge, das glückliche Geschick entbehrend" oder "des Glücks ermangelnd" (S.231), was annehmbar erscheint.

3153: *(hearmda)gas]* Neben *hearmdagas* liest man auch *hēofungsdagas* 'Klagetage'. Westphalen hält *(here)g(eon)gas* = *heregangas* 'Heergänge, Heermärsche, Überfälle' für die bisher beste Lösung (S.241).

3154: *wigendes]* Die Lesart *wigendes* gilt inzwischen als falsch. Man liest heute mit ziemlicher Sicherheit *(w)erudes* = 'der (Krieger)schar', weil unter UV-Licht alles außer *w* sichtbar zu sein scheint.

3155: *hȳ[n]ðo]* Westphalen plädiert für *hȳðo* 'Beute, Raub', abgeleitet aus *hȳðan* 'plündern, Beute machen'.

3157a: Die wahrscheinlichere Alternative zu Lehnerts (Klaebers) Lesart ist *hlēo on hōe* oder *hlǣw on hōe*; *hlēo(w)* = 'Schutz' (ne. *lee* = 'Lee[seite des Windes])'; *hōh, hō* = 'Ferse', übertragen = 'Landspitze', das gleiche Wort wie in *Sutton Hoo*, davon abgeleitet ae. *hēla* (< *hōhila*) > ne. *heel.*

3158: *wæglīðendum]* Z3132 kommt das Wort *wæg* in der anglischen Form *wēg* vor "lǣton wēg niman" (nämlich den Drachen, den man ins Meer wirft).

3160: (1) *bēcn]* Dies entspricht ws. *bēacen* (570) mit anglischer 'Ebnung'. Ähnlich *bēg* statt ws. *bēag* 3163. – (2) *bronda lāf*] – ist eigentlich 'die Hinterlassenschaft des Feuers.'

3162: Wahrscheinlich ist gemeint 'wie es nicht besser die Klügsten hätten ersinnen können'.

eldum swā unnyt,   swā h(it ǣr)or wæs.
Þā ymbe hlǣw riodan   hildedēore,
3170 æþelinga bearn,   ealra twelfe,
woldon (ceare) cwīðan,   [ond] kyning mǣnan,
wordgyd wrecan,   ond ymb w(er) sprecan;
eahtodan eorlscipe   ond his ellenweorc

duguðum dēmdon, –   swā hit gedē(fe) bið,
3175 þæt mon his winedryhten   wordum herge,
ferhðum frēoge,   þonne hē forð scile
of līchaman   (lǣd)ed weorðan.
Swā begnornodon   Gēata lēode
hlāfordes (hr)yre,   heorðgenēatas;
3180 cwǣdon þæt hē wǣre   wyruldcyning[a]
manna mildust   ond mon(ðw)ǣrust,
lēodum līðost   ond lofgeornost.

3168: (1) *eldum*] Die anglische Form variiert mit der ws. Form *yldum* (*ylde* 'Menschen'), die Sievers' 'unfestes *y*' enthält, das nicht Umlautungsergebnis ist (wie etwa das *y* in *cyning*). – (2) Vers 3168 enthält einen tiefen Gedanken: Gehortetes Gold ist im Hinblick auf irgendeine Anwendung absolut nutzlos. Dies ist zugleich Ausdruck der christlichen Vorstellung von der Eitelkeit alles Irdischen.
3171: (1) *ceare*] – im Ms. zu Beginn der Zeile unklar. Einige Hgg. lesen *care*; s. Glossar. – (2) *ond*] – nicht im Ms., aber aus metrischen Gründen erforderlich.
3174: Die eckige Klammer in der Übersetzung soll an die Präfation der Messe erinnern, die der Dichter vielleicht im Ohr hatte, etwa "Recht und würdig ist es, dir, Allmächtiger, Dank zu sagen".
3177: Die christlich-mittelalterliche, zugleich schon antike und damit vorwissenschaftliche Vorstellung, wonach die Seele im Körper 'wohnt' und nach dem Tode den Körper verlässt und ewig weiterlebt.

den Menschen ↓ so unnütz, wie es früher [beim Drachen] [gewesen] war! ↓
Dann ritten um den Hügel die Kampfberühmten,
3170 Söhne der Edlen, 'von allen' zwölf (= zwölf an der Zahl),
wollten ihr Leid ↓ klagen [und ↓] den König betrauern,
ein 'Wortlied' (= *a dirge*) vortragen und über ihren Helden 'sprechen'.
Sie 'achteten' (priesen) seine Mannhaftigkeit, und sein 'Macht-Werk' (seine heroischen Taten),
rühmten [ihn] nach Kräften, wie es recht [und würdig ↓] ist,
3175 dass der Mensch seinen Freund-Herrn mit Worten preise,
[ihn] von Herzen liebe, wenn er fort
aus dem Körper geführt werden muss. ↓
So betrauerten die Leute der Gauten
den Tod ihres Herrn, die Herdgenossen,
3180 sagten, dass er der Weltkönige (= von [allen] irdischen Königen),
der Männer ↓ mildeste [gewesen] sei und [der] menschenfreundlichste,
den Leuten [der] liebste und [der] 'lobbegierigste' (= ruhmbegierigste [?] ↓)

3181: *mannа*] Mit Sicherheit ist *mannum* zu lesen. Das Ms. hat *annū* (erster Buchstabe am Rand verdeckt); das überstrichene *u* steht für *um*. Die Form *mannum* passt, parallel zu *lēodum* 3182, gut in den Kontext.

3182: *lofgeornost*] Ganz offensichtlich können hier nur positive Eigenschaften Beowulfs aufgeführt sein. Die Ruhmbegierigkeit ist natürlich nicht christlich, sondern germanisch. Wollte der sicher christliche Dichter tatsächlich diese Eigenschaft buchstäblich mit dem letzten Wort über seinen Helden loben? Klaeber hat für *lofgeornost* auch die Bedeutung 'freigebig' in Erwägung gezogen – in Anbetracht einer Übersetzung des Wortes durch lat. 'prodigus' in einem Beda-Text. Zusätzlich sei auf die *lofdǣda* (24) hingewiesen, die wohl weniger 'Ruhmestaten' als 'löbliche Taten (der Freigebigkeit)' sind. Anders sieht das natürlich Tolkien: "The prominence of the motive of *lof* [= 'fame'] in *Beowulf* [...] may be interpreted, then, as a sign that a pagan time was not far away from the poet" (1936, Appendix b, Fulk, S. 38). Aus dem Kontext wird deutlich, dass Tolkien auch das *lofdǣdum* in Z24 als weltlichen Ruhm deutet.

4. Glossar

Lehnerts Glossar, das in der Hauptsache nach Holthausen und Klaeber erstellt wurde, ist recht zuverlässig und wurde – auch aus ökonomischen Gründen – im Wesentlichen unverändert in die Neuausgabe übernommen. Allerdings wurden die gelegentlichen Literaturhinweise, da meist veraltet, gestrichen. Belassen wurden die Hinweise auf Lehnerts Elementarbuch (10. Aufl., 1990); sie sind erkennbar an den Paragraphenzeichen und stehen meist in Klammern, z.B. – unter and-swarian – (§ 47, 2).

In der alphabetischen Reihenfolge folgt æ auf a, þ (= ð) auf t. Die mit ge- zusammengesetzten Wörter stehen unter dem Grundwort, z.B. ge-wyrcan unter wyrč(e)an. Ein gelegentlicher Akut gibt den Wortakzent an, z.B. ánd-swarian.

Die Abkürzungen mit Ziffern bezeichnen hinter einem Nomen Genus und Stammbildung, hinter einem Verbum die Konjugation mit Verbklasse. Im Einzelnen stehen die folgenden Abkürzungen und Zeichen:

Abkürzungen und Zeichen

Sprachen und Dialekte		*Grammatik: Nomina und Verben*	
ahd.	althochdeutsch	A.	Akkusativ
ae.	altenglischangl.	abl.	ablautend
agn.	anglonormannisch	D.	Dativ
aisl.	altisländisch	D.I.	Dativ/Instrumentalis
angl.	anglisch	f	feminin
as.	altsächsisch	fi	Femininum, *i*-Deklination
got.	gotisch	fjō	Femininum, *jō*-Stamm
idg.	indogermanisch	fk.1	Femininum, konson., *n*-Stamm
kent.	kentisch		
merz.	merzisch		[usW] entsprechend mk.1 usW
ne.	neuenglisch		
nhd.	neuhochdeutsch	fni	Femin. *oder* Neutr., *i*-Deklination
nd.	niederdeutsch		
sächs.	[alt]sächsisch	fu	Femininum, *u*-Deklination
urg.	urgermanisch	fwō	Femininum, *wō*-Stamm
ws.	westsächsisch	G.	Genitiv
		I.	Instrumentalis
		m	maskulin
		ma	Maskulinum, *a*-Deklination
		mfi	Maskulinum *oder* Femininum, *i*-Deklination

mfkj.1	Mask. *oder* Fem. konsonantisch, *n*-Stamm auf (ursprünglich) *-jan*[1]	n	Neutrum
		na	Neutrum *a*-Stamm
		nja	Neutrum *ja*-Stamm
mi	Maskulinum, *i*-Deklination	nk.1	Neutrum konsonantisch, *n*-Stamm
mja	Maskulinum, *ja*-Stamm		
mk.1	Mask. konsonantisch, *n*-Stamm (= Gruppe 1)	[usW]	entsprechend mk.1 usW
mk.2	Mask. konsonantisch, *r*-Stamm	nwa	Neutrum *wa*-Stamm
		P.P.	Partizip Perfekt
mk.3	Mask. konsonantisch, -*os*/-*es*-Stamm	pt.1	Präteritopräsens, Klasse 1 [usW] entsprechend st.1 usW
mk.4	Maskulinum konsonantisch, Mischgruppe	red.1	reduplizierend (früher st.7), Kl. 1
mk.5	Mask. konsonantisch, Stämme auf -*nd*		bzW red.2 Kl.2
		Sb.	Substantiv
mkj.1	Mask. konsonantisch, *n*-Stamm auf (ursprünglich) -*jan* (*vgl.* mfkj.1)	st.1	stark (ablautend), Klasse 1 *usw.* st.2, st.3, st.4, st.5, st.6
		Sup.	Superlativ
mna	Mask. *oder* Neutr. *a*-Deklination	sw.1	schwach, Klasse 1, Typen *fremman, dēman*
mnk.3	Maskulinum *oder* Neutrum, kons., -*os*/-*es*-Stamm	sw.1c	schwach, Klasse 1, Typen *bycgan, sellan*[2]
mwa	Maskulinum *wa*-Stamm	*	erschlossene Form, nicht belegt
mu	Maskulinum, *u*-Deklination		

Grammatische Abkürzungen allgemeiner Art, z.B. *Adv.* = *Adverb, Komp.* = *Komparativ*, dürften keine Schwierigkeiten bereiten und sind daher nicht aufgeführt. Ebenfalls nicht aufgeführt sind die relativ häufigen *Ad-hoc*-Abkürzungen wie z.B. *eigtl.* für *eigentlich, Ausn.* für *Ausnahme, d.i.* für *das ist* und ähnliche, da sie allgemein verständlich sind.

---

[1] Lehnert hat die Kürzel 'mkj¹' und 'mfkj¹' offensichtlich aus Holthausens Ausgabe übernommen, ohne dass sie irgendwo erläutert würden oder in seinem *Elementarbuch* zum Tragen kämen. Sie wurden in der Form 'mkj.1' bzw. 'mfkj.1' belassen und bezeichnen die ursprünglichen -*jan*-Stämme, die *i*-Umlaut und Konsonantenverdoppelung aufweisen, z.B. in *brytta* 'Spender'.

[2] Da Lehnert die Typen 'sw.1a' (*fremman*) und 'sw.1b' (*dēman*) nicht unterschied, erscheinen im Glossar nur die Bezeichnungen 'sw.1' und 'sw.1c'.

ā ō Adv. immer; got. *aiw* (§45), as. ahd. *ēw-īg*
ā- Präf. er-, ent-; as. ahd. *ā-* *ā-bēad* s. *ā-bēodan*
ā-bēodan st.2. entbieten
ac denn, sondern, aber; got. *ak*, lat. *age* wohlan!
ā-cwæð s. *ā-cweðan*
ā-cw(e)alde s. *ā-cwellan*
ā-cwellan sw.1c. töten; ahd. *quellan*, nhd. *quälen*
ā-cweðan st.5. sagen, aussprechen
ād ma. Scheiterhaufen; ahd. *eit*
ād-faru fō. Fahrt, Weg zum Scheiterhaufen; zu *faran*
ā-fyllan sw.1. anfüllen (mit I. = mit); got. *us-fulljan*, zu *full*
āgan Pt.1. (zu eigen) haben, besitzen; ne. *ouce*, got. *aigan*
ā-geald (§30,1) s. *ā-gyldan*
āgend-frēa mk.1. Herr, Eigentümer; Part. Präs. zu *āgan*
ā-gifan st.5. geben, erteilen; s. *gi(e)fan*
āg-lǣča s. *ǣg-lǣča*
ā-gyldan st.3. entgelten, erlaufen; got. *us-gildan*
ā-hafen s. *ā-hebban*
ā-hebban st.6. erheben; ne. *heave*, got. *us-hafjan*
āh-lǣča s. *ǣg-lǣča*
ā-hlēapan red.2. aufspringen; got. *us-hlaupan*
ā-hlēop s. *ā-hlēapan*
āhsian, āscian (§42,2) sw.2. fragen, suchen; ne. *ask*, ahd. *eiscōn*
ge-āhsian sw.2. (durch Fragen) erfahren
āhte s. *āgan*
ā-lamp s. *ā-limpan*

aldor- s. *ealdor-*
aldre 661. (D.I.Sg. = mit dem Leben) s. *ealdor* na.
ā-lečǧan sw.1. (nieder)legen, 3020. = aufgeben; ne. *lay* (nach der 2. 3. Sg. Präs.), got. *lagjan* (§44 Anm.2)
ā-lēdon s. *ā-lečǧan*
ā-legde, -on s. *ā-leǧan*
ā-lēh < ā-lēah (§§35,40) s. *ā-lēogan*
ā-lēogan st.3. täuschen, unerfüllt lassen; ne. *be-lie*
ā-ličǧan st.5. erliegen, aufhören
ā-limpan st.3. sich fügen, kommen
(sē) al-walda mk.1. (der) Allwaltende; s. *(e)al(l)* + *w(e)aldan*
ā-lȳfan sw.1. erlauben, überlassen, anvertrauen; nhd. *erlauben*, got. *us-laubjan*
an s. *unnan*
ān ein, einzig, allein; 1885: = einzigartig; ne. *one, a(n)*, got. *ains*, alat. *oinos*
ancor ma. Anker; ne. *anchor*, < lat. *ancora* (§14)
anda mk.1. Ärger: *wrāþum on andan* 708: dem Feind zum Ärger; as. *ando*, in nhd. *ahnden*
ánd-swarian (§47,2) antworten; ne. *answer*, zu *and-swaru*
and-swaru fō. Antwort, 2860: = Äußerung; ne. *answer*, zu *swerian*
ān-f(e)ald einfach, offen; got. *ainfalþs* einfältig
ānga sw. Adj. einzig; got. *ainaha*, zu *ān*
ān-genǧa mkj.1. Einzelgänger; zu *gangan*
an-hār sehr grau; ne. *hoar*, as. ahd. *hēr*, nhd. *hehr*

an-sȳn, **-sēon** (§31,8) fi. Anblick, Erscheinung; got. *siuns*, zu *sēon*

ān-fīd fi. angemessene Zeit; vgl. *āndaga*, aisl. *ein-dagi* vereinbarter Tag

ānunga Adv. (§73c) durchaus, gewiß; zu *ān*

ār fō. Ehre; aisl. *eir*

ār ma. Bote; got. *airus*, abl. zu aisl. *īra* erzählen, sagen

ā-rās s. *ā-rīsan*

ārian sw.2. ehren, schonen (mit D.); zu *ār* fō.

ā-rīsan st.1. sich erheben; ne. *a-rise*, got. *ur-reisan*

Ār-Scyldingas s. *Scyldingas*

ār-stafas ma. Pl. (mit Sg.-Bedeutung, vgl. *weorð-mynd*) Gnade, Freundlichkeit; ne. *staff*, got. *stafs*

ā-seč̣gan sw.3. sagen, erklären

ā-settan sw.1. (auf)setzen

ā-stāh s. *ā-stīgan*

ā-stīgan st.1. aufsteigen; got. *us-steigan*

ā-swebban sw.1. einschläfern, töten; s. *swebban*

atol, **eatol** (§32,1) schrecklich; aisl. *atali*

attor, **ātor** (§41) na. Gift: ahd. *eitar*, nhd. *Eiter*

āþ ma. Eid; ne. *oath*, got. *aiþs*

ā-ðenčan sw.1c. gedenken, beabsichtigen

ā-ðōhte s. *ā-ðenčan*

āþum-swēoras ma. Pl. Eidam (Schwiegersohn) und Schwäher (Schwiegervater); D.Pl. 84 mit analogem *-an* für *-um*: Kopulativkompositum wie as. *thia gisunfader* 'Sohn und Vater' (Heliand 1176);– ahd. *eidum*, got. *swaihra*

ǣdre Adv. schnell; as. *ādro*

ǣfen-lēoht na. Abendlicht, Abendsonne; ne. *eve(ning)*, ahd. *āband*

ǣfen-ræst fō. Abend-, Nachtruhe, 646. = Bett

(ge-)ǣfnan s. *(ge-)efnan*

ǣfre jemals; ne. *ever*, wohl < *ā-infēore* 'immer im Leben', zu *feorh*, vgl. ahd. *ēo-(i)naltre*

æfter Adv. danach, darauf; Präp. nach, gemäß; ne. *after*, as. ahd. *aftar*

æf-þunca mk.1. Verdruß, Ärger; zu *of-þynčan* sw.1. verdrießen

ǣg-hwā, **-hwæt** jeder, jedes; wer, was auch immer; adv. G.n. *ǣg-hwæs* 1886: in jeder Hinsicht; < *ā-gi-hwā* (§68,2)

ǣg-hwæþer (§68a) Pron. jeder (von beiden); ne. *either*, zu *ge-hwæþer*

ǣg-hwylč̣ (§68a) jeder; < *ā-gih-wilīk*, ne. *each*, zu *ge-hwylč̣*

ǣg-lǣča mkj.1. Unhold, Dämon; s. Klaeber unter *āg-lǣča*

ǣg-weard fō. Wacht am Meere; s. *ē(a)gor-strēam*

ǣht fi. Besitz, Gewalt; got. *aihts*, zu *āgan*

ge-æhted s. *eahtian*

ge-æhtle (angl.) fk.1. Achtung; zu *eahtian*

ǣled ma. Feuer; as. *ēld*, aisl. *eldr*

(sē) ǣl-mihtig(a) (§31,6d) (der) Allmächtig(e); me. *almighty*, vgl. lat. *omnipotens*, got. **alamahteigs*

ǣne Adv. einmal; zu *ān*

ǣnig (§68a) (irgend)ein; ne. *any*, ahd. *einīg*, zu *ān*

ǣn-līč̣ einzigartig, schön; zu *ān ǣnne* s. *ān*

ǣr Adv. (häufig zum Ausdruck des Plusq.) eher, früher, zuvor; Komp.

ǣror vorher, erst; Konj. ehe; Präp. vor; ne.*ere*, got. *airis*
ǣr-dæg ma. Tagesanbruch
ǣrende nja. Botschaft; ne. *errand*, as. *ārundi*
ǣrest (Sup. zu *ǣr*) zuerst; zu *syððan* ~ 6: vgl. ne. *when first*
ǣr-gōd altbewährt
ærn na. Haus; got. *razn* (§42,1), aisl. *rann-saka* > ne. *ransack*
ǣror s. *ǣr*
æsc-holt na. Eschenholz (Kenning für) Speer; ne. *ash(-tree)*, aisl. *askr* (§31,6a)
æt (Präp. mit D.) bei an, in, zu; ne. *at*, got. *at* (§48,2)
ǣt mna. Mahl, Fraß; as. aisl. *āt*, abl. zu *etan* (§75)
æt-beran st.4. (hin-, weg-)tragen
æt-ferian sw.1. wegtragen, entführen (mit D.)
æt-gædere (§31,6d) Adv. zusammen; ne. *to-gether*, s. *geador*
æt-gifan st.5. geben, leisten; got. *at-giban*
æt-hrān s. *æt-hrīnan*
æt-hrīnan st.1. berühren (mit G.D.)
æt-rihte Adv. fast, beinahe
æt-somne Adv. zusammen; got. *samana*
æt-wand s. *æt-windan*
æt-windan st.3. entwinden, entgehen
æþele edel; ahd. *edili*
æþeling (§31,6d) ma. Edler, Fürst, Mann; ahd. *ediling*
æþelu nja. Pl. Adel, edle Abkunft; ~*m gōd* 1870: gut von Herkunft, edlen Geschlechts

(ge-)bād s. *(ge-)bīdan*
bām s. *bēgen*
bana mk.1. Mörder; ne. *bane*, as. *bano*
ge-band s. *ge-bindan*
bān-hūs na. Knochenhaus, (Kenning für) Körper; ne. *bone*, ahd. aisl. *bein*
ge-bannan red.2. 'bannen', befehlen; ne. *ban*, ahd. *bannan*
bāt ma. Boot, Schiff; ne. *boat*, aisl. *beit*
bæd, bǣdon s. *biddan*
bǣl na. Feuer, Scheiterhaufen, Verbrennung; aisl. *bāl*
bǣl-fȳr na. Scheiterhaufenfeuer; ne. *balefire*
bær, bǣron s. *beran*
ge-bǣran sw.1. sich gebaren, sich verhalten; as. *gi-bārian*, abl. zu *beran* (§75)
be, bī (§51,4) Präp. mit D. bei, an, auf, zu; ne. *by, be-*, got. *bi*
bēacen, bēcn (§35) na. Zeichen, Mal; 3160: Denkmal (= Grabhügel); ~ *godes* 570: (Kenning für) Sonne; ne. *beacon*, ahd. *bouhhan*
ge-bēacnian sw.2. anzeigen; ne. *beckon*, zu *bēacen*
beado- s. *beadu-*
beadu, G. *beadwe* (§32,1) fwō. Kampf; as. *Badu-*, ahd. *Bafu-*, s. *mēce*
beadu-folm fō. Kampffaust
beadu-hrægl na. Kampfgewand, Panzer
beadu-rōf kampfberühmt
beadu-rūn fō. Kampfrune; *onband* ~*e* 501: fing Streit an
beadu-sŕud na. Kampfgewand, Panzerhemd; ne. *shroud*
bē(a)g (§35), *bēah* (§40) ma. Ring, (aus Ringen bestehender) Schatz,

Kostbarkeit; *bēg* 3163 (koll. Sg.); ahd. *boug*, aisl. *baugr*, abl. zu *būgan* (§75)

bēag-hroden ringgeschmückt

bēah s. *bēag*

bealu, -o, G. *bealwes* (mit *ea* durch Brechung in den flekt. Formen nach §29,1c) nwa. Übel, Plage; ne. *bale*, as. ahd. *balu*

bealo-hȳdig (< *hygdig*, s. §37,2) übelgesinnt, niederträchtig; zu *hyčğan*

Bēan-stān ma. 'Bohnenstein', Brecas Vater

bearm (§29,1b) ma. Busen, Schoß, Besitz; got. *barms*, zu *beran*, *bearn*

bearn (§29,1b) na. Kind, Sohn; ne. schott. *bairn*, as. ahd. aisl. got. *barn*, abl. zu *beran* (§75)

be-arn s. *be-irnan*

be-bēad s. *be-bēodan*

be-bēodan st.2. gebieten, befehlen

be-bohte s. *be-byčğan*

be-būgan st.2. umschließen, umgeben

be-byğan sw.1. verkaufen (*on* = für)

bēcn s. *bēacen*

be-cuman st.4. herankommen, kommen über (mit A.)

be-c(w)ōm s. *be-cuman*

bed(d) nja. Bett; ne. *bed*, got. *badi*, urg. **badjō-*, zu lat. *fodere* 'graben'

be-dǣlan sw.1. berauben (mit I.)

be-foran Präp. (mit A.) vor

bēg s. *bē(a)g*

be-gang ma. Bereich; zu *gangan*

bēgen beide; G. n. *bēga gehwæþres* 1043: über jedes von beiden; D. m. *bām*

be-get < -*geat* (§35,2) s. *begitan*

be-gitan st.5. erfassen kommen über; ne. *get* < aisl. *geta*, got. *bi-gitan*, vgl. *on-gi(e)tan*

be-gnornian sw.2. betrauern, beklagen; as. *gnornon*, zu *gnorn*

be-h(e)aldan red.2. innehaben, (ein Amt) versehen

be-helan st.4. verhehlen, verbergen; as. ahd. *helan*, zu lat. *cēlāre*

be-hēold s. *be-h(e)aldan*

be-hōfian sw.2. bedürfen (mit G.); ne. *behove* (statt eig. **be-hoove*), in nhd. *Behuf*

be-holen s. *be-helan*

be-hōn red.1. behängen; P.P. 3139 (§71 Ende); as. ahd. got. *hāhan* < germ. **haŋxan-* (§§22,3; 36,1)

be-hongen s. *be-hōn*

be-irnan, -rinnan (§42) st.3. kommen; vgl. *on-irnan*

be-lēan st.6. jmd. etwas tadeln, ausreden; s. *lēan*

belgan st.3. erzürnen (urspr. schwellen); as. ahd. *belgan*, in nhd. *Balg*

bēn (§31,4) fi. Bitte, Gunst; < germ. **bōni*, aisl. *bōn* > ne. *boon*

bēna mkj.1. Bittender; < **bōnja*, zu *bēn*

be-nam s. *be-niman*

benč fi. Bank; < germ. **banki* (§44,1b), ne. *bench*

benč-þel na. Bankdiele; lat. *tellus* Erde

be-niman st.4. berauben (mit I.); got. *bi-niman*

bēodan st.2. (ge-, dar-)bieten; got. *biudan*

ge-bēodan st.2. an-, entbieten

bēod-genēat ma. Tischgenosse; got. *giuþs* Tisch + aisl. *nautr*

bēon (§79,1) sein, werden; ne. *be*
bēor na. Bier; ne. *beer,* ahd. *bior,* < vulg.-lat. *biber* Getränk, zu lat. *bibere* trinken
beorg, beorh (§40) ma. Berg, Meerklippe; Erdwall, Höhle; as. ahd. *berg*
beorgan st.3. bergen, schützen; got. *baírgan*
beorht (ws.), *berht briht* (angl.) glänzend, prächtig; ne. *bright,* got. *baírhts*
Beorht-Dene s. *Dene*
beorn (§29,1b) ma. Mann, Krieger, Held; as. ahd. *bern* in Personennamen (*Bernhard*)
beorn s. *byrnan*
bēor-sele mi. Biersaal
bēor-þegu fō. Biergelage; zu *þicğan*
bēot na. Versprechen; < *Ūbī-hāt* (§36) 'Verheißung', zu *hātan*
ge-bēotian sw.2. verheißen, geloben, sich vermessen; ahd. *bi-heiȝōn,* zu *bēot*
Bēowulf (I) ma. Dänenkönig, Sohn Scylds. Über die umstrittene Bedeutung des Namens vgl. Klaeber, S. xxv ff., Hoops, S. 329
Bēowulf (II), *Bīowulf* ma. Gautenfürst, Held des Epos
beran st.6. tragen, bringen; ne. *bear,* got. *baíran,* zu lat. *fero* < idg. **bheronom*
be-rēafian sw.2. berauben (mit I.); ne. *bereave,* got. *bi-raubōn*
be-scūfan st.2. schieben, stoßen
be-stȳman (ws.), angl. *-stēman* (§31,7) sw.1. befeuchten; zu ae. *stēam,* ne. *steam*
be-syrwan sw.1. beschleichen, überlisten; zu *searo*

betera (§72c) besser; ne. *better,* got. *batiza* (§§25,1; 31,1)
be-timbran sw.1. erbauen; s. *timbran*
bet(o)st (§72c) best; ne. *best,* got. *batists*
be-wægnan sw.1. darbieten
be-windan st.3. umwinden, umfassen, umgeben; got. *bi-windan*
be-worhton s. *be-wyrčan*
be-wunden s. *be-windan*
be-wyrčan sw.1. (§44 Anm.1) umbauen, umgeben
bī s. *be*
bīdan st.1. weilen, bleiben; (mit G. =) harren, erwarten; ne. *a-bide,* got. *beidan*
ge-bīdan st.1. abwarten, erfahren, erleben; got. *ga-beidan* ertragen
biddan st.5. bitten (mit G. = um), heißen; ne. *bid* (mit Kontamination von *biddan* + *bēodan*), got. *bidjan*
bil(l) na. Schwert; ne. *bill,* ahd. *billi*
bindan st.3. binden, zus.fügen; ne. *bind,* got. *bindan*
ge-bindan st.3. binden; got. *ga-bindan*
bīo s. *bēon*
bior- (kent.) s. *beor-*
biorh (kent.) s. *georg*
Bīowulf *Bēowulf*
bisigu fk.1. Drangsal; zu *bisig, by-sig* (§51,5 Anm.2), ne. *busy*
bið s. *bēon*
blǣd ma. Macht, Ruhm; zu *blāwan*
blǣd-āgande mk.5. (Pl.) die Ruhmreichen; zu *āgan*
blīcan st.1. glänzen; ahd. *blīh-han,* nhd. *bleichen*
blīðe heiter, froh, freundlich; ne. *blithe,* got. *bleiþs*

blōd na. Blut; *wið blōde* 1880. im Blute; ne. *blood*, got. *blōþ*
blōdig blutig; ne. *bloody*
blonden-feax mit gemischtem (meliertem) Haar, grauhaarig; zu ae. got. *blandan* red. mischen + *feax* na. Haupthaar, as. ahd. *fahs*
ge-bohte s. *ge-byčǧan*
bolea mk.1. Laufplanke (vom Schiff ans Land); abl. zu ahd. *balko*, nhd. *Balken*
bold (§40,2) na. Gebäude, Haus; ws. *botl*, angl. *boþl*, **bodl* mit Metathese poet. *bold*, as. Pl. *boðlos* (ne. -*bottle*, -*bold* in Ortsnamen)
ge-bolgen s. *belgan*
bolgen-mōd zornig; zu *belgan*
bord na. Schild; ne. *board*, got. *baúrd*
boren s. *beran*
bōt fō. Buße, Entschädigung, Besserung; ne. *boot*, as. got. *bōta*
brād breit, weit; ne. *broad*, aisl. *breiðr*, got. *braiþs*
bræc s. *brecan*
ge-bræd < **ge-brægd** (§37,2) s. *ge-bregdan*
brēac s. *brūcan*
Breca mk.1. Fürst der Brondingas, vgl. 'Widsið' V.25: *Breoca (wēold) Brondingum*
brecan abl.4. (zer)brechen, plagen; ne. *break*, got. *brikan*
brecð fō. Bruch, Kummer; zu *brecan*
bregdan, brēdan (§37,2) st.3. 1. schwingen, schleudern; *under sceadu* ~ 707: in die Schatten hinunterschleudern, ins Schattenreich schleudern, töten (Wendung klass. Ursprungs?); 2. knüpfen, flechten; P.P. *brōden* 552: mit Bezug auf den aus ineinandergeflochtenen Eisenringen bestehenden Panzer; ne. *braid*, as. *bregdan*
ge-bregdan st.3. schwingen, (das Schwert) ziehen (mit I.)
brego mu. Herr, Herrscher
brego-stōl ma. Herrscherstuhl, Thron; got. *stōls*
brēme berühmt; < **behrǣme*, **behrēme*, zu **hrōm* Ruhm, *hrēmig*
brenting ma. Schiff; zu *bront*
brēost fō. (na.) Brust; ne. *breast*, as. *briost*, neben abl. got. *brusts* (§75)
brēost-gehygd (tautol.) fni. Brust-, Herzensgedanke; zu *hyčǧan*
brēost-wylm mi. 'Brustwallung', innere Bewegung
brim na. Meer, Wasser, Brandung; zu aisl. *brim* Brandung
brim-clif na. Meerklippe
brim-lād fō. Seeweg, Seereise
brim-līðend mk.5. Seefahrer
brim-wylm mi. Meeresbrandung
(ge-)bringan st.3. sw.1c. bringen; ne. *bring*, got. *briggan*
ge-brocen s. *brecan*
brōden < **brogden** (mit g-Ausfall nach velarem Vokal wohl in Anlehnung an *brēdan*) s. *bregdan*, *brēdan*
brōga mk.1. Schrecken, Graus; ahd. *bruogo*
brogden-mǣl (Schwert) mit geschwungenem Mal, geschw. Zeichnung = damasziertes Schwert; zu *bregdan*
brōhton (§22,3) s. *bringan*
brond ma. Brand, Feuer; aisl. *brandr*
Brondingas ma. unbekannter (fingierter?) germ. Stamm
bront steil, hoch; aisl. *brattr*
brōðor (§23) mk.2. Bruder

ge-brōðor mk.2. Gebrüder; as. *gibrōthar*
brūcan st.2. (ge)brauchen, sich erfreuen (mit G.); ne. *brook*, got. *brūkjan*
brugdon (mit I.) s. *bregdan*
brytta mk.1. Spender
ge-būan red.2. beziehen; ae. as. ahd. *būan* bebauen, (be)wohnen
būgan st.2. sich beugen, sich niederlassen; ne. *bow*, got. *biugan*
bunden(ne) s. *bindan*
bunden-heord mit gebundenem Haar; aisl. *haddr* Haar < urg. *hazdaz*
būr na. Kammer, kleineres Haus (außerhalb der Halle); ne. *bower*, nhd. *(Vogel-)Bauer*
burg, burh (§40) fk.4. Burg, Stadt; ne. *borough, -bury* (< D. Sg.), got. *baúrgs*
būton (mit D.) außer; ne. *but*, as. *b(i)utan*
ge-byčǧan sw.1c. erkaufen; got. *bugjan* (§44, Ib)
byre mi. Sohn, Knabe; got. **baúr**, abl. zu *beran* (§75)
byreð s. *beran*
byrg(e)an (ws.) sw.1. verzehren; aisl. *bergja*, germ. **bargjan* (§§29, 1b; 31,7)
byrnan ws., merz. *beornan* st.3. brennen; Prät.3.Sg. *beorn* 1880: statt *bearn*; got. *brinnan* (§42, 1)
byrne fkj.1. Brünne, Ringpanzer; got. *brunjō* (§42, 1)

can s. *cunnan*
c(e)ald (§§29, 1c; 44,Ia) kalt; Sup. *čealdost*; ne. *cold*, aisl. *kaldr*, got. *kalds*

ge-čēapian sw.2. erkaufen; got. *kaupōn* handeln
c(e)aru (§32,1) fō. Sorge, Kummer; *čeare cwīðan* 3171: ihr Leid klagen; ne. *care*, as. ahd. got. *kara*, in nhd. *Karfreitag*
čear-wylm mi. Sorgenwallung
ge-čeas s. *ge-čēosan*
cempa (§14) mkj.1. Kämpe, Krieger
cēne (§§31,4; 44,Ia) kühn; germ. **kōni*, ahd. *kuoni*, ne. *keen*
cennan sw.1. gebären; zu *cyn(n)*
cennan sw.1. bekunden, zeigen; got. *kannjan*, nhd. *kennen*
čēol ma. Schiff; as. ahd. *kiol*
čeorl (§29, 1b) ma. Mann; ne. *churl*, nhd. *Kerl*
čēosan (§44, Ia) st.2. erwählen; ne. *choose* < *č(e)ōsan*, got. *kiusan*
ge-čēosan st.2. erkiesen, auswählen; *~ on* 2638: auswählen unter, aus; got. *gakiusan* prüfen
clif na. Fels, Klippe; ne. *cliff*, as. aisl. *klif*
cniht-wesende Adj. (Part. Präs. von *wesan*) als Knabe(n); A.Sg. 372 (§70,1); N.Pl. 535
cnyht, cniht (§35,3) Knabe, Jüngling
cōl kühl; ne. *cool*
cōm s. *cuman*
ge-corone (§76a unter P.P.) s. *ge-čēosan*
cræft ma. Kraft, Stärke; *cræfte* I. 982: infolge der Kraft; ne. *craft*, as. ahd. *kraft*
cringan st.3. (in der Schlacht) fallen; ne. *cringe* < ae. *crincǧan* (Kausativum)
crunge s. *cringan*

cuman st.4. kommen; Prät.3.Pl. *cwō-man* 650 (§51,1); ne. *come,* ahd. *ko-man* (§28,3), got. *qiman*

cunnan pt.3. kennen, können, wissen; got. *kunnan*

cunnian sw.2. kennen lernen, erforschen; got. *ga-kunnan*

cure s. *čēosan*

cūð kund, bekannt; got. *cunþs* (§28,1)

cūþe, cūðon s. *cunnan*

cūð-līče Adv. öffentlich

(ge-)cwǣdon s. *(ge-)cweðan*

(ge-)cwæð s. *(ge-)cweðan*

cw(e)alm ma. Mord, Tod; ne. *qualm,* as. ahd. *qualm*

cweččan sw.1c. schütteln, schwingen; Prät.3.Sg. *cwe(a)hte* (§35) 235; zu ae. *cwacian* > ne. *quake*

cwehte s. *cweččan*

cwēn fi. Gemahlin, Königin; ne. **queen,** got. *qēns*

cweðan st.5. sagen, sprechen; ne. *quoth* (Prät.), *be-queath,* got. *qiþan*

ge-cweðan st.5. sagen; 535: abmachen; got. *ga-qiþan*

cwic(u) (§§33,1d; 69) lebendig; N.Pl. n. *cwice* 98. spät-ws. für *cwicu;* ne. *quick,* in nhd. *keck, erquicken, Quecksilber,* zu lat. *vīvus*

cwīðan sw.1. (be)klagen; as. *quīðian*

cwōm(on) s. *cuman*

cyme mi. Kommen; as. ahd. *kumi,* zu *cuman*

cȳm-līče Adv. fein, prächtig; vgl. ahd. *kūmig* schwach > zart, fein. Unter Einfluß von me. *(be)cumen* geziemen, anstehn > ne. *comely* anmutig

cyn(n) nja. Stamm, Geschlecht; 613: (gute) Sitte; ne. *kin,* got. *kuni,* zu lat. *genus* (§21,5)

ge-cynde angestammt, vererbt; zu *cym(n)*

cyning (§44,Ia) ma. König; ne. *king,* as. ahd. *kuning,* zu *cyn(n)*

ge-cyssan (§44,Ia) sw.1. küssen; as. *kussian*

cȳðan (§§28,1; 31,5) sw.1. künden, zeigen, bekannt machen; got. *ga-kunþjan,* zu *cūð*

ge-cȳðan sw.1. verkünden

dagum (§51,2) s. *dæg*

dǣd (ws.), *dēd* (angl.) fi. Tat; ne. *deed,* as. *dād,* got. *ga-dēþs* (§21,2)

dǣd-hata mk.1. einer, der durch Taten haßt (verfolgt); zu *hatian* sw.2., ne. *hate*

dæg (§§26,1; 44,Ia) ma. Tag; ne. *day,* got. *dags*

dǣl mi. Teil; ne. *deal,* got. *dails*

dǣlan sw.1. teilen, austeilen; ne. *deal,* got. *dailjan*

ge-dǣlan sw.1. verteilen; got. *ga-dailjan* (§§26,4; 31,2)

dēad tot; ne. *dead,* got. *dauþs*

dēah s. *dugan*

d(e)al(l) berühmt; aisl. *dallr*

dearst s. *durran*

dēað ma. Tod; ne. *death,* got. *dauþus*

dēað-cw(e)alm (tautol.) Tod, Mord

dēað-dæg ma. Todestag

dēaþ-scua mk.1. Todesschattenbild, Todesgespenst; got. *skuggwa* Spiegel

ge-dēfe passend, schicklich, freundlich; *swā hit ~ bið* 3174 (vgl. 561, 1670) wie es sich ziemt; got. *ga-dōfs*

dēman sw.1. richten, urteilen; 3174: günstig beurteilen, rühmen, preisen; ne. *deem,* got. *dōmjan,* zu *dōm*
dēmend mk.5. Richter; zu *dēman*
Dene mi.Pl. Dänen. — Unterschiedslos, d.i. zur Abwechslung und Alliteration, gebrauchte Beinamen der Dänen sind: *Beorht-Dene, Ēast-Dene, Gār-Dene, Hring-Dene, Sūð-Dene, West-Dene;* aisl. *Danir,* lat. *Danī*
Deniga (G.Pl.) s. *Dene*
dēogol, dȳgel verborgen; ahd. *tougalī*
dēop tief; gemein-germ. **deupa-,* got. *diups,* dazu abl. got. *daupjan* taufen
deorc dunkel; ne. *dark*
dēore (angl.), ws. *dȳre* (§31,8) teuer, lieb; I.Sg. *dēoran* 561. für *dēorum* vgl. §51,2; ne. *dear,* as. *diuri*
dēor-līč kühn; ahd. *tior-līh* wild, zu ae. *dēor* na. Tier, ne. *deer* Rotwild, got. *dius,* G. *diuzis* wildes Tier
ge-dīgan, -dȳgan (ws., s. §31,7) sw.1. überstehen, überleben; as. *a-dōgian,* germ. **daugjan*
dōgor nk.3. Tag; 1395: alter D.I.Sg. (aber ~*e* 1797; 2573); *ōþres* ~*es* 605 (adv.G.) am andern Tag; in got. *fidur-dōgs* viertägig, abl. zu *dæg*
dohte (mit G.Pl. = in) s. *dugan*
dohtor fk.2. Tochter: ne. *daughter,* got. *daúhtar*
dol-gilp na. tolle Prahlerei
dol-līč tollkühn, verwegen; ne. *dull,* aisl. *dulin* eingebildet, zu abl. got. *dwals* töricht
dol-sceaða mk.1. toller Schädiger, tollkühner Feind; s. *dol-līč*
dōm ma. Urteil, Ruhm, Herrlichkeit; ne. *doom,* ahd. *tuom* (nhd. *-tum*), got. *dōms*
dōm-lēas ruhmlos, unrühmlich
dōn (§79,2) tun, legen; ne. *do,* lat. *ab-, con-dō*
drēah s. *drēogan*
drēam ma. Jubel, Freude; ne. *dream,* aisl. *draumr*
drēam-healdrende (du) Fröhlicher, Glücklicher 1227
drēogan st.2. ertragen, erleiden; ausführen; ne. (to) *dree* (one's weird), got. *driugan* Kriegsdienst tun
drēor mna. (träufelndes) Blut; zu *drēosan* st.2. fallen, got. *driusan*
drēor-fāh blutbefleckt
drep (§26,1 Anm.) für *dræp* s. *drepan*
drepan st.5, auch 4. treffen, schlagen; ahd. *treffan*
drīfan st.1. treiben, führen; ne. *drive,* got. *dreiban*
(ge-)driht- s. *(ge-)dryht-*
drihten s. *dryhten*
drincan st.3. trinken; ne. *drink,* got. *drigkan*
drugon s. *drēogan*
druncne, druncen, ne. *drunk(en),* s. *drincan*
ge-dryht, -driht (§51,4 Anm.2) fi. Schar, Gefolge; got. *gadraúhts,* abl. zu *drēogan* (§75)
dryhten, drihten (§51,5 Anm.2) ma. Herr, Gott; as. *druhtin* (§31,5)
dryht-guma mk.1. Gefolgsmann
dryht-sele mi. Gefolgschaftssaal
dugan pt.2. taugen, gut oder tüchtig sein; as. got. *dugan*
duguð (§51,3d) fi. (erfahrene) Kriegerschar, (edle) Gefolgschaft; Kraft, Tüchtigkeit; ~*e* 2658: par-

tit.G. = von der Schar; ~*um* D.I.Pl. (= Adv.) 3174: nach Kräften; ahd. *tugund* Brauchbarkeit (Ableitung zu *tugan* taugen) > nhd. *Tugend* (unter christl. Einfluß), zu *dugan*

*durran pt.3. wagen; ne. *dare* (nach dem Präs.Sg.), ahd. *turran*, got. *gadaúrsan*

duru fu. Tür; ne. *door*, got. *daúrō*

dyde(st), dydon s. *dōn*

ge-dȳgan s. *ge-dīgan*

dyrne, dierne (ws.), angl. *derne* (§31,7) geheim, verborgen; ahd. *tarni* (nhd. *getarnt*)

ēac, angl. *ēc* (§35,1) auch; ne. *eke*, got. *auk* aber, s. *ēacen*

ēacen Adj. groß, mächtig; eig. P.P. zu *ēacan, got. *aukan*, lat. *augēre* vermehren

ēadig glücklich, gesegnet; got. *audags*

ēadig-līče Adv. glücklich

eafera, eafora (§32,1) mk.1. Nachkomme, Sohn; as. *abaro*, zu got. *afar* nach

eafoð (§32,1) na. Kraft, Stärke; *eofoðo dǣlan wið* 2534: sich in Kraft teilen mit, kämpfen mit; *eo* für *ea* zuweilen im Merz.; zu aisl. *afl* Kraft

ē(a)ge (§§26,4; 35,1; 44,Ib) nk.1. Auge; ne. *eye*, got. *augō*

ē(a)gor-strēam (§35,1) ma. Meeresstrom; zu *ēg-strēam*, *ǣgweard*; *ǣgur-*, *ē(a)gor-*: *ǣg-*, *ē(a)g-* nach §§35,1; 61; ahd. *ouwa* 'Wasser(land), Strom', nhd. *Au(e)*, ne. *island* < ae. *eg-land* < germ. *aujō < *awjō < urg. *agwjō (mit *g* < idg. *k* nach Verners Gesetz, §23,2. Ausn.) und adj. *-jō*-Endung, §70,1, eigtl. Bedeutung 'die Wässerige' = '*w.* Insel Wiese'), zu urg. *ahwō (< idg. *ákwā, lat. *aqua*) > ae. *ēa* 'Wasser, Fluß' (§36,1)

e(a)hta (§35,2) acht; ne. *eight*, got. *ahtau* (§48,4), lat. *octō*

e(a)htian (ws.), angl. *æhtian* (§35) sw.2. achten, preisen; erachten, erwägen; as. ahd. *ahtōn*

(e)al(l) (§68a) all, ganz; Adv. *eall* 3164: alles, gänzlich, durch weg; *ealra twelfe* 3170: von allen zwölf = im ganzen zwölf; ne. *all*, got. *alls*

(e)ald (§29,1c) alt; ne. *old*, got. *alþeis*, zu lat. *altus* hoch. – Komp. ws. *i(e)ldra, yldra* (§31,7) sonst sächs. u. kent. *eldra* (> ne. *elder*), angl. *ældra* (§31,1c) älter, < urg. **aldizan-*; Sup. *(sē) yldesta* usw., < urg. *aldista, der älteste = der Führer 258; 363.

(e)ald-fæder mk.2. Vater, Vorfahr

(e)ald-gewyrht ni. Verdienst für frühere Taten

(e)aldor ma. Herrscher, Führer; ne. *alderman*, zu *(e)ald*

(e)aldor (§29,1c) na. Leben; got. *fram-aldrs* im Alter vorgeschritten

(e)aldor-bealu nwa. Lebensunheil, Tod

(e)aldor-dagas ma. Pl. Lebenstage

(e)aldor-lēas herrscherlos

(e)ald-sweord na. altes Schwert

(e)al(l)-gearo ganz fertig

(e)algian sw.2. schützen, verteidigen; zu got. *alhs* Tempel

ealo, -u nk.4. Bier; ne. *ale* (§32,1 Anm.)

ealo-wǣge nja. Bierkrug; as. *wēgi*, ahd. *weiga*

ealo-benč fi. Bierbank

ealra s. *(e)al(l)*
eard ma. Grundbesitz, Boden, Heimat; as. *ard*
eardian sw.2. bewohnen; ahd. *artōn*
earfoþ (ws.) na. Mühe, Drangsal; *earfeþo* (§51,1) A.Pl.; got. *arbaiþs*, nhd. *Arbeit*
earfoð-līče Adv. mit Mühe, mühevoll, ärgerlich
earfoð-þrāg fō. schwere Zeit
earm arm, elend; aisl. *armr*, got. *arms*, germ. *armaz*
earm ma. Arm; ne. *arm*, got. *arms*, lat. *armus* Oberarm
earm-(h)rēad fō. Armschmuck, Armspange; *hrēad* zu *hrēodan* st.2. schmücken
earn ma. Aar, Adler; ahd. *aro, arn*
eart (§79,1) bist; ne. (thou) *art*
ēastan Adv. von Osten; aisl. *austan*
Ēast-Dene s. *Dene*
ēaðe leicht, angenehm; aisl. *auð-*
ēað-fynde leicht zu finden; zu *findan*
ēawan, ȳwan sw.1. zeigen, offenbaren; afr. *auwia*
ge-ēawan (angl.), ws. *-ȳwan* sw.1. zeigen, überreichen
eaxl fō. Achsel; as. ahd. *ahsla* (§§29,1a; 46,3 Anm.)
ēče ewig; zu got. *ajuk-dūþs* Ewigkeit
ečǧ fjō. 'Ecke', Schneide, Schwert; ne. *edge*, as. *eggia* (§44,1b), zu lat. *aciēs* Schärfe
ečǧ-hete mi. Schwerthaß, Krieg
Ečǧ-lāf ma. Däne, Vater Unferths
Ečǧ-þēo(w) mwa. Vater Beowulfs II; wörtl. 'Schwertdiener'
ečǧ-þracu fō. Schwertersturm, Kampf; *þracu* Gewalt, Ansturm, as. *mōd-thraka* Kummer

ed-wendan sw.1. sich wenden; got. *id-*
edwīt-līf na. Leben in Schande; got. *idweit* Schmach, Schimpf
(ge-)efnan, æfnan (§31,6a) sw.1. ausführen, tun; aisl. *efna*
efne Adv. eben, gerade; ne. *even*, as. *eban*
efstan sw.1. eilen; zu *ofost*
eft Adv. wieder(um), später; zu *æfter*
egesa mk.1. Schrecken; *wīgendes* ~ 3154. Kriegerschrecken; zu got. *agis* (G. *agisis*)
egle schrecklich; got. *agls* schimpflich
egsian sw.2. erschrecken; zu *egesa*
ēg-strēam ma. Meeresströmung; s. *ē(a)gor-strēam*
ēhtan sw.1. ächten, verfolgen (mit G.); as. *āhtian*
ehtigan (§35,2) s. *e(a)htian*
eldum s. *ylde*
el-land na. Fremdland; as. *elilendi*, nhd. *Elend*, zu lat. *alius*
ellen na. Eifer, Kraft, Mut, Tapferkeit; 3. 637: Heldentat(en); got. *aljan* (§25,3a)
ellen-gæst mi. mächtiger Geist
ellen-rōf kraftberühmt, tapfer
ellen-weorc na. 'Kraftwerk', mutige Tat
elles Adv. anders; ne. *else*, zu got. *aljis*, lat. *alius*
elles hwær Adv. anderswo; ne. *elsewhere*, as. *hwār*, ahd. *(h)wār*
ellor anderswohin; got. *aljar*
elne(s) s. *ellen*
el-þēodig fremd; got. *alja-* zu *aljis*, lat. *alius*
ende mja. Ende; ne. *end*, got. *andeis*
ende-dæg ma. Todestag

ende-lāf fō. der letzte Rest, der letzte
ende-sǣta mkj.1. (Landes-)'Endsasse' = Küstenwart; zu *sittan*
ēode, ōdon (§79,3) ging(en), schritt(en); vgl. got. *iddja*
eodor ma. Zaun, Schutz, Schützer; *in under eoderas* 1037: herein ins Innere; nhd. *Etter,* as. *edor* (§32,2)
eofor ma. Eber; urg. **ebur,* ahd. *ebur* (§32,2)
eofor-līč na. Eberbild (auf Helmen); vgl. die Abbildungen in Klaebers u. Holthausens *Beowulf-*Ausgaben
eofoð (merz.) s. *eafoð*
eolet Seefahrt? (unerklärt)
eom, eam (§79,1) bin; ne. *am,* got. *im*
ēored-geatwe fwō. Pl. Kriegsausrüstung; *ēored* < *eoh* (§§29,1a; 37,3) Pferd, lat. *equus* + *rād* Reiterei; vgl. *gūð-getāwa*
eorl ma. Edler, Krieger, Held; ne. *earl,* as. ahd. *erl,* vgl. aisl. *jarl*
eorlīč (< *eorl-līč*) edel, heldenhaft
eorl-scipe, -scype mi. edler Rank, edle (heroische) Taten, Mannhaftigkeit
eorðe fk.1. Erde, Boden; ne. *earth,* got. *aírþa* (§29,1b)
eoton (§32,2) ma. Riese; zu *etan?*
ēow D. euch; ne. *you,* got. *izwis*
ēower (§64) von euch; ~ 596: G. des Pers.-Pron. *gē* im Sinne eines Poss.-Pron.
ēower Poss. (§65) euer; ne. *your,* ahd. *iuwer, iuwar*
ēowič A. (§64) euch; ahd. *iuwih*
ēst fi. Huld, Gunst; *~um* 1194: D.Pl. (= Adv.) huldvoll, gern; < urg.

*anstiz (got. *ansts,* ahd. *anst*) > **ōsti* (§28,1) > **ǣsti* (§31,4) > ws. *ēst* (§48,2)
etan (§21,1) st.5. essen; ne. *eat,* got. *itan,* lat. *edere*
ēð-begēte (angl.kent.) leicht zu erlangen, bereit; s. *ēaðe* + *be-gitan*
ēðel ma. Erbland, Heimat; as. *ōðil* (§31,4)
ēðel-riht na. Erblandrecht, Grundrecht
ēþel-turf fk.4. heimatlicher Boden, Heimat; ne. *turf,* nhd. *Torf* (< Nd.)
ēþel-weard ma. Landeswart, König
ēðel-wyn(n) fjō. wonniger, schöner Landbesitz

fācen-stafas ma. Pl. Verrat; ~ *fremman* Verrat üben; aisl. *feikn-stafir* unheilbringende Runen, Verbrechen; s. *ār-stafas*
fāg, fāh schimmernd, glänzend, verziert; got. *faihs,* gr. ποικίλος
fāh feindlich, geächtet; *fāhne* 2655: *fāhne* den Feind (= Drachen); G.Pl. *fāra feng* 578: den Griff der Feinde; ne. *foe,* < germ. **faih-,* zu *fǣhð(o)*
fāmig-heals, fāmī~ schaumhalsig; ne. *foamy,* ahd. *feim* Schaum, in nhd. *abgefeimt*
fand s. *findan*
fāne, fāra s. *fāh*
faran st.6. fahren, gehen; ne. *fare,* as. ahd. got. *faran*
faroð ma. Strömung, Flut; zu *faran*
fæder (§§1,1; 25,2; 48,1) mk.2. Vater
fǣge (§§26,4; 31,2) dem Tod verfallen, Gefallener; ahd. *feigi,* nhd. *feige*
fǣger (§44,1b) schön; ne. *fair,* got. *fagrs* geeignet

fǽg(e)re Adv. in schöner (geziemender) Weise
ge-fǽgon s. ge-fēon
fǽhð(o) fō. Fehde, feindselige Tat; ahd. *fēhida*, < germ. **faih-iþō*, zu *fāh* feindlich
fǽlsian sw.2. säubern
fǣr na. Fahrzeug, Schiff; zu *faran*
fǣr-gryre mi. großer Schrecken; ne. *fear*, nhd. *Ge-fahr*
fǣr-nīð ma. feindseliger Überfall
fæst fest, sicher; ne. *fast*, as. *fast*
fæsten nja. Festung; ne. *fastness* zu *fæst*
fæst-rǣd fest entschlossen
fǣt na. Goldzierat; *tt* im D.I.Pl. 716: durch Vermischung mit den flekt. Formen von *fǣted*
fǣted goldplattiert; P.P. von **fǣtan*, got. *fētjan* schmücken; *fǣtte* 333. < *fǣtede* (§77,3)
fǣted-hlēor Adj. goldblechwangig, mit goldplattiertem Zaumzeug
fǣtte s. *fǣted*
fǣttum s. *fǣt*
fæþm ma. (ausgestreckte) Arme, Umarmung, Schoß; ne. *fathom*, as. (Pl.) *faðmos*
fæðmian sw.2. umarmen, umfangen; Opt.3.Sg. *fæðmie* (= -*æ*)
fēa s. *feoh*
ge-fēa mk.1. Freude (mit G. = an); ahd. *gi-feho*, zu *ge-fēon*
ge-feah s. *ge-fēon*
f(e)allan (§29,1c) red.2. fallen; ne. *fall*, aisl. *falla*
fēa-sceaft (§30,1) elend, hilflos; got. Pl. *fawai* wenige, got. *gaskafts* Geschöpf
fēl (für gewöhnl. *fēol, fīl*) Feile; ahd. *fīhala, fīla*, wg. **fīχilō* > ae. *fēol*

(§29,2) mit Verlust des *h* (§36,1), *fīl, fēl* mit angl. Ebnung von *īu, ēu*; – vielleicht liegt auch Verwechslung von urspr. *feola* (= *fēola*) mit kent. angl. *feola* 'viel' (§32,2) vor, das der Abschreiber durch das übliche ws. *fela* gedankenlos ersetzte
fela viel (mit partit.G.); Adv. sehr, viel; got. *filu*
fela-hrōr sehr rührig, tüchtig; as. *hrōr*
fen(n) nja. Fenn, Hochmoor; got. *fani* Kot < germ. **fanja*
feng mi. Fang, Griff; as. ahd. *fang*, zu *fōn*
fengel ma. Herr, König
Fēo s. *feoh*
feoh (§29,1a) na. Besitz, Geld; I.Sg. *fēa* 156. mit ndh. Schreibung für *fēo* 470; ne. *fee*, ahd. *fihu* (nhd. *Vieh*), lat. *pecus*
feoh-gift fi. Schatz-, Gabenspende; ne. *gift* (mit skand. *g*), ahd. *gift* (nhd. *Mitgift*), got. *fragifts*; zu *gi(e)fan*
feohte fk.1. Gefecht, Kampf; ne. *fight*, ahd. *gi-feht*, zu *fe(o)htan* (§35) st.3., ne. *fight*
fēollon s. *f(e)allan*
ge-fēon st.5. sich erfreuen (mit G. oder D.I.); ahd. *gifehan* (§§29,1a; 36,1)
fēond mk.5. Feind; ne. *fiend*, got. *fijands* (§36,2)
fēond-grāp fō. Feindesgriff, -kralle
fēond-scaða mk.1. schrecklicher Schädiger; s. *sceaþa*
feor(r) fern(hin); Komp. *fyr* (§§31,8; 72a) weiter; ne. *far*, as. ahd. *ferr(o)*
feor-būend mk.5. Fernwohnender; zu *būan*

fēore (D.I.Sg., s. §37,3b) s. *feorh*
fe(o)rh (§§29,1b; 35,1) mna. Leben; zu got. *faírhwus* Welt
feorh-bealu nwa. Lebensübel, Mordübel
feorh-legu fi.? fk.1. (§59,4) 'Lebenslegung', Lebenslos, Leben; zu *licgan*
fe(o)rh-weard fō. Lebenswacht
feorm fō. Unterhalt
feorran Adv. von fern her, von weitem; zu *feor(r)*
feorran (angl.), ws. *fierran* (§31,8) sw.1. entfernen; ahd. *firren,* zu *feor(r)*
feorum s. *feorh*
feor-weg ma. weiter Weg, Ferne; ne. *far way*
fēower vier; ne. *four,* as. *fiuwar*
fēran sw.1. gehen, ziehen; Opt.Präs.2.Pl. *fēran* 254; as. *fōrian,* nhd. *führen*
ge-fēran sw.1. erreichen, erlangen
ferh s. *fe(o)rh*
ferhð (§35,1) mna. Seele, Geist, Herz; D.I.Pl. ~*um frēogan* 3176: von Herzen lieben; zu *fe(o)rh*
ferhð-genīðla mk.1. Lebens-, Todfeind; zu *nīð*
ferian sw.1. fahren, tragen, bringen; ne. *ferry,* got. *farjan*
ge-fetian (§44,I gegen Ende; §77, Kl.III,4) sw.3. holen, bringen; ne. *fetch*
fīf fünf; ne. *five* (flekt.), got. *fimf* (§28,1)
fīfel-cyn(n) nja. Riesengeschlecht; aisl. *fífl*
fīf-tȳne, -tēne fünfzehn; ne. *fifteen,* got. *fimf-taihun*
findan st.3. (auf)finden; 3162: erfinden, erdenken; Prät.1.Sg. *funde* 1486 früh-ws. *funde* für *fand* wie mhd. *beginnen:* Prät. *begunde;* ne. *find,* got. *finþan*
finger ma. Finger; ne. *finger,* got. *figgrs*
Finna land na. Land der Finnen (oder Lappen?); gewöhnlich identifiziert man es mit Finnmarken (aisl. *Finnmǫrk*), d.i. Lappland, im höchsten Norden von Norwegen
fīras mja. Pl. Menschen; as. *firihos,* zu *fe(o)rh*
flēam ma. Flucht; abl. zu *flēon* (§75)
flēon (§36,1) st.2. fliehen; ne. *flee,* as. ahd. *fliohan*
flēotan st.2. schwimmen, treiben; ne. *fleet,* ahd. *fliozan,* nhd. *fließen*
flet(t) nja. Fußboden der Halle, Halle; aisl. *flet* Gemach, Halle, nhd. *Flöz,* ne. *flat* Sb. unter Einfluß des Adj. *flat* < aisl. *flatr*
flet-werod na. Hallenschar
flītan st.1. wetteifern, streiten: *flite* 507: Prät.2.Sg.; ne. (arch., schott.) *flite, flyte,* ahd. *flīzan,* nhd. *sich befleißen*
flōd ma. Flut; ne. *flood,* got. *flōdus*
flōd-ȳþ fjō. Meereswoge
flōr ma. Flur, Fußboden; ne. *floor,* aisl. *flórr*
flota mk.1. Schiff; ne. *float* Sb., zu *flēotan*
folc na. Volk; ne. *folk,* as. ahd. aisl. *folk*
folc-cwēn fi. Volkskönigin
folc-cyning ma. Volkskönig
folc-scaru fō. öffentliches Land; ne. *folk-share,* ahd. *scara*
folc-stede mi. Volksstätte, Wohn-

stätte; ne. *folk-stead*, got. *staþs*, lat. *statiō* Standort
fold-būend mk.5. Erdbewohner; zu *būan*
folde fk.1. Erde; as. *folda*
folm fō. Hand; ahd. *folma*, zu lat. *palma*
fōn (§36,1) red.1. fangen, greifen; as. ahd. got. *fāhan*
for Präp. (mit D.I.) vor, für, aus, wegen; ne. *for*, got. *faúr*
for- (schwachton.), **fore-** (starkton.) Präf. ver-; ne. *for-*, got. *faír-, fra-*, lat. *per-*
foran Adv. vorn; ahd. *forna*
for-barn s. *for-byrnan*
for-beran st.4. unterdrücken; ne. *forbear*, ahd. *furi-beran*
for-byrnan st.3. verbrennen
ford ma. Furt, Wasserweg, Meer; ahd. mhd. *furt*, nhd. *Furt*, in ne. *Oxford* (< ae. *Oxenaford*), zu *faran*
fore Adv. dafür, darum; Präp. vor; got. *faúra*
fore-mǣre sehr berühmt
fore-snotor sehr klug, sehr weise
for-geaf s. *for-gi(e)fan*
for-geald s. *for-gyldan*
for-gi(e)fan st.5. übergeben, verleihen; *tō hām* ~ 374: zur Ehe geben, vgl. ne. *give in marriage*, nhd. *heimführen*
for-grand s. *for-grindan*
for-grindan st.3. zermalmen (mit D.); ne. *grind*, lat. *frendere* knirschen < idg. **ghrendh-* (§§22,1; 23,2)
for-gyldan st.3. vergelten; s. *gyldan*
for-hičǧan sw.3. verschmähen; s. *hyčǧan*
for-lǣtan red.1. verlassen, (über-)lassen; got. *fra-lētan*, s. *lǣtan*

for-lēas s. *for-lēosan*
for-lēosan st.2. verlieren (mit D.); got. *fra-liusan*
for-lēton s. *for-lǣtan*
forma Sup. erste; ne. *former* (Rückbildung vom ae. me. doppelten Sup. *formest*), got. *fruma*
for-nam s. *for-niman*
for-niman st.4. dahinraffen; got. *fra-niman*
for-scrīfan st.1. verdammen (mit D.); lat. *prōscrībere*
for-swāpan red.2. hinwegfegen; ne. *swoop*, ahd. *sweifan*
for-swēop s. *for-swāpan*
forð fort, vorwärts, (hin)weg; ne. *forth*, afr. as. *forð*
for-ðām, -ðan, -ðon Adv. deshalb; Konj. denn, weil
forð-gerīmed fort-, durchgezählt; zu *rīman*
forð-gewiten fortgegangen, verschieden, tot; P.P. von *gewītan*
for-þon þe s. *for-ðām*
for-weorpan st.3. fortwerfen, verschwenden; got. *fra-waírpan*
for-wræc s. *for-wrecan*
for-wrecan st.5. verbannen; got. *fra-wrikan* verfolgen
for-wurpe s. *for-weorpan*
for-wyrnan (§§29,1b; 31,7) sw.1. verweigern; as. *wernian*, zu *wearn*
fōt mk.4. Fuß; ne. *foot*, got. *fōtus*, idg. **pōd-* abl. zu **pēd-* (lat. *pēs, pedis*), vgl. §75
fram, from von (.. weg, .. her); ne. *from*, got. *fram*
ge-frǣge berühmt; as. *gi-frāgi*, abl. zu *ge-fričǧan*
(ge-)fræg(e)n s. *(ge-)frignan*

frætwan sw.1. schmücken, schön ausführen; got. *fratwjan*
frætwe fwō. Pl. Kostbarkeiten; zu *frætw(i)an*
ge-frætwian sw.2. schmücken
frēa mk.1. Herr, Gemahl, König, Gott; ahd. *frō*, in nhd. *Frondienst, Fronleichnam*, zu got. *frauja*, aisl. *Freyr*
frēcne Adj. frech, kühn, furchtbar; as. *frōkni* (§31,4)
frēcne Adv. furchtbar, ernsthaft
(ge-)fremed, -e, -on s. *(ge-)fremman*
fremman sw.1. fördern, tun, ausführen; Imp.2.Pl. *fremmað* 2800: kümmert euch um; as. *fremmian*
ge-fremman sw.1. unternehmen, leisten, ausführen; *tō ~e* flekt.Inf. (§76a)
frēogan sw.2. lieben; got. *frijēn*
frēo-līč frei, edel; ne. *free*, as. ahd. *frī*, < germ. **frija-* (§36,2)
frēond mk.5. Freund; ne. *friend*, got. *frijōnds* (§§31,8; 36,2)
frēond-laþu fō. freundliche Einladung (zum Trinken)
frēond-līče Adv. freundlich; Komp. *-līcor*: ne. *friendly*
freoðo, frioðu (§32,3) fk.1. (nach §59,4; in Zusammensetzungen gilt urspr. *frioðu-* mu.) Friede, Schutz; as. *friðu, freðo*
freoð-burh fk.4. Friedens-, Schutzburg
frēo wine mi. (freier =) edler Freund
fretan st.5. fressen, verzehren; got. *fra-itan*
ge-fričǧan st.5. erfahren; vgl. *ge-frignan*

frignan, frīnan (§37,2) st.3. fragen; got. *fraihnan*
ge-frignan st.3. (durch Fragen) erfahren, hören von; got. *ga-fraihnan*
frīnan s. *frignan*
frōd weise, alt; got. *frōþs*
frōfor fō. Trost, Hilfe; as. *frōðra*
from s. *fram*
from fest, tapfer, herrlich 21; aisl. *framr* vorzüglich, nhd. *fromm*
fruma mk.1. Erster, Fürst, König; zu got. *frum(s)* Anfang, vgl. *forma*
frum-cyn(n) nja. Abstammung; got. *frum(s)* Anfang
frum-sceaft fi. Anfang, Ursprung; got. *ga-skafts* Schöpfung
ge-frūnon < *-frugnon* (mit g-Ausfall nach velarem Vokal wohl in Anlehnung an (*frīnan*) s. *ge-frignan, -frīnan*
fugol ma. Vogel; ne. *fowl*, got. *fugls* (§§44,1b; 50)
ful(l) Adj. voll; Adv. sehr; ne. *full*, got. *fulls*, zu lat. *plēnus* (§21,5)
ful(l) na. Becher, Pokal; aisl. *full*
funde(n) s. *findan*
furðum Adv. eben, gerade; zu *forð*
furþur Adv. fürder, weiter; ne. *further*, got. *faurþis*
fūs bereit (mit G. = zu), 3025: gierig; ahd. *funs* (§28,1)
fūs-līč bereit
ge-fyllan (§31,7) sw.1. fällen, töten; ne. *fell*, aisl. *fella* zu Fall bringen, < germ. **fall-jan*, Kausativum zu ws. *feallan*
fyllo fk.1. (§59,4) Fülle, reichliches Mahl; ne. *fill*, got. *fullei*, zu *full*
fyr s. *feor(r)*
fȳr na. Feuer; < **fūir*, ne. *fire*, as. ahd. *fiur*

fȳr-bend fjō. (mi.) im Feuer geschmiedetes Band; got. *bandi*, abl. zu *bindan* (§75)
fyrd-gest(e)alla mk.1. Kriegskamerad; zu ahd. *fart* (§§29,1b; 31,7), *-stallo* (§29,1c)
fyrd-searo nwa. Kriegsrüstung
fyredon (mit ungewöhnlich. *y*) s. *ferian*
fyren, firen (§51,5 Anm.1) fō. Frevel; got. *fairina*
fyren-dǣd fi. Freveltat
fyren-ðearf fðearf fō. furchtbare Not
fyrgen-holt na. Bergwald; zu got. *fairguni* Berg; as. aisl. *holt*
fȳr-heard feuergehärtet
fyrst (‹,5 Anm.1) mi. Frist, Zeit(raum); as. ahd. *frist* (§42)
fyr-wyt(t) (§33,5) nja. Fürwitz, Neugier; as. *firi-wit(t)*
fȳsan sw.1. bereit machen, antreiben; *gūðe* (G.) *gefȳsed* 630: zum Kampf bereit; as. *fūsian*, zu *fūs*

gād na. Mangel; got. *gaidw*
gamen na. frohes Treiben, Freude; ne. *game*, as. ahd. aisl. *gaman*
gamol alt, bejahrt; aisl. *gamall*, zu *māl* Zeit
gamol-feax grauhaarig; as. ahd. *fahs* (§46,3 Anm.) Haupthaar
gān (§79,3) gehen; s. *gangan*
gang s. *gangan*
gang ma. Gang, Gangspur; *on ~e* 1884: beim Gehen, unterwegs; got. *gaggs*
gangan, gongan red.2. gehen; Prät.3.Sg. *gang* 1009 (auch 1295, 1316) für normales *gēong* < **gegang*; as. ahd. *gangan*, got. *gaggan*

ge-gangan red.2. erlangen, erwerben
gār ma. Ger, Speer; aisl. *geirr*
Gār-Dene s. *Dene*
gār-secǧ mja. Ozean, Meer
gār-wiga mk.1. Speerkämpfer, Krieger
gār-wīgend mk.5. Speerkämpfer, Krieger, zu *wīgan*
gāst, gǣst (§44,1a) ma. mi. Geist; ne. *ghost*, ahd. *geist*
gāst-bona, -bana mk.1. Geistestöter, Teufel
gǣst s. *gāst*
gǣð s. *gān*
ge- Präf. ge-; me. *i-*, in ne. *enough, handiwork*, ahd. *ga-, gi-*, got. *ga-*; bei Verben perfektivierende Bedeutung, vgl. *āhsian : ge-āhsian, frignan : ge-frignan, slēan : ge-slēan, standan : ge-standan, wadan : ge-wadan, wyrčan : ge-wyrčan* (vgl. §76a Ende)
gē ihr; nach *wē* umgebildet wie ahd. *ir* nach *wir*, got. *jus*, germ. **jūʒ* > wg. **jīʒ* nach **wīʒ* (s. *wē*)
geador Adv. zusammen; zu ae. *gaderian* sw.2. (ne. *gather*, in nhd. *vergattern*), vgl. *ætgædere*
geaf, gēafon (§30,1) s. *gi(e)fan*
geald (§30,1) s. *gyldan*
gēar na. Jahr; as. ahd. *jār* (§30,1), got. *jēr* (§21,2)
geard (§44,Ia) ma. Wohnsitz, Pl. Gehöft; ne. *yard*, got. *gards*
geār-dagas ma. Tage der Vorzeit; ne. *days of yore*, s. *dæg*
geare s. *gear(w)e*
gearo, -u, G. *gearwes* (mit *ea* durch Brechung nach §29,1b) fertig, bereit; as. ahd. *garo*, nhd. *gar*

gear(w)e Adj. völlig, genau; Sup. *gearwost* sehr genau
Gēat ma. der Gaute; 640: Beowulf
Gēatas ma. Pl. die Gauten; 374, 1191: (partit. G.); 378: (objektiver G.); *Gēotena* 443: mit nhd. *ēo* für *ēa* und sw. Flexion; aisl. *Gaudar*
Gēat-mæčǧas (§31,6b) mja.Pl. Gautenmänner; zu *mago*
geato-lič prächtig; zu *geatwa*, s. unter *wīg-getāwa*
gegn-cwide mi. Gegenrede, Antwort; zu *cweðan*
gegnum Adv. entgegen; *tō* ... *gegnum* 314: auf ... zu
gēn Adv. noch, schon; *nū* ~ 3167: noch immer
gēna Adv. noch, fernerhin
gēnunga (< *gegnunga*) Adv. (§37,2) geradezu, völlig; ahd. *gegnungo*
g(e)ō, g(i)ō, i̯u (§30,2) Adv. einst, früher; got. *ju* schon, nun
gēoc fō. Hilfe
geofon (§32,2), ws. *gyfen* (§30,1 mit Suffixablaut) mna. Ozean, Meer; as. *geban*
g(e)ogoð, (g)i̯ogoþ (§30,2) fō. Jugend, Jungmannschaft; ne. *youth*, ahd. *jugund*, zu *geong*
g(e)ogoð-feorh mna. Jugendalter
geolo-rand ma. gelber Schild (nach der Farbe des Lindenholzes); ae, *geolu* (§44,Ia), ne. *yellow*
g(e)ō-meowle fk.1. 'Einst-mädchen, -jungfrau', alte Frau; got. *mawilō*
g(e)ōmor (§30,2) jammervoll, traurig; ahd. *jāmar* (§28,2), nhd. *Jammer*
g(e)ōmore Adv. in trauriger Weise
g(e)ōmor-gyd(d) nja. Klagelied
g(e)ōmor-mōd traurigen Sinnes

g(e)ond (§30,2) Präp. (mit A.) durch, über ... hin; ne. *beyond*, got. *jaind* dorthin
g(e)ong (§30,2) jung; *gingæste word* 2817: das jüngste (= letzte) Wort, vgl. nhd. *das Jüngste Gericht*; ne. *young*, got. *juggs*
georn (§29,1b) begierig, eifrig; as. ahd. *gern*, got. *-gaírns*
georne Adv. gern; ahd. *gerno*, mhd. *gerne*
Gēotena s. *Gēatas*
gi(e)fan (ws.), angl. kent. *gefan* (§§30,1; 44,Ia) st.5. geben; ne. *give* (skand.), as. *geban*, got. *giban*
gi(e)lp, gylp nma. Ruhmrede, Ruhm; *gylpe* I. 2521: mit Ruhm, rühmlich; as. *gelp* (§30,1)
gi(e)lpan, gylpan (ws.), angl. *gelpan* (§30,1) st.3. sich rühmen, freuen über (mit G. oder D.); ne. *yelp*, mhd. *gelfen*
gif wenn: ne. *if*, got. *jabai*
gifeþe (altes Verbaladj.) gegeben, zuteil; as. *gibiðig*
gif-sceat(t) (tautol.) ma. 'Gabenschatz', Geschenk; got. *skatts* (§30,1) Geld
gif-stōl ma. Gabenstuhl, Thron; got. *stōls*
gifu fō. Gabe, Geschenk; got. *giba*
gīgant ma. Gigant, Riese; lat. (gr.) *gigas*, A. *gigantem* (§14)
gilp- s. *gi(e)lp-*
gilp-cwide mi. Ruhm-, Prahlrede; as. *gelp-quidi*, zu *cweðan*
gilp-spræc fjō. Prahlrede; *on ~e gūðgeweorca* 981: an ruhmredigen Worten von Kampftaten; zu *sprecan*
gin(n) groß, ausgedehnt; aisl. *ginn-*

gingæst 2817: für *gingest* (§51,5 Anm.2 und b) s. *g(e)ong*
g(i)ō s. *g(e)ō*
g(i)ogoð s. *g(e)ogoð*
g(i)ōmor- s. *g(e)ōmor-*
ge-giredan s. *ge-gyrwan*
git (Dual) ihr beide; vgl. *wit*
gīt s. *gȳt*
glæd (§26,1) freundlich, herrlich; ne. *glad,* ahd. *glat* glatt, glänzend
glæd-man Adj. freundlich
glēd fi. Glut, Feuer; ne. (arch., dial.) *gleed,* aisl. *glōð,* < urg. **glōði-*
glēd-egesa mk.1. Glutschrecken, schreckliches Feuer (des Drachens)
glēo-drēam (tautol.) ma. Fröhlichkeit; ne. *glee*
glīdan (§44,Ia) st.1. gleiten; ne. *glide,* ahd. *glītan*
gnorn mna. Kummer, Leid
god ma. Gott; ne. as. *god,* got. *guþ,* G. *gudis*
gōd gut, trefflich; ne. *good,* got. *gōþs,* G. *gōdis*
gōd na. Gutes, Wohltat; ne. *good,* as. *gōd*
gōd-fremmend mk.5. Tapferer; zu *fremman*
gold na. Gold; ne. *gold,* got. *gulþ,* urg. **gulþa(n)* (§§21,5; 22,2; 40,1; 48,1,2)
gold-fāh goldverziert
gold-gyfa mk.1. Goldgeber, (Kennning für) Herr; zu *gi(e)fan*
gold-hroden goldgeschmückt
gold-sele mi. Goldsaal
gold-wine Goldfreund, (freigebiger) Fürst
gold-wlanc stolz auf, erfreut über das (erhaltene) Gold

gombe (*-a?, -an?*) Tribut; as. *gambra* (Heliand 355.)
gomel s. *gamol*
gongan s. *gangan*
gram gram, feindlich; aisl. *gramr,* abl. zu *grim(m)* (§75)
grāp fō. Handgriff; aisl. *greip* Hand, abl. zu *grīpan* (§75)
grǣdig gierig; ne. *greedy,* as. *grādag,* got. *grēdags* (§21,2)
grǣg grau; ne. *gray, grey,* ahd. *grāo,* Pl. *grāwe,* ae. *-g* < *w*
græs-molde fk.1. Grasboden; got. *gras* + *mulda* Staub
Grendel ma. Ungeheuer, das Beowulf erlegt; zur Etym. vgl. Klaeber, S. xxviii
grēot na. Sand; ne. *grit,* nhd. *Grieß,* as. *griot,* ahd. *grioz,* mhd. *griez* Sand, Kies, germ. **greuto-*
grētan sw.1. (be)grüßen, nahen; ne. *greet,* as. *grōtian*
ge-grētan sw.1. grüßen, anreden
grim(m) grimm(ig); später D.Pl. *-on* 306: für *-um* (§51,2); *grimre* 527: G.Sg.f. abhängig von *wēnan* 525. (mit G. verbunden); ne. *grim,* aisl. *grimmr*
grīm-helm ma. Maskenhelm; s. *here-grima*
grimme Adv. grimm(ig), furchtbar
grīpan st.1. greifen; ne. *gripe,* got. *greipan*
grund ma. Grund, Boden; ne. *ground,* as. *grund*
grund-wong ma. Grund(fläche), Boden; s. *wang*
gryre mi. Graus, Schrecken; as. *gruri*
gryre-geatwe fwō. Pl. Kriegsrüstung; s. *wīg-getāwa*

guma mk.1. Mann, Mensch; got. *guma*, lat. *homo*, idg. *gh(ə)-mon*
gum-cyn(n) nja. Volk
gum-cyst fi. Mannestugend, Freigebigkeit; D.Pl. ~*um gōd* 1486: gut an ...; got. *ga-kusts* Prüfung, abl. zu *čēosan* (§75)
gum-man(n) (tautol.) Mann, Mensch
gūð fō. Krieg, Kampf; ahd. *gund-*, in nhd. *Gunther*
gūð-beorn ma. Kriegsmann
gūð-byrne fkk.1. Kampfbrünne
gūð-cræft ma. Kampfkraft
gūð-cyning ma. Kampfkönig
gūð-floga mk.1. 'Kampfflieger', fliegender Kämpfer; zu *flēogan* st.2., ne. *fly*
gūð-fremmend mk.5. Kämpfer; zu *fremman*
gūð-getāwa fwō. Pl. Kampfrüstung; s. *wīg*~
gūð-gewæde nja. Kampfgewand; N.Pl. *-gewǣdo* 227. (§51,1)
gūð-geweorc na. Kampftat
gūþ-mōd kampfmutig
gūð-rēow kampfwild
gūð-rinc ma. Kriegsmann, Kämpfer
gūð-rōf kampfberühmt, -tüchtig
gūð-searo nwa. Kampfrüstung
gūð-sele mi. Kampfsaal
gyd(d), gi(e)d(d) (§30,1) nja. Bericht, Lied
gyddian sw.2. feierlich sprechen, reden; zu *gyd(d)*
gyf (§51,5 Anm.1) s. *gif*
gyfen s. *gi(e)fan*
gyfen Sb. s. *geofon*
gyfeþe s. *gifeþe*
gyldan, gi(e)ldan (ws.), angl. *geldan* (§30,1) st.3. (be)zahlen, vergelten, lohnen; ne. *yield*, as. *geldan*, got. *fragildan*
gylden (§44,Ia) golden; ne. *golden* < Sb. *gold* + *en*, got. *gulþeins*
gylp-, tylpan s. *gi(e)lp, gi(e)lpan*
ge-gyrede s. *gyrwan*
gyrwan, gierwan (§§29,1b; 31,7) sw.1. bereiten, schmücken, verzieren; germ. *garwjan*, as. *gerwian*, nhd. *gerben*, zu *gearu, -o*
ge-gyrwan sw.1. bereiten, ausrüsten
gȳt, gī(e)t (ws.), angl. *gēt* (§30,1) noch, bisher; ne. *yet*, mhd. *ieze*

habban sw.3. haben, (be)halten; ne. *have* (nach der 2.3.Sg.Präs.), got. *haben*
hād ma. Gestalt, Art; *on sweordes* ~ 2193. in Schwertgestalt; ne. Suffix *-hood*, got. *haidus*
hador heiter, hell; aisl. *heiðr*
hador na. Heiterkeit
hafa (Imp.Sg.) s. *habban*
hafala, hafela mk.1. Haupt; zu lat. *caput*
hafast, hafað angl. s. *habban*
hafu angl. (*hæbbe* ws.) s. *habban*
hāl heil; ne. *hale, whole*, got. *hails*
Hālga mk.1. jüngerer Bruder Hrothgars; aisl. *Helgi*, zu *hālig*
hālig heilig; ne. *holy*, got. *hailags*
hām ma. Heim, Heimat, Wohnsitz; endungsloser D.Sg. 124; 374; ne. *home*, got. *haims*
hand fu. Hand; ne. *hand*, got. *handus*
hand-bona mk.1. Mörder mit der Hand; s. *bana*
hand-gesella mk.1. zur Hand gehender Gefährte, Kamerad; zu *sæl, sele*, ahd. *gisello*, nhd. *Geselle*

hand-locen handgefügt; P.P. zu *lūcan* st.2. schließen, flechten, got. *lūkan*
hand-sporu fk.1., *-spura* mk.1. Handsporn, Kralle; ne. *spur*, ahd. *sporo*
hangian sw.2. hangen; ne. *hang*, aisl. *hanga*
hāt heiß; Sup. *hātost*; ne. *hot*, aisl. *heitr*
hātan red.1. heißen (mit Akk. cum Inf.), befehlen, nennen; Opt.Präs. *hātan* 2806. statt *hāten* nennen mögen; got. *haitan*
ge-hātan red.1. verheißen, geloben (mit G.); got. *gahaitan*
hæbbe (§31,6b) s. *habban*
hæfde, hæfdon, ne. *had*, s. *habban*
hæfen s. *hebban*
hæft-nȳd fi. 'Haftnot', Gefangenschaft; as. ahd. *haft* gefangen, lat. *captus*
hǣl (D.Sg. bisweilen *hālor*) nk.3. Heil, günstiges Vorzeichen; zu 204 vgl. ahd. *heil souwōn*; zu *hāl*
hæle(ð) mk.4. Held, Mann, Krieger; as. *helið*
hǣlo fk.1. (§59,4) Heil, Glück; zu *hāl*; ae. *hǣlþ* > ne. *health*
hærg-træf na. Götzentempel; ws. *hearg* ma., angl. *hærg* (§35), ahd. *harug* Hain, Tempel + ae. *træf* Zelt, lat. *trabs* (?) Balken
hǣþen (§31,2) Adj. heidnisch, Sb. Heide; ne. *heathen*, aisl. *heiðinn*
hē, hēo hīo, hit (§64) er, sie, es; reflexives *him, hine* sich, pleonast. *him* 1880
hēafod na. Haupt; ne. *head*, got. *haubiþ*
hēafod-beorg fō. 'Hauptberge', Kopfschutz; zu *beorgan*
hēafod-mǣg ma. Haupt-, Blutsverwandter
hē(a)h (§35) hoch, erhaben; ne. *high*, got. *hauhs*
hē(a)h-cyning ma. erhabener König
hē(a)h-sele mi. Hochsaal, hohe (große) Halle
hē(a)h-stede (§48,2) mi. Hochstätte; got. *staþs*, lat. *statiō* Standort
h(e)al(l) (§29,1c) fō. Halle; ne. *hall*, as. ahd. *halla*
heal-ærn na. Hallengebäude
h(e)aldan (§29,1c) red.2. halten, bewachen, regieren; ne. *hold*, got. *haldan*
ge-h(e)aldan red.2. (er)halten, bewahren
h(e)alf fō. Hälfte Seite; ne. *half*, got. *halba*
Healfdene mi. 'Halbdäne', Dänenkönig, Sohn Beowulfs I
heal-reced na. Hallengebäude
h(e)als (§29,1c) ma. Hals; got. *hals*, lat. *collum* < **colsom*
heals-bēag ma. Halsring, -band
heals-gebedda mfkj.1. traute Bettgenossin; zu *bed(d)*
heal-sittend mk.5. in der Halle Sitzender; zu *sittan*
heal-ðegn ma. Hallendegen
hēan(ne) s. *hēah*
hēap ma. Haufen, Menge; ne. *heap*, germ. **haupa-*
heard hart, kühn; ne. *hard*, got. *hardus*
hearde Adv. hart, sehr; ahd. *harto*
heard-ečǧ mit harter Schneide
heard-hičǧende Adj. tapfergesinnt; Part.Präs. zu *hyčǧan*

hearm-dæg ma. schlimmer Tag; ne. *harm*, aisl. *harmr*
hearpe fk.1. Harfe; ne. *harp*, as. aisl. *harpa*, zu lat. *corbis* Korb
heaðo-, heaðdu- (§32,1) mu. Kampf, Krieg; ahd. *Hardu-*, in nhd. *Hedwig*, s. *mēče*
heaðo-, heaðu-fȳr na. Kampffeuer, tödliches Feuer
heaðo-grim(m) kampfgrimm, furchtbar grimmig
heaðo-lāc na. Kampfspiel, Kampf (zu 'Kampf = Spiel' vgl. *beadu-lāc* 1561, *sweorda gelāc* 1040, *ečga gelāc* 1168); s. *ge-lāc*
Heaþo-lāf ma. ein Krieger der Wylfingen (nur hier erwähnt)
heaðo-mǣre kampfberühmt
Heaþo-Rǣmas ma. Bewohner des südlichen Norwegen (Romerike nördl. von Oslo); vgl. 'Widsið' V.63: *mid Heaþo-Rēamum;* A.Pl. *-Rǣmes* 519 statt *-Rēamas* ist späte Form mit (me.) Monophthongierung von *ēa > ǣ* und abgeschwächter Endung *-as > es;* aisl. *Raumar*
heaþo-rǣs ma. Kampf(sturm)
heaðo-rēaf na. Kampfkleid, Rüstung; zu *rēafian*
heaðo-rinc ma. Krieger
heaþo-rōf kampfberühmt
Heaðo-Scilfing ma. 'Kampf-Scilfing', Beiname Onelas; zu G.Sg. *-as* 63 für *-es* vgl. §51,5b
heaþo-swāt ma. Kampfblut; ahd. *sweiz*, nhd. *Schweiß*, lat. *sūdor < *svoidōs*
heaðo-wǣd fō. Kampfgewand, Rüstung; s. *ge-wǣde*
heaðo-wylm mi. Kampfwoge, vernichtende Feuerwoge

hebban st.6. (er)heben; ne. *heave*, got. *hafjan*
ge-hēde (*-hēgde*) s. *ge-hēgan*
ge-hēgan (kent. angl.), *-hīegan* (ws.) sw.1. austragen (gerichtl. Ausdruck), vollführen; aisl. *heyja*, germ. **haujan-* (§31,7)
heht s. *hātan*
hel(l) fjō. Hölle; got. *halja* (§25,3a)
helm ma. Helm, Schutz, Schützer; 1392: Schutzwinkel; ne. *helm(et)*, got. *hilms*
helm-berend mk.5. Helmträger, Krieger; zu *beran*
Helmingas ma. Familie Wealhtheows
help fō. Hilfe; ne. *help*, as. *helpa*
helpan st.3. helfen (mit G. oder D.); ne. *help*, got. *hilpan*
hel-rūne fk.1. Hexe, Dämon; zu *rūn*
hēo s. *hē*
heofon ma. Himmel (häufig im Pl.); ne. *heaven*, as. *heban* (§32,2)
hēold, -on s. *healdan*
heonan (§32,3) Adv. von hinnen; me. *hen(ne)s* (mit adv.G. *-es* wie in *once, else, since* usw.), ne. *hence;* as. ahd. *hinan(a)*
heoro, -u (§32,2) mu. Schwert; got. *haírus*
Heoro-, Here-gār ma. Dänenkönig, älterer Bruder Hrothgars; Vertauschung von *heoro* Schwert und *here* Heer
Heor(o)t (§32,2) ma. 'Hirsch', Hrothgars berühmtes Hallengebäude; je nach dem Bedürfnis des Versmaßes wechselt die volle Form mit der (nach dem Muster der flekt. Formen) gekürzten (V.78)

heorð-genēat ma. Herdgenosse; abl. zu *ge-nēotan* (§75)
heoru-drēor mna. (Schwert-), Kampfblut
hēoð fō. Inneres
hēr hier, hierher; ne. *here*, got. *hēr* (§21,2)
here mja. Heer; got. *harjis*
here-brōga mk.1. Kriegsschrecken
Here-gār s. *Heoro-gār*
here-grīma mk.1. Maskenhelm; ae. aisl. *grima* Maske
here-sceaft ma. Heerschaft, (Kenning für) Speer
here-spēd fi. Kriegsglück; ne. *speed*, in nhd. *sich sputen* (as. *spōdian* beschleunigen)
here-wīsa mk.1. Heerführer
herge (D.Sg.) s. *here*
herge (Opt.3.Sg.) 3175: s. *herian*
herian sw.1. preisen, loben; got. *hazjan* (§§25,1; 31,1)
hēt s. *hātan*
hete mi. Haß, Feindschaft; got. *hatis*
hete-nīð ma. haßvolle Feindschaft
hete-þanc ma. Haßgedanke
ge-hēton s. *ge-hātan*
hī(e) s. *hē*
hider hierher; ne. *hither*, got. *hidrē*
hige, hyge (§51,5 Anm.2) mi. Sinn, Herz; as. *hugi*, got. *hugs*
Hige-, Hyge-lāc (§51,5 Anm.2) ma. Gautenkönig, Beowulfs Onkel
hige-rōf tapfer
hige-þrym(m) mja (?). Herzenskraft, Hochherzigkeit
hild fjō. Kampf, Krieg; aisl. *hildr*
hilde-bil(l) na. Kampfschwert
hilde-bord na. Kampfschild
hilde-cumbor na. Kampfbanner
hilde-dēor kampfkühn
hilde-rǣs ma. Kampfsturm
hilde-rinc ma. Krieger
hilde-setl na. Kampfsitz, (Kenning für) Sattel; ne. *settle*, nhd. *Sessel*, got. *sitls* Sitz, Stuhl
hilde-wǣpen na. Kampfwaffe
hild-fruma mk.1. Kampffürst
hilt na. Schwertgriff; ne. *hilt*, ahd. *helza*
him s. *hē*
hindema letzter; got. *hindumists* hinterster
hine s. *hē*
hīo, hēo s. *hē*
hīofan (kent.) st.2, sw.1. wehklagen; got. *hiufan*
hire s. *hē*
hire, hyre f. ihr (Poss.); ne. *her* (§65)
his m.n. sein (Poss.); ne. *his* (§65)
hit s. *hē*
hlāford (§38) ma. 'Brotwart', Herr; got. *hlaifs* Brotlaib + *wards* Wart
hlæst ma. Last; ahd. *(h)last*
hlǣw, hlāw m. Grabhügel; got. *hlaiw*
hleahtor (§29,1c) ma. Gelächter, Lachen, Fröhlichkeit; ne., *laughter*, ahd. *hlahtar*
hlēo(w) mwa. Schutz, Schützer; aisl. *hlē* Schutz, Lee > ne. *lee* (side)
hlēor na. Wange; ne. *leer*, as. *hlior*
hlēor-berg fō. Wangenschützer (am Helm); D.Pl. auf *-an* 304 statt *-um* (§51,2); < *-be(o)rg* (§35,1), zu *beorgan*, vgl. *hēafod-beorg*
hlīfian sw.2. emporragen
hlið na. Hügel, Klippe; aisl. *hlið*, zu ae. *hlid* > ne. (eye-)*lid*
hlūd laut; ne. *loud*, ahd. *(h)lūt*

hlyn(n) mja. Klang, Lärm; as. *gi-hlunn*
hof na. Hof, Haus; as. ahd. *hof*
hogode (§77a) s. *hyğan*
hold hold, zugetan; got. *hulþs* (§40)
holm ma. Woge, Meer; ne. *holm*, aisl. *holmr*
holm-clif na. Meeresklippe
hond- s. *hand-*
hord na. Hort, Schatz; ne. *hoard*, got. *huzd*, urg. **huzda-* (§§22,2; 25,1)
hord-burh fk.4. Schatzburg; s. *burg*
hord-weard ma. Schatzhüter, König
horn ma. Horn, Giebel; got. *haúrn*, lat. *cornu*
horn-gēap weitgiebelig
horn-reced na. Giebelhaus
hrā-fyl(l) mi. 'Leichenfall', Gemetzel; got. *hraiwa-*; ae. *fyl(l)* zu *f(e)allan*
hraþe, raþe Adv. schnell; alliteriert sowohl mit *h* als auch mit *r;* Komp. *hraþor* 543 > ne. *rather*, got. *raþizō* leichter
Hrǣdlan (454: sw.G.), *Hrǣdles* (1485: st.G.) s. *Hrēþel* (§40.2)
hræd-līče Adv. schnell; ahd. *hrad*, zu *hraþe*
hrægl na. Gewand, Brünne; ne. (arch.) *rail*, ahd. *hregil*
hræðre angl. s. *hreþer*
hrefn, hræfn (§26,1 Anm.) ma. Rabe; ne. *raven*, aisl. *hrafn*
hrēmig sich rühmend, frohlockend über (mit G.D.); zu *brēme*
hrēoh rauh, wild; N.Pl. f. *hrēo* 548
hrēosan st.2. fallen, stürzen
Hrēþel ma. Gautenkönig, Vater Hygelacs, mütterlicher Großvater Beowulfs II.

hreþer na (?). Inneres, Brust, Herz; got. *haírþra* Pl. Eingeweide
Hrēð-men mk.4. Pl. Beiname der Gauten (s. Klaeber, S.144)
Hrēðrīč ma. Sohn Hrothgars
hrīnan st.1. berühren, erreichen; as. ahd. *hrīnan*
hring ma. Ring; ne. *ring*, as. ahd. *hring*
hringan sw.1. klingen, klirren; ne. *ring*, aisl. *hringja*
Hring-Dene s. *Dene*
hringed-stefna nk.1. am Steven beringtes Schiff
hring-īren nja. Ringeisen, Panzer aus ineinandergefügten Ringen
hring-weorðung fō. Ringschmuck; zu *weorðian*
(ge-)hroden (P.P. von *hrēodan*) geschmückt; aisl. P.P. *hroðinn*
hrōf ma. Dach; ne. *roof*, aisl. *hrōf*
Hrones-næs(s) ma. 'Walfischkap', Vorgebirge an der Küste Gautlands; zu *nose*
hron-fisc ma. Walfisch; A.Pl. *~fixas* (§§42,2; 44,IIb); ne. *fish*, zu lat. *priscis* (§23,1)
hron-rād fō. Walfischstraße, (Kenning für) Meer; ne. *road, raid*, ahd. *reita*, abl. zu *rīdan*
Hrōð-gār ma. König der Dänen; zu got. *hrōþeigs* ruhmreich; aisl. *Hrōðgeirr*, mhd. *Rüedegēr*, agn. *Roger*
Hrōð-mund ma. Sohn Hrothgars (sonst nirgends erwähnt)
Hrōþ-(w)ulf ma. Neffe Hrothgars, Sohn Halgas
Hrunting ma. 'Stößer', Unferths Schwert; zu ae. *hrindan* st.3. stoßen; aisl. *hrinda*
hruron s. *hrēosan*

hrycǧ mja. Rücken; ne. *ridge*, as. **hruggi** (§44,Ib)
hryre mi. Fall, Tod; zu *hrēosan*
hryssan, hrissan (§51,5 Anm.1) sw.1. (trans.) schütteln, (intrans.) klirren; got. *us-hrisjan* abschütteln
hū (§68,1) wie; ne. *how*, as. *hwō, hū* (§26,2)
hūru Adv. fürwahr, wahrlich
hūs na. Haus; ne. *house*, gemeingerm. *hūs*
hūð fō. Beute; got. *hunþs* (§28,1), abl. zu got. *hinþan* fangen
hwā (§68) wer, irgendwer; ne. *who*, got. *hwas* (§37,1)
ge-hwā (§68,2) jeder (mit partit.G.)
hwanan, -on Adv. von wannen; ne. *whence* nach *hence*, s. *heonan*
hwate s. *hwæt* Adj.
ge-hwǣr Adv. überall; ne. *everywhere*, as. ahd. *gi-hwār*
ge-hwǣre s. *ge-hwā*
ge-hwæs s. *ge-hwā*
hwæt Interj. was, nun, fürwahr. Im Ae. beliebter Eingang von Gedichten und Reden
hwæt was, (mit partit. G.Pl.) was für; 233: wer; *ānes* ~ 3010 nur von einem etwas, nur ein kleiner Teil; ne. *what*, lat. *quod* (§§21,1; 48,1; 68,3)
hwæt Adj. scharf, kühn; as. *hwat*, zu *hwettan*
hwæðer (§68,4) welcher von beiden, ob; *hwæðer ... uncer twēga* 2530: welcher von uns beiden; ne. *whether*, got. *hwaþar*, gr. πότερος (gr. π = idg. *kw*)
ge-hwæþer (§68a) jeder, einer von beiden, s. *ǣg-hwæþer*

hwæðre, hwæþere Adv. (je)doch
hw(e)alf na. Wölbung; aisl. *hvalf*, zu ahd. mhd. *welben* < germ. **hwalbjan*, nhd. *wölben*
hwearf s. *hweorfan*
ge-hwelč s. *ge-hwylč*
hweorfan st.3. sich wenden, gehen; *īdel* ~ 2888: verlustig gehen (mit G.); got. *hwaírban*, nhd. *werben* (s. §77a)
hwettan st.1. antreiben; ne. *whet*, nhd. *wetzen*, got. *ga-hwatjan*, zu *hwæt* Adj.
hwīl fō. Weile (lange) Zeit; ~ *dæges* 1495 (vgl. 1600): ein guter Teil des Tages; ne. *while*, got. *hweila*
hwīlum (D.Pl. von *hwīl*) Adv. bisweilen; ne. *whilom*
(ge-)hwone s. *(ge-)hwā*
hwurfe s. *hweorfan*
hwyder, hwider (§51,5 Anm.1) Adv. wohin; ne. *whither*
hwylč (§§33,5; 44,Ic; 68,4) welcher; ne. *which*, got. *hwileiks*
ge-hwylč, -hwelč (§68a) jeder; s. *ǣg-hwylč*
hwyrfan (ws.) sw.1. wandeln; as. *gi-hwerbian*, zu *hweorfan*
hwyrft mi. Wanderung; abl. zu *hweorfan* (§75)
hȳ s. *hī(e)*
hyčǧan, hičǧan (§51,5 Anm.2) sw.3. denken, beschließen; got. *hugjan* (§44,Ib)
hȳdan sw.1. verbergen, verhüllen; ne. *hide*, germ. **hūð-jan*
hyge-bend fjō. (mi.) Herzensband, Herzfasern; s. *hige*; got. *bandi*
hyht mi. Hoffnung; zu *hige, hyge*
hyne (§51,5) s. *hine*
hȳnðu fō. Bedrückung, Drangsal,

Leid; G.Pl. auf *-o* statt *-a* 475, 593; zu *hȳnan* (§§26,4; 31,7) sw.1., got. *haunjan*, nhd. *höhnen*
hyra (§51,5), *hi(e)ra* Poss.Pl. ihr (§65)
hȳran (ws.), angl. *hēran* (§31,7) sw.1. hören, gehorchen; ne. *hear*, got. *hausjan* < **hauzjan*
ge-hȳran sw.1. hören, vernehmen; got. *ga-hausjan*
hyrde, hierde (ws.), merz. *heorde*, ndh. kent. *hiorde* (§§29,1b; 31,8) mja. Hirte, Hüter; got. *hairdeis*
hyre (§51,5) s. *hire*
hyrst fi. Rüstung, Schmuck(sachen); ahd. *(h)rust* (§42)
hyse mi. Jüngling, junger Mann
hyt (§51,5) s. *hit*
hyt(t) (§51,5 Anm.1) fjō. Hitze; as. *hittia*, < germ. **hitjō-*, abl. zu *hāt*, germ. **hait-* (§75)
hȳð fjō. Hafen: ne. *hithe* (in Ortsnamen), nd. *-hūde* (*Buxtehude*)

ič (§44,Ic) ich; ne. *I*, as. got. *ik*, lat. *ego*
īdel eitel, leer; ne. *idle*, as. *īdal*
ides fi. Frau; as. *idis*, vgl. Merseburger Zauberspruch: *Eiris sāzun idisi ...*
in Präp. in; Adv. her-, hinein; ne. germ. *in*
inc (Dual) D. euch beiden; *incer* G. von euch beiden; mhd. bayrisch *enk*, got. *igqis*, G. *igqara*
in-frōd sehr alt und weise
Ing-wine mi. Pl. Ings Freude, Beiname der Dänen; vgl. die *Ingaevones* bei Tacitus
innan Adv. (dr)innen; got. *innana*
inne Adv. (dr)innen; ne. *in*, got. *inna*

iogoþ s. *g(e)ogoð*
īren nja. Eisen, Schwert; < **īsren*, ne. *iron*, got. *eisarn*
īren-þrēat ma. eiserne (bewaffnete) Schar
is (§79,1) ist; ne. *is*, ahd. got. *ist*, lat. *est(i)*
īsig eisig, eisbedeckt; zu ae. ahd. *īs* na., ne. *ice*

kyning s. *cyning*

lā Interj. wahrlich, wohl; ne. *lo*
lāc na. Gabe, Geschenk; ac. *wedlāc* > ne. *wed-lock*
ge-lāc na. (Kampf-)Spiel (vgl. *heaðo-lāc*); aisl. *leikr* Spiel, Kampf, got. *laiks* Tanz, mhd. *leih* Gesang aus ungleichen Strophen > nhd. *Leich*
lād fō. Weg, Reise; ne. *load* (unter Bedeutungseinfluß von ne. *lade*), ahd. *leita*, abl. zu *līðan*
lāf fō. Überbleibsel, Erbstück; *fela* ~ 1032: Nachlaß der Feilen, (Kenning für) Schwert; *bronda* ~ 3160: Brandreste, Asche; got. *laiba*, zu *lǣfan*
lagu mu. See, Meer; as. *lagu*, zu lat. *lacus*
lagu-cræftig seekundig
lagu-strǣt fō. Meerstraße
lagu-strēam ma. Meeresströmung
ge-lamp s. *ge-limpan*
land na. Land; ne. *land*, gemeingerm. *land*
land-būend mk.5. Landbewohner; zu *būan*
land-fruma mk.1. Landesfürst, König
land-gemyrče nja. Landgrenze,

Gestade; ahd. *ai-merchi*, zu *mearc* (§§29,1b; 31,7; 44,Ib)
land-riht na. Landrecht, Landbesitz
lang, long lang; Komp. *lengra* (§72a) 134; ne. *long*, got. *laggs*, lat. *longus*
langað ma. Sehnsucht; zu *langian*, *longian* sw.2; ne. *long*, nhd. *verlangen*
lange, longe Adv. lange; Komp. *nō ... leng* 451: nicht länger, überhaupt nicht
lār fō. Lehre; ne. *lore*, zu *lǣran*
lāst ma. Spur; got. *laists*
lāð leid, feindlich; Sb. Feind; ne. *loath*, aisl. *leiðr*
lāð-getēona mk.1. Übeltäter; zu *getēon* st.1.
lǣdan sw.1. leiten, führen, bringen; ne. *lead*, urg. **laiðjan-*, Kausativum zu *liðan*
lǣfan sw.1. hinterlassen; ne. *leave*, got. *bi-laibjan*
(ge-)læg, lǣgon s. *(ge-)licǧan*
(ge-)lǣran sw.1. lehren, raten; got. *ga-laisjan*, zu *lār*
lǣs Adv. (§73b) weniger; ne. *less*, as. *lēs*
lǣssa (Komp. zu *lȳtel*) kleiner, geringer; I.Pl. auf *-an* 43 statt *-um* analogisch; ne. *less(er)*
ge-lǣstan sw.1. 1. Folge leisten; 2. leisten, erfüllen; ne. *last*, got. *ga-laistjan*
lǣtan (ws.), angl. *lētan* red.1. lassen; ne. *let*, as. *lātan*, got. *lētan* (§21,2)
lēaf na. Laub, Blatt; ne. *leaf*, got. *laufs*
lēafnes-word na. Erlaubniswort; ne. *leave*, zu ahd. *ur-loub* Urlaub
lēan na. Lohn; got. aisl. *laun*
lēan st.6. tadeln; Präs.3.Sg. *lyhð* 1048: tadeln wird < **leahið* (§31,7) < **lahið;* as. ahd. *lahan* (§36,1)

lēas los, ledig, beraubt (mit G.); aisl. *lauss* (> me. *lous, lōs* > ne. *loose*), got. *laus*
lēas-scēawere mja. 'lose Schauer', Spione; ae. *-ere* < lat. *-ārius* (§51,3a), zu *scēawian*
lēg s. *līg*
leng s. *lange*
lenge (*ge~*) bevorstehend, zur Hand, vgl. ne. *be-long-ing*
lengra s. *lang*
lēod mi. Stammesgenosse, Fürst; Pl. *lēode* (Lands-)Leute; as. *liudi*, ahd. *liuti* (§26,4)
lēod fō. Volk; *~e* G.Sg. 596, 599; as. *liud*, ahd. *liut*
lēod-cyning ma. Volkskönig
lēod-gebyrg(e)a mkj.1. Volksbeschützer; abl. zu *beorgan* (§75)
lēod-scipe mi. Land, Volk
lēof lieb, geliebt; Komp. *lēofre* 2651: lieber; ne. *lief*, got. *liufs*
lēogan st.2. lügen; ne. *lie*, got. *liugan*
lēoht (§22,4) na. Licht, Glanz; ne. *light*, zu got. *liuh-aþ*
lēoma mk.1. Glanz, Leuchte; as. *liomo*, zu lat. *lūmen* Licht
leomum (§32,3) s. *lim*
lēton s. *lǣtan*
lettan sw.1. hindern (mit G. = an); ne. (arch.) *let*, nhd. *(ver)letzen* (aufhalten, hemmen > (körperlich) schädigen), got. *latjan* lässig machen, aufhalten; dazu ae. *læt*, got. *lats*, nhd. *laß*
libban, lifgan sw.3. leben, sein; ne. *live*, got. *liban*
līč (§44,Ic) na. Körper, Leiche; in ne. *lich-gate* Friedhofstor, got. *leik*
-līč Suff. -lich; ne. *-ly*, ahd. *-līh*, got. *-leiks*, zu *ge-līč*

ge-līč gleich; Sup. *ge-līcost* ganz gleich; ne. *(a)like,* ahd. *gi-līh,* got. *ga-leiks*
ličğan st.5. liegen; Prät.3.Sg. *læg* 1041: erlag, versagte; ne. *lie* (nach der 2.3.Sg.Präs.), as. *liggian* (§44,Ib)
ge-ličğan st.5. sich legen
līč-hama mk.1. Leib, Körper; *hama* Gewand, Hülle, zu got. *-hamōn* bedecken
līcian sw.2. gefallen; ne. *like* (ae.unpersön. > ne.persönl.Konstr.), got. *leikan*
līč-syrče fkj.1. Leib-, Brustpanzer
liden s. *līðan*
līf na. Leben; ne. *life,* ahd. *līb* Leben, nhd. *Leib*
lifað s. *libban*
lifde, -on s. *libban*
līf-frēa mk.1. Herr des Lebens, (Kenning für) Gott
lifige s. *libban*
līf-wraðu fō. Lebensschutz
lī(e)g (ws.), angl. *lēg* (§31,7) mi. Lohe, Flamme; ahd. *loug,* < urg. **laugiz*
ligge s. *līg*
lim na. Glied, Zweig; ne. *limb,* aisl. *limr*
ge-limpan st.3. zuteil werden, zustoßen; ahd. *gi-limpfan* angemessen sein, in nhd. *glimpflich*
lind fō. Lindenschild; nhd. *Linde,* aisl. *lind*
lind-hæbbend mk.5. Schildträger, Krieger; zu *habban*
linnan st.3. verlustig gehen (mit G.D.); got. *af-linnan* fortgehen
līðan st.1. gehen, (durch)fahren; got. *ga-leiþan*

līðe freundlich (mit G. = hinsichtlich); < **linþi* (§28,1), ne. *lithe,* nhd. *lind,* lat. *lentus* biegsam, zäh, langsam
līðend mk.5. Seefahrer; zu *līðan*
līxan sw.1. leuchten; < **liuhsjan* (§§35; 46,3 Anm.)
lōcian (§44,Ib) sw.2. sehen, blicken; ne. *look,* as. *lōcōn*
lof ma. Lob, Ruhm; as. aisl. *lof,* ahd. *lob*
lof-dǣd fi. Ruhmestat
lof-georn lobbegierig
lōgon s. *lēan*
ge-lōme Adv. häufig; me. *ilōme*
(ge-)lomp s. *(ge-)limpan*
lond- s. *land-*
long s. *lang*
long-sum langwährend; as. ahd. nhd. *lang-sam*
losian sw.2. entkommen; as. *losōn* los, frei werden
lufen fō. Freude, Hoffnung; got. *lubains*
ge-lumpe s. *ge-limpan*
lust ma. Lust, Freude; *~um* 1653. mit Freuden, gern; ne. *lust,* got. *lustus*
ge-lȳfan, -līefan (ws.), angl. *-lēfan* (§31,7) sw.1. glauben an, vertrauen auf; ne. *be-lieve,* got. *ga-laubjan*
lyhð s. *lēan*
lȳt (unflekt.) wenig (mit partit.G.); < **lūti,* as. *lūt*
lȳtel klein, wenig; spätae. *lyttle* (§41), ne. *little,* as. *luttil,* mhd. *lützel*
lȳt-hwōn Adv. sehr wenig

mādma(s), -um s. *māð (ðu)m*
maga mk.1. Sohn; zu *mago*
māga(s) s. *mǣg*

magan pt.5 (?). vermögen, können; got. *magan*
māge (*mǣge*) fk.1. Verwandte, Mutter; zu *mǣg*
mago mu. Sohn, Jüngling; got. *magus* Knabe, Knecht
mago-driht fi. Jungmannschaft; s. *ge-dryht*
mago-þegn ma. junger Krieger
man(n) mk.4. Mann, Mensch; *mannan* 297 (*mannon* 577): sw. A.Sg. Mannschaft (koll.Sg.); ne. *man*, as. ahd. *man(n)*, got. *manna*
ge-man s. *ge-munan*
mān na. Verbrechen, Frevel; ~*e* I.Sg. (= Adv.) 1055: frevlerisch; ahd. aisl. *mein*, nhd. *Mein-eid*
man-cyn(n) nja. Menschengeschlecht; ne. *mankind*
man-dryhten ma. Herr (der Männer), Gefolgsherr
mān-for-dǣdla mk.1. Übeltäter; zu *dǣd*
manig, monig (§51,1) manch, viel; ne. *many*, got. *manags*
man-līče Adv. männlich, trefflich
mannon s. *man(n)*
mān-scaða mk.1. verbrecherischer Schädiger, Übeltäter; s. *sceaþa*
man-ðwǣre leutselig, menschenfreundlich
māra (Komp. zu *mičel*) mehr, größer; ne. *more*, got. *maiza* (§25,1)
maþelian sw.2. reden, sprechen; zu got. *maþljan*
māð(ðu)m ma. Geschenk, Kleinod, Schatz; got. *maiþms*
māðþum-sweord na. kostbares Schwert
mæg, ne. *may*, as. ahd. got. *mag*, s. *magan*

mǣg ma. Blutsverwandter, Volksgenosse; as. ahd. *māg*, got. *mēgs* (§21,2)
mǣg-burg fk.4. Sippe, Stamm
mægen na. Macht, Kraft, streitbare Mennschaft; ne. *main*, aisl. *magn*, zu *magan*
mægen (Opt.1.Pl.) 2654: s. *magan*
mægen-cræft (tautol.) ma. große Kraft
mægen-ellen (tautol.) na. mächtige Kraft, großer Mut
mægen-wudu mu. Kraftholz, (Kenning für) Speer
mægð (§31,6d) fk.4. Jungfrau, Frau; got. *magaþs*, nhd. *Magd* [ae. *mægden* > ne. *maid(en)*]
mǣgþ fo. Volk(sstamm), zu *mǣg*
mǣl na. Zeit(punkt), Anlaß; ne. *meal*, aisl. *māl*, got. *mēl* (§21,2)
mǣl-c(e)aru fo. Kummer der Zeit
mǣnan sw.1. meinen, erzählen, (be)klagen; < germ. **mainjan*, ne. *mean*, dazu ne. *moan* < germ. **mainan*
ge-mǣne Adj. gemein(sam); ahd. *gi-meini*, got. *ga-mains* < germ. **ga-mainiz*, zu lat. *commūnis* < **co-moinis*
mænigo s. *menigo*
mǣre berühmt, berüchtigt; as. ahd. *māri*, got. *-mēreis* (§21,2), in nhd. *Märchen*
mǣrðu, -o fo. Ruhm, Ruhmestat; as. ahd. *māritha*, got. *mēriþa*, zu *mǣre*
mæst ma. Mast; ne. *mast*, aisl. *mastr*
mǣst, māst (§72c) meiste, größte; Adv. *mǣst* 2645: am meisten (mit partit.G.); *mǣst* ist nach *lǣst* umgebildet; ne. *most*, got. *maists*

mæton s. *metan*
mē (§64) D. mir, A. mich (s. *mec*); ne. *me*, got. D. *mis*, A. *mik*
meahte, meahton s. *magan*
mēaras s. *mearh*
mearc fō. Mark, Grenze; as. got. *marka*, lat. *margo* Rand, Grenze
mearcian sw.2. markieren, (be)zeichnen; ne. *mark*, as. *markōn*
mearc-stapa mk.1. Grenzbegeher; zu ae. *steppan* st.6, ne. *step*, nhd. *stapfen*
mearh (§37,3b) ma. Pferd, Roß; nhd. *mähre (Mar-stall)*, ahd. *mar(a)h*
mearn s. *murnan*
nēarum (I.Pl.) s. *mearh*
mec mich; as. got. *mik*
mēče mja. Schwert; I.Pl. *mēčum* 565 mit Sg.-Bedeutung wie variierendes *sweordum* 567; bei Konkreten selten, bei Abstrakten häufiger (vgl. *weorðmynd*); as. *māki*, got. *mēkeis* (§§21,2; 26,2; 44,Ib); von der angl. Dichtung aus wurde *mēče* gesamt-ae. (nie *mæče*), ebenso *beadu-, heaðu-*
ge-mēde nja. Zustimmung; as. *gi-mōdi*, zu *mōd*
medo, -u, meodu (§32,2) mu. Met; *medo* 604: D.Sg.; ne. *mead*, gemeingerm. *medus, litauisch *midùs* Met, *medùs* Honig
medo-ærn na. Methaus
medo-benč fi. Metbank
medo-ful(l) na. Metbecher
medo-heal(l) fō. Methalle
medu- s. *medo-*
mehte < meahte (§35) s. *magan*
meltan st.3. schmelzen, verbrennen; ne. *melt*, aisl. *melta*
men(n) s. *man(n)*

menigo, mænigo (§31,1b) fk.1. (§59,4) Menge; got. *managei*, zu *manig*
meodu-heal(l) s. *medo-heal(l)*
me(o)do-setl na. Met(haus)sitz; nhd. *Sessel*, got. *sitls*
meoto (A.Pl. von *me(o)tu*) fō. Überlegung, Pl.Gedanken 489; zu ae. *metian*, got. *mitōn* ermessen, (be)denken (§32,2)
mere mi. Meer, See; ne. *mere*, got. *marei*, lat. *mare*
mere-dēor na. Meerestier
mere-fara mk.1. Meerfahrer; zu *faran*
mere-fisc Meeresfisch; vgl. *hron-fisc*
mere-liðend mk.5. Seefahrer
mere-strǣt fō. Meeresstraße, Seeweg
mere-strengo (§51,1) fk.1. (§59,4) Kraft im Meere; zu *strang*
mergen s. *morgen*
ge-met na. Maß, Kraft, Vermögen; as. *gi-met*, zu *metan*
metan st.5. er-, durch-)messen; got. *mitan*, lat. *meditāri*
metod ws., angl. kent. *meotod* (§32,2) ma. Schicksal, Walter, Gott; as. *metod*, zu *metan*
metod-sceaft fi. Schicksalsfügung, Tod; got. *ga-skafts* Schöpfung
meþel (§26,1 Anm.), *mæþel* na. Rat, Versammlung; got. *maþl* Versammlungsort, Markt, zu *maþelian*
meþel-word na. formelles Wort
mičel groß, viel; I.Sg. n. *micle* (= Adv.) 2651: (§44 Anm.1) um vieles, viel; ne. *much*, got. *mikils*
mid Präp. (mit D. oder A.) (zusammen) mit, durch, bei, unter; got. *miþ*

middan-geard ma. mittlerer Wohnsitz, Erde (zwischen Himmel und Hölle; ~*es* 504: (adv.G.) auf Erden; got. *midjun-gards*
mihte, -on, ne. *might,* s. *magan*
mihtig mächtig; ne. *mighty,* got. *mahteigs* (§31,7)
milde milde, freundlich; ne. *mild,* got. *mildeis*
mīn Poss. (§65) mein: ne. *my, mine,* got. *meins*
missēre nja. Wechsel-, Halbjahr; aisl. *misseri,* zu got. *missō* wechselseitig + ae. *gēar*
mist ma. Nebel; ne. *mist,* aisl. *mistr*
mist-hliþ na. Nebelhügel; *under ~hleoþum* (§32,3) 710: unter dem Schutz der Dunkelheit
mistig neblig, dunkel; ne. *misty*
mōd na. Gemüt, Sinn, Herz; 549: Wildheit; ne. *mood,* got. *mōþs* Mut, Zorn
mōd-čearu fō. Herzenskummer
mōd-gehygd (tautol.) fni. Gedanke, Sinn; zu *hyčğan*
mōdig mutig; ne. *moody* launisch
mōdig-līč mutig
mōd-sefa (tautol.) mk.1. Sinn
mōd-þracu fō. kühner Sinn; zu aisl. *þrekr* Kraft
mon(n)- s. *man(n)-*
mōna mk.1. Mond; ne. *moon,* as. ahd. *māno* (§28,2)
monig s. *manig*
mōr ma. Moor; ne. *moor,* as. *mōr*
morgen, mergen ma. (mja.) Morgen; ne. *morn(ing), morrow,* got. *maúrgins*
morgen-c(e)ald morgenkalt; *gār* ~, weil der Kampf am Morgen beginnt

morgen-lēcht na. Morgenlicht, (Kenning für) Sonne
morgen-swēg mi. Morgenlärm
morgen-tīd fi. Morgenzeit
mōr-hop na. Moorgrund; ne. dial. *hop, hope*
morð-bealu nwa. Mord(übel); A.Sg. auf *-a* 136: statt *-u* (§51,1); aisl. *morð,* lat. *mors,* G. *mortis* Tod (§21,5)
mōst(e), mōston, ne. *must* (neues Prt.Prs.), s. *mōtan*
***mōtan** pt.6. dürfen, können; *mōt* 2886: muss, wird; got. *ga-mōtan* Raum finden
ge-munan pt.4. sich erinnern, gedenken (mit A.); got. *ga-munan*
mund fō. Hand, Schutz; aisl. *mund,* in nhd. *Mündel, Vormund*
mund-bora mk.1. Hüter, Beschützer; as. ahd. *-boro,* zu *beran*
mund-gripe mi. Handgriff; ne. *grip,* aisl. *gripr,* abl. zu *grīpan*
murnan st.3. trauern; ne. *mourn,* got. *maúrnan*
mūþa mk.1. Mündung, Eingang, Tür; zu *mūþ* (§§21,5; 28,1)
ge-mynd fni. Erinnerung, Andenken; ne. *mind,* got. *gamunds,* lat. *mēns* (flekt. *ment-*), (§21,5)
ge-myndig eingedenk, bedacht auf (mit G.)
myne mi. Sinn, Beachtung; as. *muni,* got. *muns,* zu *munan*
ge-myne 659 (Imp.Sg.) s. *ge-munan*
myntan sw.1. auf etwas abmünzen, beabsichtigen; ne. (arch., dial.) *mint,* zu *myne*

nā s. *nō*
naca mk.1. Nachen, Schiff; as. *nako,* ahd. *nahho*

nacod nackt, bloß; ne. *naked*, got. *naqaþs*
nalæs, nalles, nalas s. *n(e)alles*
ge-nam s. *ge-niman*
nama mk.1. Name; ne. *name*, got. *namō*, zu lat. *nōmen*
nān < **ne ān* (§68a) nicht ein, kein; ne. *none, no*, ahd. *n-ein*, lat. *nōn* < **ne oinum*
nāt < *ne wāt* weiß nicht, s. *witan*
nāt hwylč 274: (§68a) irgendein
næfne (angl.) s. *nefne*
næfre < **ne ǣfre* niemals; ne. *never*
nægl ma. Nagel; ne. *nail*, as. ahd. *nagal*
nænig < **ne ǣnig* (§68a) kein
næron < *ne wǣron* waren nicht, s. *wesan*
næ < *ne wæs* war nicht, s. *wesan*
næs Adv. durchaus nicht; wohl aus *nealles* gekürzt oder aus *nā-lǣs*
ne (älter *ni*) nicht; *nē* Konj. noch auch; *nē ... nē ... nē* 1393 f.: weder – noch – noch; as. ahd. *ni, ne*, got. *ni* (§48,2)
nēah (§29,2) Adv. nah
ge-neahhe (§29,1a) Adv. genugsam, häufig; zu ahd. *gi-nah*, got. *ga-nah* es genügt
n(e)alles Adv. (§73d) < **ne (e)alles* durchaus nicht, keineswegs; ahd. *nalles*, s. *næs* Adv.
nēan Adv. von nahem; ahd. *nāhun*, zu nēah (§§29,2; 36,1)
nearo-þearf (tautol.) fö. große Not; *nearo* nwa. Not, Bedrängnis, vom Adj. *nearo* (G. *nearwes* mit *ea* durch Brechung nach §29,1b), ne. *narrow*
nefne, næfne, nemne Konj. wenn nicht, außer (daß) mit Opt.); vgl. got. *niba(i)*

nelle, nylle (§33,5) < *ne wille* will nicht, s. *willan*
nemnan sw.1. nennen; got. *namnjan*, zu *nama*
nemne s. *nefne*
nēos(i)an, nīos(i)an (§31,8) sw.1 od. 2. aufsuchen (mit G.); got. *niuhsjan*
nēotan st.2. genießen, sich erfreuen (mit G.); got. *niutan*
nerian sw.1. (er)retten; got. *nasjan* (§25,3a)
(ge-)nēþan sw.1. (sich) wagen; got. *ana-nanþjan* (§§28,1; 31,4; 25,3a)
nicor ma. Seeungeheuer; ahd. *nihhus* m., *nicchussa* f. Nix(e)
nigon neun; ne. *nine*, as. *nigun*, ahd. got. *niun*
niht (§31,7) fk.4. (im ganzen Sg. und N.A.Pl. meist unverändert) Nacht; ne. *night*, got. *nahts*, lat. (flekt.) *nocti-*
niht-bealu nwa. Nachtübel
nihtes Adv. (§73d) nachts
niht-long die Nacht lang
niman st.4. nehmen, hinwegraffen (vom Tode); ahd. *neman* (§28,3), got. *niman*
ge-niman st.4. ergreifen, wegnehmen; got. *ga-niman*
ge-nip na. Dunkelheit; abl. zu *nīpan* (§75)
nīpan abl.1. dunkeln
nis < **ne is* ist nicht
nīð ma. Drangsal, Feindschaft, Kampf; got. *neiþ*, nhd. *Neid*
nīþ-grim(m) furchtbar grimm
nīð-hēdig (< *-hȳdig* nach § 37,2 < *-hygdig*, mit spät-kent. Übergang von *ȳ* > *ē*) kampfentschlossen, kampfmutig; zu *hyčǧan*

nī(e)we (ws.), angl. *nēowe* (§31,8) neu; ne. *new*, as. ahd. *niuwi*
nīw-fyrwed neugeteert; zu *-tyrwyd* 295; vgl. § 51,5a; zu *te(o)ru* nwa., ne. *tar*
nō, nā (durchaus) nicht; < **ne + ō, ā*, got. *ni aiw*
nolde < **ne wolde** wollte nicht
norþan-wind wa. Nordwind; as. aisl. *norðan* von Norden
nose fk.1. Vorsprung, Vorgebirge; nach Hoops 1892b mit *nosu, nose* fu., ne. *nose* Nase, identisch
nū Adv. nun; *nū-ðā* 426. 657. (verstärkt), me. *nouthe;* Konj. da nun; ne. *now*, got. *nu* (§ 37,1), lat. *nunc* (*-c* von *hīc*)
ge-numen s. *ge-niman*
nȳd, nīed (ws.), angl. *nēd* fi. Not, Elend; ne. *need*, got. *nauþs*, urg. **nauði-* (§§25,2; 26,4; 31,7)
nȳd-bād fō. Notpfand, erzwungenes Pfand; zu ae. *bǣdan* sw.1. fordern, zwingen, got. *baidjan*
nȳd-wracu fō. schwere Bedrängnis; got. *wraka* Verfolgung, abl. zu *wrecan* (§75)
nyman (§51,5 Anm.1) s. *nimun*
nymðe Konj. wenn nicht; zu *nefne*
nyt(t) fjō. Nutzen, Dienst, Amt; < wg. **nutti-*, abl. zu *nēotan* (§75)

of Präp. von, aus; ne. *of, off*, as. aisl. got. *af*, in nhd. *ab-handen* eig. 'von den Händen'
ofer Präp. (mit D. u. A.) über, über ... hin; ne. *over*, got. *ufar*, lat. *s-uper*
ofer-flāt s. *ofer-flītan*
ofer-flēon st.2. fliehen (mit A. = vor)
ofer-flītan st.1. überwinden, besiegen; s. *flītan*
ofer-sāwon s. *ofer-sēon*
ofer-sēon st.5. (über)sehen, zusehen
ofer-sittan st.5. sich hinwegsetzen (mit A. = über), sich enthalten
ofer-swȳðan sw.1. überwältigen; got. *ga-swinþjan* (§§28,1; 25,3a) stärken, zu *swið*
ofost fō. Eile; as. *obast*
of-slēan st.6. erschlagen, töten
of-slōh s. *of-slēan*
oft oft; Sup. *oftost* 1663: sehr, gar oft; ne. *oft(en)*, got. *ufta*
of-tēah s. *of-tēon*
of-tēon st.1 od. 2. mit Zusammenfall von ur-ae. **of-tīhan* st.1 verweigern + **of-tēohan* st.2 (< urg. **-teuhan-*) entziehen (§36)
ō-hwǣr (§68a) Adv. irgendwo; s. *ā, alles hwǣr*
ombeht, ambiht ma. Dienstmann; ahd. *ambaht*, got. *andbahts*, in nhd. *Amt*
on Präp. (mit D. u. A.) auf, in, an; 122, 3164: von; ne. *on*, ahd. got. *ana*
on- Präfix, got. *and(a)-* (nhd. *ent-, ant-*), *ana-*
on-arn s. *on-irnan*
on-band s. *on-bindan*
on-beran st.6. wegnehmen, verkürzen
on-bīdan st.1. (er)warten (mit G.); ne. *abide*, got. *us-beidan*
on-bindan st.3. entbinden, lösen
on-brǣd < **on-brægd** (§37,2) s. *on-bregdan*
on-bregdan sdt.3. aufreißen; ne. *braid*, as. *bregdan*

ond, and (Handschr. ⁊; s. §19) und; ne. *and*, as. *ande, endi*
on(d)-hweorfan st.3. entgegenkommen
on-drǣdan red.1. fürchten; ne. *dread*, < ae. **ond-rǣdan* (?), vgl. as. *an(d)-drādan*, nhd. *ent-raten*
Onela mk.1. Schwedenkönig, Sohn Ongentheows
ōnettan sw.1. eilen; < **on-hātjan* (§38)
on-fēng s. *on-fōn*
on-findan st.3. herausfinden, entdecken
on-fōn red.1. empfangen, auf nehmen (mit D.)
on-funden s. *on-findan*
on-gan s. *on-ginnan*
on-gēan (*on-gegn*) Präp. (mit D.) (ent)gegen; ne. *again* (§37,2)
on-geat s. *on-gi(e)tan*
on-ginnan st.3. beginnen, unternehmen; ne. *be-gin*, got. *duginnan*
on-gi(e)tan, -gytan (ws.), angl. *-getan* (§30,1) st.5. erfassen, erkennen, erblicken; Inf. auf *-on* 308; ahd. *in-gezzan* erkennen
von-gunnon s. *on-ginnan*
on-gytan, -on s. *on-gi(e)tan*
on-hrēran sw.1. aufrühren, erregen; as. *hrōrian* rühren, bewegen, zu *hrōr* (s. *fela~*), nhd. *rührig*, in ne. (arch., dial.) *rearmouse* Fledermaus < ae. *hrēremūs*
on-irnan, -rinnan (§42) st.3. aufspringen, nachgeben; ne. *run* (< P.P. *runnen*), as. ahd. got. *rinnan*
on-lēac s. *on-lūcan*
on-lūcan st.2. aufschließen; got. *us-lūkan*

on-munan pt.4 (mit A. der Pers. u. G. der Sache) bedenken mit (*mǣrða* 2640: Ehren); s. *ge-munan*
on-sǣlan sw.1. entseilen, mitteilen; got. *in-sailjan* anseilen, zu *sāl*
aon-sendan sw.1. entsenden; got. *us-sandjan*
on-sittan (< *ond-sittan*) st.5. sich entsetzen vor, fürchten; ahd. *intsizzen* eig. 'aus dem Sitz kommen', got. *and-sitan* scheuen, fürchten
on-wæcnan st.6. erwachen, geboren werden; ne. *awake(n)*, got. *ga-waknan*
on-w(e)ald ma. Gewalt, Macht; zu *w(e)aldan*
on-wendan sw.1. abwenden; got. *afwandjan*
on-wōc(on) s. *on-wæcnan*
ōr na. Anfang, Spitze des Heeres; < lat. *ōra* Rand, Küste (§14)
orc-nēas ma. Pl. böse Geister; lat. *orcus* Totengott, -reich > germ. *orc* Höllendämon + ae. *nē(o)* Toter, zu got. *naus*
ord ma. (Waffen-)Spitze, Front; ahd. mhd. *ort*, nhd. *Ort*
ord-fruma mk.1. Führer, Fürst
ōret-mečǧ mja. Krieger; < **orhāt* (§38), ahd. *ur-heiz* Herausforderung + s. *mago* (§31,6b)
oreðes s. *oruð*
or-leahtre untadelig; *or-* bet.Präf., got. *us-*, ahd. *ur-, ir-*, zu *lēan* tadeln
or-þanc ma. Geschicklichkeit
oruð na. (feuriger) Atem; < **orōð* (§38), zu got. *uz-anan* aushauchen
oþ-beran st.6. herantragen; got. *unþa-, und*
ōþer der andere, eine von beiden; ne. *other*, got. *anþar* (§28,1)

oð(ð) þæt bis (daß); *oþ ðe* 649 abgeschwächte Form; got. *und þatei*
oððe oder; ne. *or*, got. *aiþþan*
ōwer (§51,3) s. *ō-hwǣr*

rād s. *rīdan*
rand ma. Schild; ne. *rand*, nhd. *Rand* (ahd. mhd. *rant* 'Schildrand', dann verallgemeinert)
raþe s. *hraþe*
ge-rǣcan sw.1c. erreichen, treffen; ne. *reach*, germ. **raikjan* (§§26,4; 31,2; 44,Ib)
rǣd ma. Rat; as. *rād*
ge-rǣhte s. ge-rǣcan
rǣs ma. Sturm, Angriff; aisl. *rās* > ne. (boat-, horse-)*race*
ræst, rest (§31,6a) fō. Rast, Ruhestatt; ne. *rest*, got. *rasta*
rǣswa mk.1. Fürst; *rǣswa(n)* 60. nhd. D.Sg. (s. §76a unter Inf.); aisl. *rǣsir*
rēafian sw.2. plündern, berauben; s. *be~*
rēč (angl. kent., s. §31,7) mi. Rauch; ahd. *rouh*, germ. **rauki-*
rečč̌an (Prät. *rōhte*) sw.1c. sich kümmern (mit G. = um); < germ. **rōkjan* (> ae. **rēčan*), as. *rōkian*, nhd. *geruhen*
rečč̌an (Prät. ws. *reahte*) sw.1c. recken, ausstrecken, darstellen; got. *rakjan* (§44,Ib)
reced mna. Gebäude, Halle; as. *rakud*
regn-heard sehr hart; as. ahd. *regin-* Intensivpräf. (in nhd. *Reinhart, Reinald* usw.)
rēoc wild
rēon s. *rōwan*

reordian sw.2. sprechen, erzählen; zu got. *razda* Stimme
rēþe wütend
rīče mächtig; ne. *rich*, as. *rīki* (§44,Ib), ahd. *rīhhi*
rīče (§13) nja. Reich, Herrschaft; got. *reiki* (§§44,Ib)
rīcsian sw.2. herrschen; ahd. *rīhhisōn*
rīdan st.1. reiten; *rād* 1883. lag, vgl. ne. *the ship rides at anchor*; ne. *ride*, as. *rīdan*
riht (§35,3) na. Recht, recht, das Richtige; *æfter ~e* 1049: dem Richtigen gemäß, wahrheitsgemäß; ne. *right*, got. *raihts*
rīman sw.1. (zusammen)zählen; as. *rīmian*, ahd. *rīmen*
rinc ma. Mann, Krieger; 720 = Grendel; zu ae. *ranc* gerade, tapfer, ne. *rank* Adj., nhd. *rank* (und schlank)
riodan (§32,3) für *ridon* ritten s. *rīdan*
rodor, rador ma. Himmel (häufig im Pl., vgl. *heofon*); as. *radur*
rōf berühmt, tapfer; as. *rōf*
rond s. *rand*
rōwan red.2. rudern, schwimmen; *rēon* 512, 539 < *rēo(w)un* (§36,1) Prät.Pl.; ne. *row*, aisl. *rōa*
rūm Adj. geräumig, weitherzig; got. *rūms*
ge-rūm-līče Adv. entfernt; vgl. ne. *roomily*, ahd. *rūmo*
rūn fō. Rune, Geheimnis, (geheime) Beratung; as. ahd. got. *rūna*, in nhd. *raunen, Alraun*
ge-rȳman sw.1. einräumen; as. *rūmian* (§31,5)
ge-rysne, -risne (§51,5 Anm.1)

Adj. angemessen, schicklich; abl. zu ae. as. ahd. *gerīsan* st.1 sich schicken, ziemen

sacan st.6. kämpfen; as. got. *sakan*, zu *sacu*

sacu fō. 'Sache', Streit; ne. *sake*, as. *saka*, s. *sæč(č)*

sadol ma. Sattel; ne. *saddle* (flekt.), < germ. **sadula-*

ge-saga s. *ge-sečǧan*

sāl ma. Seil; ahd. aisl. *seil*

sālum s. *sǣl*

samod Adv. zusammen; got. *samaþ*, nhd. *samt*

sand na. Sand, Strand; ne. *sand*, aisl. *sandr*

sang ma. Gesang; ne. *song*, got. *saggws*

sang s. *singan*

sārig-ferð (< *ferhð*) traurigen Herzens; ne. *sorry*, got. *sair* Schmerz

sāwol fō. Seele, Leben; ne. *soul*, got. *saiwala*

ge-sāwon s. *ge-sēon*

sǣ mfi. See, Meer; < germ. **saiwi-*, ne. *sea*, got. *saiws*

sǣbāt ma. Seeboot, Schiff

sæč(č), seč(č) (§31,6b) fjō. Streit, Kampf; got. *sakjō* (§44,Ib); s. *sacan*, *sacu*

sæce s. *sacu*

sǣde (§37,2) s. *sǣgde*

sǣgde(st), -on, ge-sǣgd s. *sečǧan*

sǣ-genǧa mkj.1. Seegänger, (Kenning für) Schiff; zu got. *faúragaggja* (§44,Ib) Vorsteher, ae. *gangan*

sǣ-grund ma. See-, Meeresgrund

sæl, sel (§26,1 Anm.) na. Saal; zu got. *saljan* wohnen, vgl. *sele*

sǣl, sēl mfi. 1. eine passende Zeit, günstige Gelegenheit; 2. 'Seligkeit', Freude; got. *sēlei* Güte, Milde

sǣ-lāc na. Seebeute

sǣlan sw.1. anseilen; s. *on~*

ge-sǣlan sw.1. sich ereignen, glücken; zu *sǣl*

sǣ-līþend mk.5. Seefahrer

sǣ-man(n) mk.4. Seemann

sǣ-mēþe seemüde; as. *mōði*

sǣmra Komp. schlechter, schwächer

sǣ-næs(s) ma. Meeresvorberge; aisl. *nes*, ne. *ness* in Ortsnamen

(ge-)sæt s. *(ge-)sittan*

sǣ-wudu mu. Seeholz, (Kenning für) Schiff

sǣ-wylm mi. Meereswoge

ge-scād na. *(witan)* mit G. Bescheid (wissen) über

scadu-helm ma. Schattenhülle, Dunkelheit; *~a gesceapu* 650: die Gestalten der Dunkelheit = die Nacht; s. *scead*

scami(g)an (§30;'S") sw.2. sich schämen (mit G.); ne. *shame*, got. *skaman sik*

scān s. *scīnan*

ge-scæp-hwīl fō. Schicksalsstunde; s. *ge-sceap*

scead ws., außerws. *scæd* (§30,1) na. Schatten; ne. *shade*; ae. *sceadu* (§56,2) fwō. > ne. *shadow*, got. *skadus*. (Ne. *shade* und *shadow* stammen aus den flekt. Formen.)

sceadu-genǧa mkj.1. Schattengänger, Wanderer im Dunkeln; s. *sǣ~*

sceaft ma. Schaft, Speer; ne. *shaft*, as. ahd. *skaft* (§30,1)

sceal (ws.), nhd. *sceal, scæl*, merz. kent. *scel* (§§30,1; 44,IIa) soll, muß,

werde, wird; ne. *shall,* as. ahd. got. *skal,* s. *sculan*
scealt s. *sculan*
ge-sceap ws. außerws. *-scæp* (§30,1) na. Geschöpf, Gestalt, Form; ne. *shape* (flekt.), as. *gi-scapu* Pl. Schicksal, aisl. *skap*
sceap (§29,1b) scharf, wachsam; ne. *sharp,* as. *scarp*
scēat ma. Schoß, Teil; ne. *sheet,* got. *skauts*
sceaþa (§32,1) mk.1. Schädiger, Feind; as. *scaðo,* zu *sceððan*
scēawi(g)an (§44,IIa) sw.2. schauen, erblicken; ne. *show,* as. ahd. *scauwōn*
Scede-land na. Schonen, südlichster Teil des heutigen Schweden, damals zu Dänemark gehörig
Scēfing (spät-ws. < *Scēafing,* s. §35,2) ma. Beiname Scylds; zu *scēaf,* ne. *sheaf,* nhd. *Schaub*
scel s. *sceal*
scenčan sw.1. einschenken; me. *schenchen,* as. *skenkian,* germ. **skankian*
ge-sc(e)ōp (§30,2) s. *ge-sci(e)ppan*
scēotend mk.5. Schütze, Krieger; zu *scēotan* st.2. schießen, me. *schēten* u. *schōten,* ne. *shoot*
sceðþan st.6. schaden, schädigend einfallen; got. *skaþjan* (§25,3a)
scipe mi. Suffix -schaft; ne. *ship,* as. *-skipi,* zu *sci(e)ppan*
sci(e)ppan, scyppan (ws.), angl. *sceppan* (§§30,1; 31,7) st.6. schaffen; got. *ga-skapjan*
ge-sci(e)ppan st.6. erschaffen
Scild- s. *Scyld-*
scile (Opt.3.Sg.) 3176: (§51,5 Anm.2) s. *sculan*

Scilf-, Scylfingas ma. schwedische Dynastie
scīnan (§44,IIa) st.1. scheinen, glänzen; ne. *shine,* got. *skeinan*
scionon (§32,3) s. *scīnan*
scip na. Schiff; ne. *ship,* as. aisl. *skip*
scip-here mja. Schiffsheer
scīr klar, rein, glänzend; got. *skeirs,* nhd. *schier*
scōd s. *sceððan*
scolde, scoldon (§§30,2; 44,IIa) sollte(n), mußte(n), wurde(n); ne. *should,* as. *skolda,* got. *skulda,* s. *sculan*
scop ma. Sänger und Dichter; gemein-wg. Wort
scōp s. *sci(e)ppan*
scrīðan st.1. gleiten, ziehen; *c(w)ōm(an) ... scrīðan* 650, 703: kam(en) gezogen, vgl. *cōm ... gongan* 710; nhd. *schreiten,* aisl. *scrīða*
scūfan st.2. schieben, stoßen; ne. *shove,* got. *skiuban*
sculan pt.4. sollen, müssen, werden; got. *skulan*
scūr-heard schauerhart, hart im Kampfsturm; ne. *shower,* as. ahd. aisl. *skūr*
scyld, scield (ws.), angl. *scēld* (§§30,1; 37,4) ma. Schild; ne. *shield,* got. *skildus* < germ. **skeldus*
Scyld ma. 'Schild', mythischer Dänenkönig
scyldan sw.1. 'schilden', beschützen; zu *scyld*
scyld-freca mk.1. Schildkämpfer, Krieger; *freca* eig. der (Kampf)gierige, Verwegene, got. *faihufriks* geldgierig, aisl. *frekr* gierig, nhd. *frech*

Scyldingas ma. Nachkomme Scalds (= Dänen)
scyld-wiga mk.1. Schildkämpfer, Krieger
scyle (Opt.3.Sg.) 2657. s. *sculan*
scȳne (ws.), angl. *scēne* Adj. schön; as. ahd. *skōni*, got. *skauns*, germ. **skauni-* (§§26,4; 31,7)
scyn-scaþa mk.1. dämonischer Feind; *scinna* mk.1. Dämon, zu *scīnan*, s. *sceaþa*
scyppend mk.5. Schöpfer; zu *sci(e)ppan*
sē, sīo sēo, þæt (§66a) der, die, das; ne. *the, that*; G.Sg.m.n. *þæs*, D.Sg.m.n. *þǣm þām*, A.Sg.m. *þone*, I.Sg.n. *þȳ*; G.D.Sg.f. *þǣre*, A.Sg.f. *þā*; N.A.Pl. *þā*, G.Pl. *þāra*, D.Pl. *þǣm þām*
sē (þe), sīo sēo (þe), þæt þe) Rel.-Pron. (§67) welcher, welche, welches; der, die, das; D.Sg.m. *þām* 2199 = *þm þe*, A.Sg.m. *þone ðe*, N.Pl. *þā (>)*, G.Pl. *þāra þe*
ge-seah s. *ge-sēon*
(ge-)s(e)alde(st), ne. *sold*, s. *(ge-)sellan*
searo, G. *searwes* (mit *ea* durch Brechung in den flekt. Formen nach §29,1b) nwa. 1. Waffenrüstung (häufig im Pl.), Nachstellung, Kampf; 2. Kunst, Geschicklichkeit; I.Pl. *searwum* (= Adv.) kunstvoll; as. ahd. *saro*, got. *sarwa* Pl. Waffen, Rüstung
searo-grim(m) kampfgrimmig
searo-hæbbend mk.5. Rüstunghabender, -tragender; zu *habban*
searo-net(t) nja. Rüstungsnetz, Panzerhemd; ne. *net*, got. *nati*, germ. **natja-* (§25,3a)

searo-nīð ma. tückischer Kampf
searwum s. *searo*
sēað s. *sēoðan*
sēč(e)an (§§31,4; 44,Ib) sw.1c. suchen, aufsuchen; ne. *seek*, got. *sōkjan*, zu lat. *sāgīre* aufspüren
ge-sēčan sw.1c. aufsuchen; got. *ga-skjan*
sečče (kent.) s. *sǣč(č)*
sečğ mja. Mann; aisl. *seggr*, zu lat. *socius*, germ. **sagja-* (§44,Ib)
sečğan sw.3. sagen, erzählen; ne. *say* (nach der 2.3.Sg.Präs., s. §44 Anm.2), as. *seggian*
ge-sečğan sw.3. sagen
sefa mk.1. Sinn, Seele; as. *seðo*
seg(e)n ma. Feldzeichen, Banner; < vulgärlat. *segno*, lat. *signum* (§14); ne. *sign* < afrz. *signe*
sel 167. (< *sæl + sele?*) s. *sæl*
sēl besser; < urg. **sōliz* (§73b)
seld-guma mk.1. Saalmann, Gefolgsmann (vgl. aisl. *húskarl*); ae. *seld* na. Königshalle, zu got. *saliþwōs* Pl. Wohnung
sele mi. Saal; vgl. *sæl*
sele-ful(l) na. Saalbecher
sele-rǣdend(e) mk.5. (Pl.) Saalbesitzer; zu *rǣdan* red.1. (§76) raten
sēlest (§72c) beste; zu got. (abl.) *sēls* gut, tauglich
self, sylf (§§29,1c; 30,3) selber, selbst; *sylfes willum* 2639: aus seinem eigenen Willen; ne. *self*, got. *silba*
sēlla s. *sēlra*
sellan, syllan (§§25,3a; 30,3) sw.1c. geben, verteilen; ne. *sell*, got. *saljan* opfern
ge-sellan sw.1c. überreichen, schenken; got. *ga-saljan* opfern

sīra, sēlla (§72c) besser; 2199 = der Bessere, Höherstehende; vgl. *sēlest*
semninga Adv. alsbald, schließlich; zu *æt-somne*
sendan sw.1. senden; 600: hinmetzeln, vgl. *for-sendan* 904: 'versenden', in die andere Welt befördern; ne. *send,* got. *sandjan*
sēo s. *sē*
seofon sieben; ne. *seven,* ahd. got. *sibun* (§32,3)
seomian sw.2. still liegen, weilen; ahd. *gi-semōn*
sēon st.5. sehen, blicken; ne. *see,* got. *saíhwan* (§36,1)
ge-sēon st.5. sehen, erblicken; 1875. = sich wiedersehen; got. *ga-saíhwan*
sōðan st.2. sieden, kochen; ne. *seethe,* ahd. *siodan*
seoððan (§32,3) s. *siððan*
sēow(i)an sw.1 od. 2: nähen, zusammenfügen; ne. *sew,* ahd. *siuwen,* got. *siujan*
settan sw.1. setzen, stellen; ne. *set,* got. *satjan* (§25,3a)
ge-settan sw.1. setzen, schaffen; got. *ga-satjan*
sib(b) fjō. Sippe, Friede; got. *sibja*
sibbe-gedriht fi. Sippenschar
sīd groß, breit, weit
sīde Adv. weit(hin); ahd. *sīto*
sīd-fæþmed geräumig; zu *fæþm*
sī(e) Opt. sei; zu lat. *sim,* Pl. *sīmus*
sīgan st.1. sich neigen, dahinziehen; mhd. *sīgen,* aisl. *sīga*
ge-sīgan st.1. sinken, fallen; as. ahd. *gi-sīgan*
sige- (nk.3) mi. Sieg-; got. *sigis*
sige-drihten ma. siegreicher Herr
sige-folc na. siegreiches Volk
sige-hrēð (D.Sg. bisweilen *hr ōðor*) (mnk.3. Siegesruhm; aisl. *hrōðr* Ruhm, Lob
sige-hrēþig siegberühmt; got. *hrōþeigs* siegreich
sige-rōf siegberühmt
Sige-Scyldingas (*Sige-* ist mechanisch oder ironisch hinzugefügt) s. *Scyldingas*
sigle na. Juwel, Schmuck, Halsband; aisl. *sigli,* < lat. *sigillum* (?)
sigon s. *sīgan*
sigor (nk.3) ma. Sieg; s. *sige*
simle, symle (§51,5 Anm.1) immer, stets; got. *simlē* einst
sinc na. Schatz, Kostbarkeiten; as. *sinc*
sinc-fāg reichverziert
sinc-fæt na. kostbares Gefäß, Schatz; *sinc-fato sealde* 622: sie verteilte die Bierkrüge; as. aisl. *fat*
sinc-gestrēon (tautol.) na. Schatz, Kostbarkeit
sinc-gifa mk.1. Schatzgeber, (Kenning für) König; zu *gi(e)fan*
sinc-māðþum (tautol.) Schatz, Kleinod
sinc-þego (§51,1) fō. Schatzempfang; zu *þicğan*
sindon, sint (§79,1) sind, seid; got. *sind*
sin-gāl beständig; *sin-* immer, groß, in ahd. mhd. *sin-vluot* Sintflut, große Flut, lat. *semper*
sin-gāla Adv. (§73c) immerwährend
singan st.3. singen; ne. *sing,* got. *siggwan*
sin-niht fk.4. ewige Nacht; s. *singāl*
sīo s. *sē*
sittan st.5. sitzen, sich setzen; ~ *ēo-*

don, ēode 493, 641: ging(en) sitzen = setzte(n) sich; ne. *sit*, as. *sittian*
ge-sittan st.5. sich setzen (mit A. = in)
sīð ma. Fahrt, Reise, Unternehmen, Mal; *hindeman sīðe* 2517. zum letzten Mal; got. *sinþs* (§28,1)
ge-sīð ma. Gefährte; ahd. *gi-sind*, in nhd. *Gesinde*, zu *sīð*
sīðest Sup. (*æt ~an* 3013) zuletzt; got. *seiþus* spät
sīð-fæt (tautol.) ma. Reise, Abenteuer; zu aisl. *feta* schreiten
sīðian sw.2. gehen, reisen; ahd. *sindōn*, zu *sīð*
siððan Konj. seitdem, nachdem, sobald, als; Adv. dann, hinfort, von nun an; < **siþ-þon*, me. *sithen(es)*, ne. *since*, aisl. *siðan*, got. *þana-seiþs*
slēan (§36,1) st.6. erschlagen; ne. *slay* (nach der 2.3.Sg.Präs.)
ge-slēan st.6. durch blutigen Kampf veranlassen
slīðe furchtbar; got. *sleiþs*
slōg s. *slēan*
ge-slōh s. *ge-slēan*
smiþ ma. Schmied; ne. *smith*, got. *smiþa*
snotor klug, weise; got. *snutrs*
snottra (§41) s. *snotor*
snūde Adv. schnell, bald; zu got. *sniwān* eilen
snyrian sw.1. eilen; zu aisl. *snarr* schnell
(ge-)sōhte, -est, -on s. *(ge-)sēćan*
sōna Adv. sogleich; ne. *soon*, as. ahd. *sāno* (§§28,2; 73c)
song s. *singan*
sorg, sorh (§40) fō. Sorge, Kummer; ne. *sorrow*, got. *saúrga*

sorg-čearig sorgenvoll, traurig; ne. *chary*, nhd. *karg*, as. *mōdkarag* traurig
sorgian sw.2. trauern, sorgen; ne. *sorrow*, got. *saúrgan*
sorh-ful(l) sorgenvoll, beschwerlich
sorh-lēas sorglos, ohne Kummer
sōð na. Wahrheit; ne. (in) *sooth*. as. *sōð*, ahd. *sand* (§28,1)
sōðe Adv. wahrhaftig, wirklich
sōð-fæst wahrhaft, gerecht
sōð-līče Adv. wahrheitsgemäß
specan s. *sprecan*
spēow s. *spōwan*
spōwan red.2. gelingen, gut gehen; ahd. *spuo(e)n*
(ge-)sprang s. *(ge-)springan*
(ge-)spræc, spræce (Prät.2.Sg.), *spræcon* s. *(ge-)sprecan*
sprecan, spät-ae. (kent. spät-ws.) *specan* st.5. sprechen; *sprǣcon*, 1476: besprachen; ne. *speak*, ahd. *sp(r)ehhan*
ge-sprecan st.5. sprechen
springan st.3. springen, sich verbreiten; ne. *spring*, as. ahd. *springan*
ge-springan st.3. hervorspringen
ge-stāh s. *ge-stīgan*
standan st.6. stehen, sich befinden; *stōd* 726: strahlte; ne. *stand*, as. got. *standan*
ge-standan st.6. (zu) stehen (kommen); got. *ga-standan*
stān-fāh steinbunt (gepflasterte Römerstraße?); got. *stains, faihs*
starian sw.2. starren, schauen; ne. *stare*, aisl. *stara*
stæl ma. (?) Stelle
stēap steil; ne. *steep*, ahd. *stouf* Klippe
stefn, stemn ma. Schiffssteven; aisl.

stafn, as. *stamm*, ne. *stem*, nhd. Stamm
stīg fō. Steig, Weg; in lat. *vestīgium* Spur, zu stīgan
stīgan (§21,3) st.1. steigen
ge-stīgan st.1. besteigen, sich begeben auf *(on)*; got. *gasteigan*
stille still; ne. *still*, as. ahd. *stilli* (§51,1)
stīð (Handschr. *steda*) hart, stark; < *stinð (§28,1), aisl. *stinnr, stīðr*
(ge-)stōd(on) s. *(ge-)standan*
strang, strong stark; ne. *strong*, aisl. *strangr*
strǣt (ws.), angl. *strēt* (§26,2) fō. Straße; < lat. *strāta (via)* gepflasterter Weg (§14), ne. *street*
strēam ma. Strom, Strömung; ne. *stream*, aisl. *straumr*
strengest (§72a) s. *strang*
ge-strēon na. Reichtum, Schatz; zu as. ahd. *gi-striuni*
ge-strȳnan (§31,8) sw.1. erwerben; zu *ge-strēon*
stȳle, stīele (ws.), angl. *stēle* nja. Stahl; ne. *steel*, ahd. *stehli*, wg. **stahlja-*
sum (§68a) ein (gewisser), Pl. einige, n. etwas; ne. *some*, got. *sums*
sund na. 1. Sund, Meer; 2. Schwimmen; ne. *sound*, aisl. *sund*
ge-sund gesund (mit G. = auf); ne. *sound*, as. *gi-sund*
sund-wudu mu. Seeholz, (Kenning für) Schiff; vgl. *sǣ-wudu*
sunne fk.1. Sonne; ne. *sun*, as. ahd. aisl. *sunna*
sunu (§48,2) mu. Sohn; ndh. D.Sg. *sunu* 344; ne. *son*, got. *sunus*
sūþan Adv. von Süden her; aisl. *sunnan*

Sūð-Dene s. *Dene*
swā Adv. so, in dieser Weise; Konj. wie; 93: soweit, 435: so wahr, 1048: (so) daß, 1667: sobald, als; *swā ... swā* so ... wie; ne. *so*, as. ahd. *sō*, got. *swa* (§37,1)
swan-rād fō. Schwanenstraße, (Kenning für) Meer; ne. *swanroad*, aisl. *svanr*, vgl. *hron-rād*
swaþrian sw.2. sich legen, nachlassen
swǣfon s. *swefan*
swǣs eigen, lieb; as. ahd. *swās*, got. *swēs* (§21,2)
swealg s. *swelgan*
sweart schwarz; ne. *swart*, aisl. *svartr*, got. *swarts*
swebban sw.1. einschläfern, töten; Kausativ zu *swefan*, as. *an-swebbian*, aisl. *svefja*
swefan st.5. schlafen
swefeð 600. (Präs.3 Sg.) s. *swebban*
swēg mi. Klang, Lärm; zu *swōgan*
swegl-wered glanzumkleidet; ae. *swegl* hell, glänzend, as. *swigli* + ae. *werian* sw.1. (be)kleiden, ne. *wear*, got. *wasjan* < **wazjan*
swelgan st.3. verschlingen (mit D.I.); ne. *swallow*, ahd. *swelgan*, nhd. *schwelgen*
sweord (§33,1a) na. Schwert; ne. *sword*, afr. as. *swerd*
sweotol, swutol (§33,1b) hell, deutlich
swerian st.6. schwören; ne. *swear*, as. *swerian*, got. *swaran*
swīge schweigsam; Komp. *swīgra*; zu *swīgian* sw.2. schweigen
swincan st.3. sich abmühen; ne. (arch., dial.) *swink*, me. *swinken*
swioðol mna. Glut, Feuer

swīð stark; ~e Adv. sehr, viel; adv.Komp. *swīðor* 1874, 2198: (doch) mehr; got. *swinþs* (§28,1), nhd. *geschwind*

swīð-ferhð starkgesinnt, tapfer

swīð-hičǧende Adj. (Part.Präs.) starkgesinnt, hochgemut; zu *hyčǧan*

swōgan red.2. tönen, prasseln; ne. *sough*, got. *ga-swōgjan* seufzen

swōr s. *swerian*

swuncon s. *swincan*

swurd s. *sweord*

swutol s. *sweotol*

swylč (§§33,5; 44,Ic; 68a) solch, welch; *swylče ... swylč* A.Pl.f. 3164: solche ... wie, such ... as; ne. *such*, got. *swaleiks*

swylče Adv. desgleichen, auch; Konj. solch(e) wie, ne. such as

swylt-dæg ma. Todestag; got. *swulta-*, zu *swelton* st.3. sterben, got. *swiltan*

swynsian (§33,5) sw.2. tönen

swyrd-gifu (§33,2) fō. Schwertgabe; s. *sweord*

swyð (< *swyþ* für gekürztes *swiþ*, s. §33,5) s. *swīð*

sȳ s. *sīe*

sylf- s. *self-*

symbel na. Gastmahl, Schmaus; < lat. gr. *symbola*

symle s. *symbel, simle*

syndon, sunt (§§51,5; 79,1) s. *sindon, sint*

ge-sȳne (ws.) Adj. sichtbar; got. *(ana-)-siuns*, zu *sēon*

ge-synto fō. Gesundheit (im Pl.); zu *ge-sund*

syrče, sierče (ws.), angl. *serče* (§§29,1b; 31,7) fkj.1. Panzerhemd;
aisl. *serkr* (in nhd. *Berserker*) > me. *serke* > ne. (schott.) *sark*

syrwan (§§29,1b; 31,7) sw.1. auflauern; zu *searo*

syððan (§51,5 Anm.1) s. *siððan*

tācen na. Zeichen; ne. *token*, got. *taikn(s)*

talian sw.2. meinen, halten für, behaupten; as. *talōn*, zu *tellan*

ge-tǣčan sw.1c. (an)zeigen; ne. *teach*, germ. **taikjan-*, zu *tācen*

tēah s. *tēon* st.2.

ge-tēah s. *ge-tēon* st.1.

tealde s. *tellan*

tēar ma. Zähre, Träne; < **teahor* (§36), ahd. *zah(h)ar*, got. *tagr*

tela Adv. (§73c) geziemend, wohl, gut; zu *til*

tellan sw.1c. (er)zählen, halten für; ne. *tell*, as. *tellian*, germ. **taljan-* (§25,3a), zu *talian*

tēodan s. *tēon*

ge-tēoh s. *ge-tēon*

tēon st.2. ziehen, führen; got. *tiuhan* (§36), zu lat. *dūcere*

***tēon** oder **tēogan* (angl. u. poet.) sw.2. machen, schaffen, ausstatten; Prät.3.Pl. *tēodan* 43. (§51,1); ahd. *zehōn*

***ge-tēon, *-tēogan** sw.2. anordnen, bestimmen

ge-tēon gewähren, verleihen; < germ. **ga-tīhan;* zu Prät.3.Sg. *getēah* 1044: statt *getāh* vgl. *of-tēon*

fīd fi. Zeit; ne. *tide*, as. *tīd*

til gut, trefflich; got. *ga-tils*, zu *tela*

timbran sw.1. zimmern, bauen; ne. *timber*, ahd. mhd. *zimberen* erbauen, got. *timrjan*

tīr ma. Zier, Ruhm; aisl. *tírr*
tō Präp. (mit D.) zu, nach; Adv. (all)zu; ne. *to, too*
tō-drāf s. tō-drīfan
tō-drīfan st.1. auseinandertreiben; ahd. *zar-, zir-* wohl unter Einfluß von *ir-* < ahd. *za-, zi-*, mhd. *ze-, zer-*, nhd. *zer-*, lat. *dis-* (Grundbedeutung 'auseinander')
tō-middes Adv. inmitten, in der Mitte; got. *midjis* (§22,1)
torht glänzend; ahd. *zor(a)ht*
torn na. Zorn, Schmach; as. *torn* Unwille
træd s. tredan
tredan st.5. betreten, schreiten über; ne. *trend*, as. *tredan*, got. *trudan* (mit Schwundstufe); vgl. §75
treddian sw.2. trotten, schreiten; zu *tredan*
tremm(m), trym(m) mna. Schritt, Stück; nhd. *Trumm* Bruch-, Endstück, as. *thrumi* Endstück (am Speer), zu lat. *terminus* Grenze, Ende
twā s. twēgen
ge-twǣfan sw.1. abhalten (mit G. = von), hemmen, beenden; *dǣda* ~ 479: Kenning für 'töten'; zu got. *tweifls* Zweifel
twǣm s. twēgen
twēgen m. *twā* fn., *tū* n. (§84a) zwei; ne. *twain, two*, got. *twai, twōs, twa*, lat. *duo, duae*
twelf zwölf; ne. *twelve* (flekt.), got. *twa-lif*
tȳn (ws.), angl. *tēn* zehn; got. *taíhun*, lat. *decem*, idg. **dékm* (§21,5)

þā Adv. da, damals, dann; Konj. da, als; aisl. *þā*
þā (þe) s. *sē (þe)*
þāh s. *þēon*
ge-þah 1024: (ungewöhnl.) für angl. *ge-þæh* oder ws. *ge-þeah* s. *ge-þicgan*
þām s. *sē*
þanan s. *þanon*
þanc ma. Dank, Gefallen; in Zus.-setzungen: Gedanke; ne. *thank*, got. *þagks*
þancian sw.2. danken (mit G. = für); ne. *thank*, as. ahd. *thankōn*
þanon, þanan Adv. von da her, aus; me. *thenn-es* (mit adv.G.-Suffix), ne. *thence*
þāra (ðe) s. *sē (þe)*
þās s. *þĕs*
ge-þǣgon s. *ge-þicgan*
þǣm s. *sē*
þǣr da, dort; relat. dort(hin) wo, wo; 1394: wohin; ne. *there*, ahd. *dār*, aisl. got. *þar*
þǣre s. *sē*
þǣs s. *sē, þĕs*
þæs adv.G. (zu *þæt*) dafür, darüber, wie; 1398: für das, was; *þæs þe* Konj. dafür daß, weil; *tō þæs þe* bis dahin, wo
þæt s. *sē*
þæt konj. dass, bis daß, so dass; ne. *that*, got. *þat-ei*
þætte (< *þæt þe*) Konj. daß
þē D. (§64) dir; A. dich; ne. *thee*
þē, þe, unflekt. Rel.-Part. (§67) der, die, das; welcher, welche, welches; *þē ... tō* 1654: 'auf die', zu *sǣlāc* Seebeute; *þē ... on* 2796. 'auf die', zu *frætwa* Schätze; *þē .. on* 2866. 'in welcher'
þē (s. *þȳ*) dadurch dass = da 488; *þē ... ne* 242: damit nicht (got. *þei*

ni); *Đē* 2638: ... *þē* 2641: darum ... weil

ge-þeah s. *ge-þičǧan*

þēah (þe) doch, obgleich; *swā* ~ 2878: dennoch; got. *þauh*, aisl. **þŏh* > ne. *though* < ae. *þeāh* (Fallform)

þearf fō. Bedürfnis, Not; got. *þarba*, zu *þurfan*

þearf(t) s. *þurfan*

þearle Adv. heftig, sehr

þēaw mwa. Sitte; ne. *thew(s)*, as. ahd. *thau*

þec (§64) dich; got. *þuk* nach *þu*

þečč(e)an sw.1c. (Prät. ws. *þe(a)hte*, angl. *þæhte*) (be)decken, umhüllen; ne. *thatch* (nach d.Subst.), got. **þakjan* (§44,Ib)

þegn ma. Degen, Gefolgsmann; aisl. *þegn*, me. *thein*, ne. *thane* (schott. Schreibung)

þegn-sorg fō. Sorge um die Gefolgsmannen

þēgun, -on (§26,2) angl. (ws. *þægon*) s. *þičǧan*

þehton < **þeahton** (§35,2) s. *þečč(e)an*

þenčan (§44 Anm.1) sw.1c. (ge)denken; ne. *think* (Form von *þynčan* + Bedeutung von *þenčan*), got. *þagkjan*

ge-þenčan sw.1. Anm. gedenken

þenden Konj. während, solange; Adv. während dessen, damals schon; got. *þandē*

þēnian (< *þegnian* nach §37,2, zu *þegn*) sw.2. dienen

þēod fō. Volk, Kriegerschar; got. *þiuda*

þēod-cyning ma. Volkskönig

þēoden ma. Herr, König; got. *þiudans*, zu *þēod*

þēod-gestrēon na. Volksschatz, großer Schatz

þēod-Scyldingas s. *Scyldingas*

þēod-þrēa fwō. Volksbedrohung

ge-þēoh s. *ge-þēon*

þēon st.1. gedeihen, wachsen, P.P. *ge-þungen* (alt) 624 nach germ. **þinhan* st.3. gebildet, das nach lautgesetzl. Übergang zu **þīhan* (§22,3) abl.I. wurde mit P.P. *ge-þigen*; *mōde gepungen* die hochgemute; got. *þeihan*

ge-þēon st.1. gedeihen; got. *ga-þeihan*

þēos s. *þēs*, *þēos*, *þis* (§66b) dieser, diese, dieses; ndh. *þæs* 411: für *þes*, G.Sg.m.n. *þisses*, *þysses*; D.Sg.m. *ðyssum*; A.Sg.m. *þisne*; I.Sg.n. *þys*; D.Sg.f. *þisse*; D.Pl. *þyssum*; A.Pl. *þās*

(ge-)þičǧan st.5. empfangen (*æt* = von), (zu sich) nehmen; as. *thiggian* (§44,Ib)

þīn Poss. (§65) dein; ne. *thy*, *thine* (arch.), got. *þeins*

þinčan (§51,5 Anm.2) s. *þynčan*

þing na. Ding, Sache, Streitsache; ne. *thing*, aisl. *þing*

ge-þingan sw.1. bestimmen, beschließen

ge-þinge nja. Vertrag, Ergebnis, Ausgang; as. ahd. *gi-thingi*, zu *þing*

þingian sw.2. sühnen, beilegen; as. ahd. *thingōn*, zu *þing*

þīoden (kent.) s. *þēoden*

þis, þisse(s) s. *þēs*

ge-þōht ma. Gedanke, Sinn; ne. *thought*, as. ahd. *gi-thāht* (§22,3), abl. zu *þenčan* (§75)

þōhton s. *þenčan*

þolian sw.2. (er)dulden; as. *tholōian*, got. *þulan*, zu lat. *tolerāre*

ge-þolian sw.2. erdulden; got. ga-bulan

þon, þan (I. zu *þæt*, §66a,4) beim Komp. und mit Präp. *æfter þon* 724: danach *tō þon* 1876: bis zu dem Grade, so sehr; *þon mā* 504: noch mehr; ne. *the more*

þon s. *þonne*

þone (ðe) s. *sē (ðe)*

þonne Adv. dann, überdies, daher; Konj. wenn, als; 1487: solange; nach Komp. als; zu *þon* 44 vgl. *than* in Bedas ndh. Sterbespruch V.2; 1385: als daß; ne. *then, than,* ahd. mhd. *danne, denne,* nhd. *dann, denn,* got. *þan*

þonon s. *þanon*

þorfte s. *þurfan*

þrāg fō. (harte, schlimme) Zeit; zu got. *þragjan* laufen (?)

þrēa fwō. Drohung, Not; < germ. *þrawō > *þrawu > *þrau > ae. *þrēa* (vgl. *olēa* §33,3)

þrēa-nȳd (tautol.) fi. große Not

þrēat ma. Schar; ne. *threat,* aisl. *þraut*

þrēatian sw.2. bedrängen; zu *þrēat*

þringan st.3. (vorwärts) dringen, sich drängen; zu got. *þreihan < þrinhan* (§22,3)

þrīst-hȳdig (< *hygdig* nach §37,2, zu *hycǧan*) kühn gesinnt; nhd. *dreist,* germ. *þrinhstia,* zu *þringan*

þrītig dreißig (mit partit.G.); ne. *thirty,* got. *þreis tigjus* 'drei Zehner'

þrong s. *þringan*

þrōwian sw.2. (er)dulden, erleiden; ahd. *druoen*

þrȳd-līč (mit *ðl > dl,* s. §40,2) s. *þrȳð-līč*

þrym(m) mi. Macht, Ruhm, Menge; aisl. *þrymr*

þrȳð fi. Kraft, Stärke, Vorzüglichkeit (im Pl.); aisl. *-þrūðr,* in nhd. *Gertrud* usw.

ðrȳþ-ærn na. herrliches Haus, Prachthaus

þrȳð-līč kraftvoll, stattlich

ðrȳð-swȳð (tautol.) kraftvoll

þrȳð-word na. kräftiges (mutiges, edles) Wort

þū du; ne. *thou,* got. *þu* (§37,1), lat. *tū*

ge-þungen s. *þēon*

***þurfan** pt.3. (be)dürfen, brauchen; aisl. *þurfa,* got. *þaúrban*

þurh Präp. (mit A.) durch, aus, in; ne. *through,* as. *thurh,* got. *þaírh*

þus so; ne. *thus,* as. *thus*

þūsend na. tausend; ne. *thousand,* got. *þūsundi*

þȳ 1. I. von *þæt,* s. *sē;* 2. vor Komp. um so; ne. *the ... the, never-the-less,* got. *þei*

þyder, þider (§51,5 Anm.1) dorthin; nach *hider* umgebildet, vgl. got. *þaþrō =* ae. *þæder;* ne. *thither*

ge-þyld fi. Geduld; as. *gi-thuld,* germ. **ga-þuldis,* zu *þolian*

þynčan (§44 Anm.1) sw.1c. dünken, scheinen; ne. *think* (s. *þenčan*), got. *þugkjan*

þyrs mi. Riese; ahd. *duris,* aisl. *þurs*

þȳs, þysses, þyssum (§§51,5; 66b,1) s. *þēs*

þys-līč Adj. solch, derartig; zu *þus*

þȳstru fk.1. (§59,4) Düster, Dunkelheit; zu ws. *þiestre, þȳstre,* ndh. *þīostre,* merz. *þēostre* (§31,8) düster, as. *thiustri* lichtlos

ufan Adv. von oben; ne. *above,* aisl. *ofan*

ūhte, -a mfk.1. (?) Morgendämmerung; got. *ūhtwō*
umbor-wesende als Kind; A.Sg. 46. s. *cniht-wesende*
un- Präf. un-; ne. *un-*, gemein-germ. *un-*, zu lat. *in-*
un-blīðe unfroh, (Litotes für) traurig
unc (Dual) uns beide(n); *uncer* von uns beiden; got. G. *Ūugkara*, D.A. *ugkis*
un-cūð unbekannt, unerhört; lat. *i-gnōtus* (< *eŋ-gnōtos*), got. *un-kunþs* (§§21,5; 28,1), ne. *uncouth*
under Präp. (mit D.A.) unter; ne. *under*, as. got. *undar*
un-dyrne unverborgen, (Litotes für) offenbar
un-f ǣge nicht zum tode bestimmt
un-fǣger unschön, häßlich; ne. *unfair*, got. *un-fagrs* ungeeignet
Unferð ma. Hofmann Hrothgars; außerhalb des *Beowulf* unbekannt; < *Unfrið* 'Unfriede'
un-forht furchtlos; got. *(un-)faúrhts*
un-g(e)āra Adv. binnen kurzem, bald; ae. *g(e)āra* Adv. 2664: vor langem, adv.G.Pl. zu *gēar*, in ne. *of yore, days of yore* (vgl. *gēar-dagas*)
un-hǣlo fk.1. (§59,4) Unheil; zu *hāl*
un-hēore (angl.), ws. *-hӯre* (§31,8) ungeheuerlich, unheimlich; as. ahd. *un-hiuri*
un-lēof unlieb; got. *un-liufs*
un-lifigende Adj. (Part.Präs. von *libban, lifgan*) nicht lebend; tot
un-lӯtel nicht klein, (Litotes für) groß; < *lūtil*, ne. *little*, as. *luttil*
un-murn-līče Adv. unbarmherzig; zu *murnan*
unnan pt.3. (ver)gönnen (mit G. der Sache); as. ahd. *unnan*

ge-unnan pt.3. gönnen, gewähren; ahd. *gi-unnan*
un-nyt(t) unnütz; as. *un-nutti*, got. *un-nuts*
un-rīme Adj. unzählig; zu *rīman*
un-rōt unfroh
un-sōfte Adv. unsanft, nur mit Mühe; ne. *soft*, ahd. *samfto* (§28,1)
un-swīðor adv. Komp. weniger stark; s. *swīð*
un-tӯdre mja. Mißgeburt; zu ae. *tӯdran* sw.1. hervorbringen
un-wāc-līč nicht ärmlich, (Litotes für) herrlich; ae. *wāc-līč* 'weichlich' > schwächlich > ärmlich, aisl. *veikr* > ne. *weak*
up Adv. aufwärts; ne. *up*, as. aisl. *up*
uppe Adv. obenauf; aisl. *uppi*
ūre Poss. s. *ūser*
ūre (§64) G. von uns
ūs (§64) D. uns; ne. *us*, got. *uns(is)* (§28,1)
ūser, ūre Poss. (§65) unser; G.Sg.n. *ūsses* 2813., D.Sg.m. *ūssum* 2634; got. *unsar* (§28,1)
ūsič (§64) A. uns; ahd. *unsih*
ūsses, ūssum (§65,2) s. *ūser*
ūt Adv. hin-, heraus; ne. *out*, as. aisl. got. *ūt*
ūtan Adv. (von) außen; got. *ūtana*
ūt-fūs hinausstrebend; zu *fӯsan*
uton, wutun Interj. (mit Inf.) laßt uns! ~ *gongan tō* 2648: laßt uns hingehen; zu *(ge-)wītan*, vgl. frz. *allons!*
(ge-)ūðe s. *(ge-)unnan*

wā Adv. wehe; got. *wai*, zu lat. *vae*
wacian sw.2. wachen, Wache halten; ne. *wake*, as. *wakōn*, ahd. *wahhōn, -ēn*, vgl. *wæččan*
wada, -o, -u s. *wæd*

wadan st.6. gehen, schreiten; ne. *wade,* nhd. *waten,* zu lat. *wadāre* waten und dazu abl. *vādere* schreiten
ge-wadan st.6. gehen, dahin gelangen
wāg ma. Wand; as. *wēg*
wala mk.1. Wohl ein mit Draht umwundener (*wīrum bewunden*) Schutzbügel außen (*ūtan*) am Helm; got. *walus* Stab, aisl. *valr* rund
waldend s. *wealdend*
walu Pl. die Erschlagenen, s. *wæl*
wan s. *winnan*
wan(n), won(n) dunkel, schwarz; ne. *wan*
wang ma. Feld, Gefilde; aisl. *vangr,* got. *waggs*
wanian sw.2. vermindern; ne. *wane,* ahd. *wanōn*
waroð ma. Ufer, Gestade; ahd. *werid, warid* Insel, nhd. *Werder*
wāst, wāt s. *witan*
ge-wāt s. *ge-wītan*
wæăn (§44,Ib) sw.2 od. 3. wachen, wach sein; ne. *watch,* zu *wacian*
wæcnan st.6. erwachen, erstehen; ne. *waken,* got. *wak(n)an*
wæd na. Wasser, Flut; N.Pl. *wadu* 581., *wado* 546 (§511), zu *wadan*
ge-wæde nja. Kleidung, Rüstung; ne. (widow's) *weeds,* as. *gi-wādi*
wæg s. *wegan*
wæg, wēg ma. Woge, Meer; aisl. *vāgr,* got. *wēgs* (§21,2)
wæg-holm ma. wogendes Meer
wæg-liðend mk.5. Seefahrer
Wæg-mundingas ma. Pl. Nachkommen Wægmunds
wæg-sweord na. 'Wellenschwert', mit Wellenmuster damasziertes Schwert

wæl na. die im Kampf gefallenen Krieger (koll.Sg.), Leichnam, Walstatt; as. ahd. *wal,* nhd. *Walhall, Walküre*
wæl-fyl(l) mi. Gemetzel; as. ahd. aisl. *fall*
wæl-fyllo fk.1. (§59,4) Walstattfülle, Fülle von Erschlagenen; zu *full*
wæl-nīð ma. tödliche Feindschaft
wæl-ræs ma. mörderischer Angriff, blutiger Kampf
wæl-rēow wild im Kampfe
wæl-sceaft ma. Todesschaft
wǣp(e)n (§50) na. Waffe; ne. *weapon,* as. *wāpan,* aisl. *vāpn,* got. *wēpn* (§21,2)
wǣr fō. Hut, Schutz; ahd. *wāra*
wǣre, wǣron s. *wesan*
wæs s. *wesan*
wæter na. Wasser; ne. *water,* as. *watar,* got. *watō,* zu *wæt* feucht, ne. *wet*
wē wir; ne. *we,* got. *weis,* gemeingerm. *wīz
wēa mk.1. Weh, Unglück
w(e)al(l) ma. Wall, erhöhtes Ufer, Wand; ne. *wall,* < lat. *vallum* (§14)
ge-w(e)alc na. Rollen, Wogen; zu ae. *w(e)alc(i)an,* ne. *walk,* nhd. *walken*
ge-w(e)ald na. Gewalt; as. *giwald,* zu *w(e)aldan*
w(e)aldan (§29,1c) red.2. walten, mächtig sein, regieren (mit I. = über); as. got. *waldan*
w(e)aldend mk.5. Walter, Gott
Wealh-þēo(w) eig. 'kelt. Dienerin', < *Wealh* Kelte, Ausländer + *þēow* Sklavin, Dienerin, got. *þiwi* Magd; Gemahlin Hrothgars; D.Sg. sw. *-þēon* 629 < *-þēo(w)an* (§36,1)

w(e)llan (§29,1c) red.2. wallen, wogen; as. ahd. *wallan*

wēana (G.Pl.) s. *wēa*

weard ma. Wart, Wächter, Hüter; ahd. *turi-wart* Torwart, got. *daúrawards* Türhüter

weard fō. Warte, Wacht; ne. *ward*, ahd. *warta*, as. *warda*

weardian sw.2. warten, hüten, bewohnen; ne. *ward* (ne. *guard* über das Frz.), as. *wardōn*

wearn fō. Verweigerung

wearð s. *weorðan*

(ge-)weaxan red.2. (an)wachsen, mächtig werden; as. ahd. *waksan* (§46,3 Anm.)

weččan sw.1c. erwecken; 3144: anzünden; as. *wekkian*, got. *(us-)wakjan*

weder na. Wetter; ne. *weather* (*d* > *ð* im 15.Jh.), as. *wedar*, ahd. *wetar*

Wederas ma. Pl. Beiname der Gauten (Kurzform für *Weder-Gēatas*)

Weder-Gēatas ma. Pl. (Wetter-)Gauten

Weder-mearc fō. Wettermark, Land der Wederas; vgl. *Denemearc* Dänemark

weg (§44,Ic) ma. Weg; A.Sg. in *on weg* (ne. *away*) 264 hinweg; ne. *way*, aisl. *vegr*, got. *wigs*

wegan st.5. bewegen, tragen; *lust* ~ 599: Lust hegen; ahd. *wegan*, got. *ga-wigan* bewegen

wĕl, well Adv. wohl, sehr, richtig; ne. *well*, schott. *weel*, got. *waíla*

Wēland ma. Wieland, berühmter Schmied der germ. Sage

wĕl-hwylč ein jeder

wēn fi. Erwartung; as. ahd. *wān*, got. *wēns* (§21,2)

wēnan sw.1. wähnen, denken, erwarten (*tō* = von), rechnen auf (mit G.); *wēn* 338, 442 für *wēne* vor *ič*; as. *wānian* (§28,2), got. *wēnjan* (§21,2)

ge-wendan sw.1. um-, abwenden; ne. (to) *wend* (one's way), got. *gawandjan*

Wendlas ma. Pl. Bewohner des *Vendill* (ndän. *Vendsyssel*) in Nordjütland, oder Bewohner des *Vendel* in Uppland, Schweden

Wēoh-, Wīh-stān (§29,2) ma. Vater Wiglafs, ein Wægmunding

wēold s. *w(e)aldan*

wēol(l) s. *w(e)allan*

w(e)orc (§§33,1a; 35,1) na. Werk; ne. *work* as. ahd. *werk*

ge-weorc na. Werk(stück)

weorod s. *werod*

weorðan st.3. werden, geschehen; Präs.3.Pl. *wurðaþ* (§33,1a) 282; got. *waírþan*, zu lat. *vertere* wenden

weorðian sw.2. ehren, schmücken; P.P. *ge-wurþad* (§33,1a); got. *waírþōn*

weorð-līče Adv. würdiglich; Sup. ~*ost* am prächtigsten; s. *wyrðe*

weorð-mynd (§33,1a) fni. Wertschätzung, Ruhm; Abstrakta werden im Ae. häufig im Pl. gebraucht, wie nhd. *in Ehren, zu Gunsten, in Nöten*; vgl. etwa noch *ār, drēam, heofon, hete-nīð, or-þanc, þrym, þȳstru*

(ge-)wēox s. *(ge-)weaxan*

wer (§22,2) ma. Mann; 105 = Grendel, 3172 = Beowulf

wered na. süßes Getränk

werede s. *werod, werian*

wergend mk.5. Verteidiger; zu *werian*

werhðo (§31,7) fō. Verdammnis, Strafe; got. *wargiþa*, zu ae. *wearg* ma. geächteter Verbrecher, got. *wargs*

werian sw.1. wehren, schützen; got. *warjan* (§25,3a)

wērig müde (mit G. = von), elend, böse; ne. *weary*, as. *(sīð-)wōrig*

werod, weorod (§32,2) na. Schar; as. *werod*, zu *wer*

wesan st.5. sein, werden; 2801 = bleiben; Imp.Sg. *wæs* 407 (angl.) für *wes*; ne. *was, were*, as. ahd. *wesan*, got. *wisan*

West-Dene s. *Dene*

wīc na. Wohnstätte; < lat. *vīcus* (§14) Häusergruppe > ne. *-wich* in Ortsnamen, in mhd. *wīch-vride* Burgfrieden, nhd. *Weich-bild, Braunschweig*

wicğ nja. Roß; as. *wiggi* (§44,Ib), zu *wegan*

wīd weit; ne. *wide*, as. *wīd*, aisl. *víðr* ausgedehnt

wīd-cūð weit bekannt, weit berühmt

wīde Adv. weit, weithin

wīde-ferhþ ma. (A. = adverbial) das ganze Leben lang, immer

wīf na. Weib, Frau; ne. *wife*, as. *wīf*, aisl. *víf*

wīg nma. Krieg, Kampf(kraft); *wigge* 1656: im Kampf; as. ahd. *wīg*

wiga mk.1. Krieger, Kämpfer; *wigana* 461 = *wigena* G.Pl.; ahd. *widarwigo* Gegner

wīgan kämpfen; ahd. *wīgan*, got. *weihan*

wīgend mk.5. Kämpfer, Krieger; ahd. mhd. *wīgant*, nhd. *Weigand*, zu *wīgan*

wigeð s. *wegan*

wigge s. *wīg*

wīg-getāwa fwō. Pl. Kampfausrüstung; Nebenform zu *geatwa* fwō. Pl., ahd. *giʒāwa* Gerät, got. *tēwa* Ordnung (§§21,2; 33,3)

wīg-hēap ma. Kampfhaufe

Wīg-lāf ma. Verwandter und Gefolgsmann Beowulfs, ein Wægmunding

wīg-weorþung fō. Götzenopfer; ae. *wīh* (§29,2) Götzenbild, got. *weihs* heilig + Verbalsubst. von *weorðian* (§77a)

wiht fni. Wicht, Dämon, Ding; adv.D. *wihte* 186: irgendwie; A.Sg. *wiht* 1660 etwas; *nō .. wiht* (adv.A.) 541, 581: durchaus nicht, keineswegs; ne. *wight, whit*, ahd. *ni-wiht* > nhd. *nicht*, ae. *nā-, nō-wiht* > me. *nat, not* > ne. *not*

wil-cuma mk.1. Willkommener, willkommen; ahd. *willi-como*, zu *willa* und *cuman*

wile s. *willan*

Wilfingas (§51,5 Anm.2) s. *Wylfingas*

wil-gesīþ ma. williger Gefährte; zu *willa*

willa mk.1. Wille, Wunsch, Freude; 660. = wünschenswerte Sache; *willan gewyrčan* 635: das Wohlwollen gewinnen; *willum* I.Pl. 2639; ne. *will*, ahd. *will(i)o*, got. *wilja*

willan, wyllan (§§33,5; 79,4) wollen, werden; ne. *will*, got. *wiljan*, zu lat. *velle*

wilna 660. (G.Pl.) s. *willa*

wilnian (tō) sw.2. wünschen, erflehen von (mit G.)

wil-sīð ma. erwünschte Fahrt; zu *willa*

ge-win(n) na. Anstrengung, Streit, Leid; as. ahd. *gi-winn*, zu got. *ga-winnan* leiden, s. *winnan*

wīn-ærn na. Weinhaus; ae. *wīn* na. < lat. *vīnum* (§14)

wind (§22,1) ma. Wind

windan st.3. (sich) winden; P.P. *wunden* 1193: (= in Form von Ringen); ne. *wind*, as. got. *windan*

wind-blond na. Windgewühl; zu ae. as. got. *blandan* mischen

wind-geard ma. Windhof, (Kenning für) Meer

windig windig, windumweht

wine mi. Freund (vgl. S.19.2); as. ahd. *wini* (§51,1)

wine-drihten, -dryhten ma. Freund und Herr

wine-mǣg ma. lieber Stammesgenosse

winigea s. *wine*

winnan st.3. sich anstrengen, kämpfen; ae. *ge~*, ahd. *gi~* durch Anstrengung oder Kampf zu etwas gelangen, ne. *win*, nhd. *gewinnen* (vgl. §76a unter P.P.)

wīn-reced na. Weinhaus; ne. *wine*, < lat. *vīnum* (§14)

winter mu. Winter, Pl. Jahre; G.Sg. *wintrys* 516 (§51,5a); ne. *winter*, got. *wintrus*

wīr ma. Draht, Metallband; ne. *wire*, aisl. *vīra-virki* Filigran

wīsa mk.1. Weiser, Führer; zu *wīsian*

wīs-dōm ma. Weisheit; ne. *wisdom*, nhd. *Weistum*, aisl. *vīsdōmr*

wīs-fæst weist; ne. *wise* (flekt.), got. *weis*

wīsian sw.2. weisen, führen (mit D. der Person); as. ahd. *wīsōn*

wisse, -on s. *witan*

wist fi. Festmahl; zu got. *frawisan* verzehren

wiste, wiston s. *witan*

wit (Dual) wir beide; as. got. *wit*, < *wi-twō*

wit(t) nja. Verstand; ne. *wit*, nhd. *Witz*, ahd. *wizzī* Wissen, Verstand, got. *un-witi* Unwissenheit

ge-wit(t) nja. Bewußtsein, Kopf; ne. *wit*, as. *gi-wit*, zu *witan*

wita mk.1. Wisser, Ratgeber; got. *-wita*, zu *witan*

witan pt.1. wissen, kennen; *myne ~* 169: Beachtung schenken, vgl. nhd. *Dank wissen*; ne. *(to) wit*, got. *witan*, zu lat. *vidēre* sehen

ge-wītan st.1. sich aufmachen, gehen, fahren; as. *gi-wītan*

witena s. *wita*

wið Präp. (mit D. u. A.) gegen, mit; ne. *with*, aisl. *við*, zu got. *wiþra* wider, gegen

wið-grīpan st.1. entgegengreifen, anpacken

wlanc stattlich, stolz; as. *slanc* übermütig

wlenčo fk.1. (§59,4) Stolz, Kühnheit; zu *wlanc*

wlite mi. Gestalt, Aussehen; got. *wlits*, in nhd. *Antlitz*

wlite-beorht schön, strahlend

wlitig schön, herrlich

wlonc s. *wlanc*

wōcun s. *wæcnan*

wōd s. *wadan*

wolcen na. Wolke; *under wolcnum* auf Erden; as. ahd. *wolkan*

wolde, -on, ne. *would*, s. *willan*

won(n) s. *wan(n)*

won, wan fehlend, mangelnd; aisl. *vanr*, got. *wans*, zu *wanian*, in:

won hȳd (< *hygd*, s. §37,2) fni. Sorglosigkeit; *hygd* Denken, got. *gahugds*, zu *hyčǧan*
won-sǣlī (< *sǣlig*) unselig; ne. *silly*, as. ahd. *sālig*, zu *sǣl*
won-sceaft fi. Elend; got. *ga-skafts* Schöpfung
wōp ma. Wehklage; dazu *wepan* red.2, ne. *weep*, got. *wōpjan*
worc s. *weorc*
word na. Wort; ne. *word*, got. *waúrd*, lat. *verbum* < **verdhom*
word-gyd(d) nja. Klagelied
word-hord na. Wortschatz
word-riht na. richtiges Wort, Zurechtweisung
ze-worhte, -on, got. *ga-waúrhta*, s. *ge-wyrčan*
worn ma. große Zahl, Menge (mit partit.G.)
worold (§33,1b) fi. Welt; ne. *world*, ahd. *weralt* (§33,1), < *wer* Mann + got. *alds* Zeit, Leben
worold-ār fō. weltliche Ehre, Ruhm
worold-cyning ma. (weltlicher) König
wrāð feindlich, Feind, zornig; ne. *wroth*, as. *wrēð*, aisl. *reiðr*
wrāðe Adv. arg. schnöde
(ge-)wræc s. *(ge-)wrecan*
wrǣc na. Elend, Kummer; got. *wrēkei* (Verfolgung, zu *wrecan*
wræc-sīð ma. Verbannung; as. *wrak-sið*, got. *wraka* Verfolgung
wrǣt-līč kunstvolle, wunderbar; abl. zu *wrītan* st.1, einritzen, schreiben, ne. *write*
wrecan st.5. rächen, vorbringen, vortragen; ne. *wreak*, as. *wrekan* strafen, got. *wrikan* verfolgen

ge-wrecan st.5. (sich) rächen, bestrafen; got. *ga-wrikan* rächen
wrixlan sw.1. wechseln, austauschen (mit I.)
wudu (§33,1d) mu. Wald, Holz, Speer, Schiff
wudu-rēč mi. Holzrauch
wuldor na. (himmlische) Herrlichkeit; got. *wulþs* Wert, *wulþus* Herrlichkeit
wuldur-cyning ma. König der Herrlichkeit, (Kenning für) Gott
wulf (§34) ma. Wolf; got. *wulfs*
Wulf-gār ma. Wendelnfürst, Hofmann Hrothgars
wund fō. Wunde; ne. *wound*, as. *wunda*
wund wund, verwundet; ne. *wound-ed*, got. *wunds*
wunden s. *windan*
wunden-hals Adj. (Schiff) mit gewundenem Hals (Steven); s. *h(e)als*
wunden-stefna mk.1. (Schiff) mit gewundenem Steven
wundon s. *windan*
wunian sw.2. wohnen, bleiben, stehen; ne. P.P. *wont*, as. *sunōn*, ahd. *wonēn*
ge-wunian sw.2. bleiben, ausharren bei (mit A.)
wunne (Prät.2.Sg.) s. *winnan*
wunnon s. *winnan*
wurde, wurdon s. *weorðan*
ge-wurþad s. *weorðian*
wurðaþ s. *weorðan*
wutun s. *uton*
wyle s. *willan*
Wylfingas ma. Pl. ein germ. Stamm, wohl südlich der Ostsee; zu *wulf*, aisl. *Ylfingar*
wylm, wielm (ws.), angl. *wælm*

(§31,7) mi. Wallung, Woge; ahd. mhd. *walm*, zu *w(e)allan*
wyn(n) fjō. (fi.) Wonne, Freude; as. *wunnia*, germ. *wunjō
wyn-sum wonnesam, freudig; N.Pl.n. ~*e* 612: spät-ws. für ~*u*; ne. *winsome*
wyrčan (§44,Ib) sw.1c. wirken, schaffen; *dōmes* (partit.G.) ~ 1388: Ruhm erwirken; < germ. *wurkjan, got. *waúrkjan* [ne. *work* nach dem Subst. neugebildet]
ge-wyrč(e)an (§44,I Ende) sw.1c. bereiten, erwirken, erbauen, erwerben, ausrichten; got. *ga-waúrkjan*
wyrd fi. Schicksal; ne. *weird*, abl. zu *weorðan* (§75)
ge-wyrht fni. Gewirktes, geleistete Tat; as. ahd. *gi-wurht*, zu *wyrčan*
wyrm mi. Wurm, Schlange, Drachen; ne. *worm*, got. *waúrms*, zu lat. *vermis* (§21,5) Wurm
wyrsa (§33,1c) (Komp. zu *yfel*) schlimmer, schlechter; ne. *worse*, got. *waírsiza*
wyrðe (§33,1c) wert, würdig; ne. *worth*, aisl. *verðr*, got. *waírþs*
wyruld- (§33,2) s. *worold-*

ylde, (i)elde, angl. *ælde* (§31,7) mi. Pl. Menschen; G.Pl. *yldo bearn* 70, 150, 605: (Übersetzung des bibl. *filii hominum*) mit -*o* für -*a* vielleicht volksetymol. nach *yldo* Alter; as. *eldi*, zu *(e)ald*
yldesta s. *(e)ald*
yldo, ieldu, angl. *ældu* fk.1. (§§31,7; 59,4) Alter; as. *eldi*, zu *(e)ald*
yldra s. *(e)ald*
ylfe, i(e)lfe (ws.), sonst sächs.u. kent. *elfe*, angl. *ælfe* (vgl. *i(e)ldra* unter *(e)ald*) mi. Pl. Elfen, Alben; ne. *elf*, ahd. *alp* (in nhd. *Alpdrücken*), aisl. *alfr*
ymb(e) Präp. (mit A.) um, über, (von der Zeit =) nach; as. ahd. *umbi*
ymb-ēode umging, ging umher (mit A. = bei)
ymb-sittan st.5. sitzen, um
ymb-sittend mk.5. Umwohner
yrfe-lāf fō. Erbstück; ae. *yrfe* (§31,7) nja., got. *arbi*, zu lat. *orbus* verwaist
yrre, i(e)rre (ws.), angl. *iorre, eorre* (§31,8) nja. Zorn; zu *yrre* usw. zornig, got. *aírzeis* irre, verführt, zu lat. *error, erráre* < *ersor, *ersáre Irrtum, irren
yrre-mōd erzürnten Sinnes
ȳð fjō. Welle, Woge; as. *ūðia*, ahd. *undea*
ȳðan sw.1. 'veröden', vernichten; zu ahd. *ōdi* öde, leer, got. *auþs* verlassen, germ. *auþian (§§26,4; 31,7)
ȳþ-lād fō. Wellenweg, (Kenning für) Seefahrt
ȳð-lāf fō. Nachlaß der Wellen = Sand am Meer = Strand
ȳð-lida mk.1. Wogengänger, (Kenning für) Schiff; abl. zu *līðan* (§75)

5. Anhang

Anhang I: Schreibung und Aussprache

Der Mensch spricht, bevor er schreibt. Damit muss es zusammenhängen, dass wir auch zum Verstehen eines Textes unbedingt eine Lautung brauchen. Es ist wichtig, von vornherein den Text zum Klingen zu bringen, auch wenn wir ihn nicht hundertprozentig korrekt sprechen. Von persönlichen Schwächen des Lesers abgesehen, ist eine absolute Korrektheit schon aus historischen Gründen unerreichbar; denn es gibt natürlich keine Überlieferung auf Tonträgern. Dennoch ist wenigstens eine pauschale theoretische Korrektheit anzustreben, womit gemeint ist, dass wir etwa *sculan* 'sollen, müssen' nicht etwa /ˈskulan/, sondern /ˈʃulan/ lesen, obwohl auch unser /ˈʃulan/ nicht hundertprozentig exakt sein kann.

Die 'pauschale theoretische Korrektheit' ist ernst zu nehmen. Es hat meines Erachtens wenig Sinn, gemäß dem Stande der Forschung die exakte phonetische Beschreibung eines Lautes zu geben und es dann – nach mir die Sintflut – dem Lernenden zu überlassen, wie er diesen Laut hervorbringen soll. Ein typisches Beispiel sind die fünf Lautwerte, die Obst/Schleburg dem Graphem *g* (= ae. ȝ) zuschreiben (S. 70), ohne zu sagen, wie ein Deutschsprechender die in Lautschrift aufgeführten Exoten sprechen soll. Wir nehmen stattdessen bewusst eine mit Sicherheit unexakte, aber annehmbare Aussprache in Kauf, indem wir das Altenglische (wie im Übrigen auch das Lateinische und Griechische) deutsch aussprechen (mit englischen Zusätzen wie im Falle des ð und þ).

Um ein etwas prekäres Beispiel eines Ausspracheproblems zu nennen: Wahrscheinlich liegt in Wörtern wie *geōmor, geong, sceolde, sceaða* kein Diphthong vor; vielmehr sind *ge-* und *sce* nur Schreibungen für /j-/ bzw. /ʃ-/. In den fünfziger Jahren des 20. Jh. kam eine Kontroverse auf, ob auch die bisher angenommenen Kurzdiphthonge des Altenglischen tatsächlich existierten. Wir ignorieren dieses Problem und schreiben (*falls* wir umschreiben) z. B. *sceal* 'soll' (24) als /ʃeal/ und lesen *sceapena* (4) als /ʃeaðana/ (zu *sceaða* 'Schädiger'). Siehe Umschrift der ersten 25 Verse unter 2.

Der geschriebene Text ist in Bezug auf die Aussprache oft mehrdeutig. Im Folgenden benutze ich die IPA-Umschrift, gelegentlich auch eine deutsche 'Respelling'-Umschrift, z.B. /ˈʃulan/ = "schullan"). Schrägstriche sollen keineswegs immer im strikten Sinne Phoneme bezeichnen. Unter den Vokalen beachte man /y/ = 'ü' wie in dt. *Müll.* /æ/ wie in dt. *Nässe.* Lange Vokale werden durch einen Doppelpunkt (der eigentlich ein Doppelkeil ist) markiert, z.B. dt. *beten* = /beːtən/, aber *Betten* = /betən/, Müll = /myl/, aber *Mühle* = /ˈmyːlə/; ae. *ellen* (Z3) = /elːən/. Lange Konsonanz gibt es im Deutschen wie im heutigen Englischen nur an der Silben- oder Wortgrenze, z.B. *soll leben* =

/zɔˈlːeːbən/ = /zɔˈl-leːbən/. Unter den Umschriften für Konsonanten beachte man die folgenden Fälle:

[g] ersetzt IPA ɡ wie in dt. *gut* = IPA /guːt/
[h] wie in dt. *heiß*, engl. *hot*, aber vor Konsonanten wie dt. 'ch' in ae. /hwæt/, ne. /hwɒt/
[ɣ] velare Spirans wie in niederdeutsch *laigen* = /ˈlaːiɣən/ 'lügen'
[j] palatale Spirans wie in dt. *jetzt* = /jetst/
[x] wie in dt. *ich* oder *ach* = /ix/, /ax/
[ç] wie in dt. *ich* = /iç/ (wenn der palatale Charakter des 'ch' relevant ist)
[z] wie in dt. *sein*
[ʃ] wie in dt. *scheinen*
[tʃ] wie in engl. *choose*
[dʒ] wie in engl. *jest*.

Der Akzent steht vor der betonten Silbe, z. B. dt. *scheiden* = /ˈʃai-dən/, ae. *cyning* = /ˈkynːiŋ/ = 'künning'. Gelegentlich kommt auch ein Nebenakzent vor – beide Akzente auch innerhalb normaler Schrift – wie etwa in ˈHeidelˌbeere. In ae. *gefrünon* = /jəˈfruːnon/ ist die Silbe nach dem Zeichen ˈ betont, in *æþelingas* = /ˈæðəˌliŋgas/ trägt die dem Zeichen ˌ folgende Silbe einen Nebenton.

1. Altenglische Lautung und Schreibung in gedruckten Texten

1.1. Vokale

An Zeichen für die Vokale finden wir im Altenglischen die Buchstaben *a, e, i, o, u* sowie *æ* und *y*, die kurze oder lange Vokale bezeichnen können. Die Längen werden in gedruckten Texten traditionsgemäß durch ein Makron (einen Überstrich) bezeichnet, also durch *ā, ē, ī, ō, ū, ǣ, ȳ*. Aus diesen Zeichen werden auch die Diphthonge gebildet; es sind *ea, eo, io, ie* und *ēa, ēo, īo, īe*. Wir übergehen im Folgenden die normalen Entsprechungen wie z. B. *a* = /a/ wie in *dagas* /ˈdagas/ 'Tage' = [ˈdaɣas] und greifen nur die problematischen Fälle heraus.[1]

---

[1] Wir ignorieren damit auch, dass bei einigen Autoren ae. *a* = [ɑ], nicht = [a] ist (Obst/Schleburg, S. 64; Baker, S. 21). Phonetisch abstrus ist Baker über *i* (Kürze und Länge): "*i* is pronounced [i] as in Modern English *feet*; that is like the *i* of a continental European language, not like the 'long' or 'short' *i* of Modern English (actually [ʌɪ] or [ɪ]). *Sittan* 'sit', *līf* 'life'." (S. 13) Korrekt und brauchbar wäre etwa dies: "OE *i* (short) is pronounced [i] (by some rendered as [ɪ]) as in *hit*, OE *ī* (long; in the manuscripts simply *i*) is pronounced [iː] as in *feet*; OE *līf* 'life' is pronounced like *leaf*, not like *life*."

(1) Das *e*. Wie im Deutschen und Englischen bezeichnet das *e* auch im Ae. bei fehlendem Akzent den Murmelvokal Schwa. Wir schreiben z. B. *Dene* 'Dänen' = /ˈdenə/. Wir ignorieren das Problem, ob dieses Schwa nicht vielleicht Allophon von /e/ ist.

(2) Das *æ*. Kurzes *æ* hat etwa den Lautwert des deutschen 'ä' in *Städte*, langes den des deutschen *ä* in *Räte* oder des *äh* in *wählen*. Umschrift: /æ/ bzw. /æː/.

(3) Das *y*. Man beachte besonders ae. *y* (kurzes *y*) = /y/ = dt. 'ü', z. B. in *gyldan* (11), zu lesen wie dt. 'gülden', aber mit *j*, also 'jülden'; ae. *ȳ* (langes *y*) = /yː/ = dt. *ü* wie in *übel*, z. B. in *brȳd* = /bryːd/ 'Braut'.

(4) Diphthonge. Die altenglischen Diphthonge sind in der Regel fallend, d. h. der Akzent liegt auf dem ersten Bestandteil. Allerdings nimmt man für *geār-dagum* (Z1) steigenden Diphthong an, wenn nicht gar das *e* nur Markierungsgraphem für die palatale Aussprache des *g* war. Sprechen wir also fortschrittlich /jaːr-/ wie dt. *Jahr*. Man folgert diese Aussprache aus dem Umstand, dass es sich bei *geār* um das Wort handelt, das im Ne als *yore*, z. B. in 'days of yore', erhalten ist, nicht etwa um ae. *gēar* = ne. *year*. In *gewyrcean* (20, 69) = /jəˈwyrtʃan/ (wie 'ˈwürtschan', jedoch mit *w* wie in engl. *wit*) ist *e* mit Sicherheit nur Markierungsgraphem für 'tsch'. – Beispiele für kurze und lange Diphthonge: *sceapena prēatum* (4) = /ˈʃea-ðe-na ˈθreːa-tum/; ähnlich *wearð* (6), aber *fēasceaft* (7) = /wearθ/, /ˈfeːa,ʃeaft/; *geong* (13), aber *wēox* (8) = /jeɔŋ]/, /weːɔks/. Man beachte, dass vor allem die Langdiphthonge eine diphthongische, d. h. flüssige Aussprache verlangen, z. B. ae. *ēo* = /eːo/ wie in dt. *Theo[dor]*, nicht wie in *Tee o[der Kaffee]*. *Bēo-wulf* ist zweisilbig, nicht dreisilbig!

ANMERKUNGEN: (1) Der kurze Diphthong *ea* wäre vielleicht besser durch /ɛa/ zu umschreiben, wobei /ɛ/ den relativ offenen Charakter des ersten Bestandteils des Diphthongs ausdrücken sollte (also in Richtung 'ä' gehend) – gegenüber dem relativ geschlossenen ersten Bestandteil im Falle der Länge, die wir durch /eːa/ wiedergeben. Wir belassen es jedoch im Interesse einer einfachen Umschreibung bei kurzem /ea/, parallel zu /eo/ und /io/. – (2) Obst/Schleburg schreiben für bisheriges *ēa* jetzt *ea* (z. B. in *eac* statt bisher *ēac*), für *ēo eo* (in *seon*, bisher *sēon*), für *ie ie* (in *aflieman*, bisher *aflieman*); für bisheriges *eo eŏ* (z. B. in *weŏrc*, bisher *weorc*), für *ea eă* (in *heălf*, bisher *healf*), für *ie iĕ* (in *iĕldra*, bisher *ieldra*) (S. 55–56). Der Bruch mit der Tradition hebt wahrscheinlich den vermeintlichen Vorteil größerer Genauigkeit auf.

(5) Lang oder kurz? Es gilt, die durch Makron bezeichneten Längen auch lang zu sprechen; alle anderen Vokale sind kurz, also etwa *Gār-dena* = /ˈgɑːr ˌdena/ = 'ˈgahr ˌdenna' (im Text mit 'level stress', also Primärakzent auf beiden Teilen des Kompositums). Der Unterschied gilt, wie beschrieben, auch für Diphthonge.

1.2. Konsonanten

Das Altenglische kennt nicht die Buchstaben *j*, *q*, *v* und *z*; dafür treten ein *g* (*gefrūnon*. Z2), *c* (*cwealm* 107), *f* (*eafera* 12) und *s* (*wesan* 272). Wie im Deutschen sind somit stimmloses und stimmhaftes *s* nicht unterschieden (stimmhaft in *wesan* = /'wezan/ 'sein', stimmlos – wie stets zu Wortbeginn – in *sibb* = /sib/ 'Sippe'); *f* ist /f/ in *fugol* 'Vogel', aber /v/ in *eafera* (12). Wir übergehen im Folgenden die normalen Entsprechungen wie z.B. *b* = /b/ oder *n* = /n/ wie in *bindan* 'binden' und greifen nur die problematischen Fälle heraus.

(1) Das *c*. Die Schreibung *c* steht für /k/ und /tʃ/. Wir haben *cyning* (wie 'künning' = IPA /'kyniŋ/), aber *wyrcan* oder *wyrcean* '(be)wirken' = /'wyrtʃan/ und *reced* 'Halle' (68) = /'retʃed/, ferner *rinc* 'Mann' und *sinc* 'Schatz' – beide /-iŋk/–, aber *benc* 'Bank' (492) = /bentʃ/. Die typische Schwierigkeit besteht im Ae. darin, dass *c* = /k/ auch vor 'hellen Vokalen vorkommt, z.B. in *cyning* und *cēne* 'kühn'. Man lese mit /k/ bzw. /tʃ/, je nach dem, was etymologisch naheliegt, z.B. ae. *cēne* mit /k/ (wegen dt. *kühn*, ne. *keen*), also /keːnə/, aber ae. *cēosan* (= ne. 'choose') mit /'tʃ/, also /'tʃeːozan/. Im Glossar ist das *c* = 'tsch' durch *č* wiedergeben; *čč* hat den gleichen Lautwert. In ae. *čeol* führt dt. 'Kiel' in die Irre; da hilft dem Leser nur der Glossareintrag *čeol* (= /'tʃeːɔl/').

(2) Die Gruppe *ce*. Während *ce* in *cēne* einfach = /keː/ ist, bezeichnet die Gruppe gelegentlich das /tʃ/. Wir haben ae. nebeneinander *sēcan* (etwa 664) und *sēcean* (etwa 187), beides = /'seːtʃan/.

(3) Die Gruppe *cc(e)* (im Glossar *čč*, *čče*) bezeichnet /tʃ/, z.B. in *weččean* (2046) 'wecken', *reččan* = /'retʃan/ (*reččeð* 434) '(sich) kümmern' (vgl. mit *c reced* 'Halle').

(4) Die Gruppe *cg(e)* (im Glossar *čǧ*) steht für /dʒ/ (genauer für [dːʒ]), z.B. in *ecg-hete* (84) = /edʒ-/, *licgean* (965) = /'lidʒan/ 'liegen'.

(5) Das *g*. Die Schreibung *g* (in altenglischen Handschriften in der Form eines ʒ) steht für drei Lautwerte. **(a)** *g* = /g/ (velarer Plosivlaut wie in dt. *gar*, ne. *go*), etwa zu Wortbeginn wie in *Gār-dena* (1) = /'gaːr-'dena/. **(b)** Ebenfalls

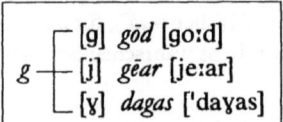

zu Wortbeginn kann *g* jedoch für die palatale Spirans wie in dt. *Jahr*, ne. *year* stehen; z.B. in *geār (-dagum)* = /j(e)aːr-/ oder in *ge(-frūnon)* (2) = /jə-'fruːnɔn/, ferner in *egsode* (6) (wir sprechen am besten ['ex-sɔ-də], also mit 'ch', obwohl eigentlich /'ej-/ korrekt wäre; ähnlich *wīg* = /wiːx/), *ǣghwylc* = /'æː(j)ˌhwyltʃ/ (9); *gyldan* (11), *geong* (13) (ne. *young*), *geardum* (13) (ne *yard*), *giftum* (21) (alle mit /j/).

(c) Intervokalisches *g* ist eine velare Spirans, die es weder im Deutschen noch im Englischen gibt (es gibt sie im Niederdeutschen), aber z.B. in ae. *dagum* = ['daɣum] (1) vorkommt; es ist ein [x] (also ein 'ch'), das jedoch stimmhaft, nicht stimmlos, gesprochen wird. Wir sollten uns nicht bemühen, diese Lautung wiederzugeben, sondern sie getrost durch das plosive Pendant, also durch [g], ersetzen, uns aber dieser falschen Aussprache bewusst bleiben. (Für englische Sprecher wird manchmal empfohlen, *dagum* wie /ˈda-wum/ zu sprechen; dem schließen wir uns nicht an.)

ANMERKUNGEN: (1) Wo das Ne. statt zu erwartendem *y*- (wie in *yield* < ae. *gieldan*) g = /g/ hat wie in *gift* und *give*, liegt Ersatz der alten Formen durch skandinavische vor. – (2) Nach Obst/Schleburg 2004:70 steht *g* für insgesamt fünf Lautwerte, außer den genannten Fällen noch in palataler Umgebung und nach Nasal (*ofslægen*; *Hengest*) – siehe oben zu Beginn dieses Anhangs.

(6) Die Gruppe *sc*. In den meisten Fällen steht *sc* für /ʃ/ = 'sch', obwohl in historischer Sicht ein 'sch' zunächst im Anlaut (zu Wortbeginn) entsteht und erst gegen Ende des 10. Jh auch im In- und Auslaut, z.B. in *fisc* = *fisč* = /fɪʃ/ (vgl. – mit Metathese – die *hronfixas* Z540 und die *merefixas* Z549). Wir lesen somit *Scyld Scēfing* (4) = /ʃyld ˈʃeːvɪŋ/ ('schüld schehwing') und *feasceaft* (7) = /ˈfeːa-ʃeaft/. Das *sc* ist = /sk/ in *ascian* 'fragen' und wenigen anderen Fällen.

(7) Das *f*. Eine unangenehme Aussprachklippe bildet die Regel, wonach die altenglischen Konsonanten intervokalisch stimmhaft sind, vor allem in den Fällen mit *f* und denen, für die ne. *th* steht. Da das Altenglische kein *v* kennt, ist etwa *Scēfing* (4) = /ˈʃeːvɪŋ/, ähnlich *eafera* (12) = /ˈeavərə/, aber auch *frōfre* (7) = /ˈfroːvrə/ und *hrefn* (3024) = /ˈhrevən/ 'Rabe'; man beachte *giefan* = /ˈjievan/ 'geben', aber *geaf* = /ˈjeaf/ 'gab'.

(8) Das *ð* ('edh' = /eð/) und das *þ* ('thorn'). Die Schreibungen mit *ð* und *þ* stehen *beide* für die stimmhafte *oder* stimmlose Spirans. Ihr Gebrauch hat in der Tat nichts mit dieser Unterscheidung zu tun, und es ist schwer auszumachen, wann die Schreiber den einen, wann den anderen Buchstaben benutzten. Zu Wortbeginn und am Wortende gilt /θ/, ob in den Texten nun *ð* oder *þ* steht, z.B. in *ðæt* bzw. *lāð*. Intervokalisch gilt /ð/, z.B. in *brōðor*. Stimmlosigkeit zu Wortbeginn ist besonders für mehrere Partikeln zu beachten, z.B. für den bestimmten Artikel *ðā* in *ðā æþelingas*, zu lesen als /θaː ˈæðəlɪŋgas/. Man beachte daher besonders stimmloses 'th' in *þæt* (11), *þæs* (7), *ðæm* [!] (12), *þone* (13). Erst in mittelenglischer Zeit werden die Spiranten in Wörtern wie *the, that, this, then* usw. stimmhaft.

ANMERKUNG: Die tatsächliche Verteilung der Buchstabenzeichen *þ* und *ð* hat eher mit Wortbeginn, Wortmitte, Wortende zu tun. Sie ist jedoch weitgehend auch willkürlich. Man verwechsle nicht das altenglische Schriftzeichen ð und das IPA-Zeichen für die stimmhafte dentale Spirans, ebenfalls ð (aber nie kursiv), obwohl sie der Form nach identisch sind!

(9) Das *h*. Die Schreibung *h* hat zwei Lautwerte: (a) wie in ne. *hat, hot* usw. = /h/, (b) wie in ae. *hwæt* = /hwæt/ = 'chwät'. Wir sehen die ae. nur vor Konsonanten vorkommende stimmlose Spirans in *hwæt* als identisch mit dem Laut an, der sich in der Variante /hwɒt/ statt /wɒt/ in ne. *what* findet (so wenigstens die Aussprache-Wörterbücher); nur am Wortende schreiben wir /x/, z.B. in *wīg* = /wiːx/. (In der Phonetik bezeichnet /x/ den *Ich*- oder *Ach*-Laut; /x/ bezeichnet das *ch*-Phonem generell, /χ/ oder /ç/ den *Ich*-Laut.) Das fragliche 'ch' kommt auch im Wortinneren vor, z.B. in ae. *dohtor* = /ˈdɔxtɔr/ 'Tochter' (375), *niht* = /nixt/ 'Nacht' (547). Man beachte besonders die uns fremden Konsonantenkombinationen *hl* und *hr* wie in *hlūd* = /hluːd/ (89) und *hraðe* = /ˈhraðə/ (224).

(10) Man nimmt an, dass das Altenglische (ähnlich dem Italienischen) echte Doppelkonsonanz kannte, z.B. in *ellen* (3) = /ˈel-len/ oder, wie hier umschrieben, /ˈelːen/. Wir wollen dies jedoch nicht problematisieren und bemühen uns in der Aussprache nicht um Exaktheit.

(11) Einige ungewohnte Konsonantenkombinationen sind auszusprechen, insbesondere *cniht* = /knixt/ = 'knicht' (vgl. dt. *Knecht*), *gnat* = 'gnat' (vgl. dt. *Gnade*), *wrītan* = /ˈvriːtan/. Beachte noch, dass *w* in der Regel = /w/, nicht = /v/ ist, in *trēow* sprechen wir jedoch kurzerhand ein /v/, also /ˈtreːɔv/, obwohl dies sicher nicht exakt ist; *r* war Zungen-*r* ('trilled').

1.3. Der Wortakzent

Die germanische Stammbetonung gilt grundsätzlich. Man mache also auf keinen Fall aus *fremedon* (3) = /ˈfre mə dɔn/ ein '*fre-ˈmehdon*' (als ob es sich um ein lateinisches Wort wie etwa *rērum* handele) oder aus *æþelingas* = /ˈæðəˌlɪŋgas/ ein /ˌæðəˈlɪŋgas/ mit Akzent auf -*lingas*. Für den Anfänger bilden auch die stets minderbetonten Präfixe eine Klippe. z.B. *ge-ˈfrūnon* (2), *ge-ˈbād* (7), *ge-ˈwunigen* (22), *of-ˈteah* = /ɔfˈteax/, *on-ˈgeat* (14), *for-ˈgeaf* = /fɔrˈjeaf/ (17).

Für Komposita wie *Gār-dena* nehmen wir metrisch gleichen Akzent für beide Teile an, also 'Gār-ˈdena ('level stress'), was wichtig für ein rhythmisch adäquates Lesen ist.

2. Umschrift Beowulf 1–25

In Einführungen ins Altenglische und in altenglischen Grammatiken werden in der Regel keine Texte umschrieben, meist wird auch keine phonetische Umschrift verwendet, sodass manche Aussprache unklar bleibt. Eine Ausnahme ist Quirk/ Wrenn 1957 (Verse 1–11 umschrieben S. 17). Von deren System weiche ich im Interesse der Vereinfachung jedoch in Details ab. Die Hauptabweichungen gehen aus den alternativen Q/W-Umschreibungen hervor, die ich am Ende der Zeilen 1–11 wiedergebe

hwæt we: 'gaːr- 'dena in 'jaːr̯ 'dagum   gaːr-, dɑwum
'θeːɔd 'kyniŋga 'θrym jə'fruːnɔn   θē͞əd
'huː ˌθɑː 'æðəliŋgas 'elːən 'fremədɔn.   θɑː, ɛlːən
ɔft 'ʃyld 'ʃeːviŋ 'ʃeaðena 'θreːatum '   ʃeːviŋg, ʃaðəna
'mɔnejum 'mæːjðum 'meodɔˌsetla ɔf'teːax,   5   meədu
'ejsɔdə 'eorlas, syðːan 'æːrest 'wearθ   eorlə (andere Lesart)
'feːaʃeaft 'fundən. he: θæs 'froːvrə je'baːd,   fē͞əʃɛaft
'weːɔks undər 'wɔlknum 'weorθˌmyndum 'θɑːx,   wē͞əks, θɑːx
ɔ'θːæt him 'æːjˌhwyltʃ θɑːra 'ymb'sitːendra   θɑːra
ɔvər 'hrɔn'raːdə 'hyːran 'ʃɔldə,   10   hrɔnrɑːdə
'gɔmban 'jyldan. θæt wæs 'goːd 'kyniŋ.   kyniŋg
θæm 'eavəra 'wæs 'æftər 'kenːəd,
'jeɔŋg in 'jeardum θɔnə 'gɔd 'sendə
'fɔlkə toː 'froːvre. 'fyrənˌθearve ɔn'jeat
θeː hiːə 'æːr 'drugɔn 'aldɔr'leːasə   15
'laŋgə 'hwiːlə. him θæs 'liːf'freːa
'wuldrəs 'wealdənd 'wɔrɔldˌaːrə fɔr'jeaf,
'beːɔˌwulf wæs 'breːmə 'blæːd ˌwiːdə 'spraŋg
'ʃyldəs 'eavəra 'ʃedəˌlandum 'in
swaː ʃeal 'jeɔŋg 'guma 'goːdə je'wyrtʃan   20
'frɔmum 'feːohˌjiftum on 'fædər 'bearmə
'θæt hine ɔn 'yldə 'eft jə'wunigən
'wil jə'siːðas θɔnə 'wiːx 'kumə
'leːɔdə je'læːstan. 'lɔfˌdæːdum 'ʃeal
in 'mæːjðə je'hwæːrə 'man jə'θeːɔn.   25

Anhang II: Metrik

1. Der Stabreim

Der Vers des *Beowulf* ist der altgermanische Stabreimvers (der Terminus findet sich zuerst bei Snorri Sturluson um 1220). Die Langzeile besteht aus An- und Abvers, die durch eine deutliche Zäsur getrennt sind, aber durch die Alliteration zusammengehalten werden. Es staben die am stärksten betonten Wörter; in dem Langvers "Beowulf war be'kannt | ver'breitet war sein 'Ruhm' staben das /b/ in *Beowulf* und das /b/ in *(ver)breitet*, nicht etwa auch das in *bekannt;* denn die Silbe *be-* ist unbetont. Miteinander staben können alle Anfangskonsonanten, doch die Verbindungen *st* und *sp* staben nur mit sich selbst; natürlich gilt auch *sc* = /ʃ/ als stabende Einheit, z.B.

'*B*ēowulf wæs '*b*rēme | '*b*lǣd wīde 'sprang,
'*Sc*yldes 'eafera, | '*Sc*ede,landum 'in.   (18f)

Bezeichnet man die stabende Hebung mit *a* oder *b*, die Hebung ohne Stab mit *x*, so ergeben sich die nebenstehenden Konstellationen, wobei *ab|ab* wie in *Beow* 1 selten ist. Bemerkenswerterweise staben gleich in der ersten Zeile /g/ und /j/: '*G*ār'dena und '*ge*ār'dagum, was nur schwer zu erklären ist. Vielleicht

a x	
x a	a x
a a	
a b	a b

handelt es sich um den Einfluss der Schreibung, vielleicht einfach um eine hingenommene Ungenauigkeit (einen 'Metaplasmus'). Es staben ferner alle Vokale untereinander, was wohl mit dem konsonantischen Einsatz durch den Glottisverschlusslaut ([ʔ] = 'Knacklaut', '*glottal stop*') zusammenhängt. Er ist im Deutschen vor Vokal häufig oder normal, wird aber im Englischen gemieden. Zwei *Beowulf*-Beispiele:

hū þā *æ*þelingas | *e*llen fremedon (3)   = /'ʔæðə,liŋgas 'ʔel:ən/
*ī*sig ond *ū*tfūs | *æ*þelinges fær (33)   = /'ʔiː 'ʔuː   'ʔæ/

2. Der Rhythmus

Was den Rhythmus der Langzeile angeht, so stehen sich bis heute – im Wesentlichen – zwei metrische Beschreibungsmethoden einander gegenüber: die Typenlehre von Eduard Sievers (entstanden um 1885) und die Zweitaktlehre von Andreas Heusler (1925). Darüber hinaus gibt es zahlreiche Weiterführungen – vor allem der Sievers'schen Richtung – und Neuansätze, die ich – als Heusler-Anhänger – in diesem Anhang übergehe. Die Sievers'schen Typen sind eine mühsame Zergliederung des Materials, die im Grunde auf den traditionellen Versfüßen beruht; diese sind zwar, rhythmisch gesehen, für den Stabreimvers gänzlich unbrauchbar, bringen aber das Material durchaus in eine korrekte Gesetzmäßigkeit. Das ist auch der Grund, warum die meisten modernen Metriker immer noch an Sievers anknüpfen.[1] Heusler hat demgegenüber den Nachteil des Späteren, dessen entscheidender Beitrag – auch zu *Beowulf* – in Band I der *Deuschen Versgeschichte* nie ins Englische übersetzt wurde (von Standop 1989 gar nicht zu reden). (In der sonst sehr vollständigen Bibliografie des *Beowulf Handbook*, Bjork/Niles 1997, ist Heuslers *Versgeschichte* gar nicht aufgeführt.)

2.1. *Die Sievers'schen Typen*

In Anbetracht des hohen Bekanntheitsgrades führe ich zunächst die fünf Sievers'schen Typen auf (nach Klaebers Überblick, 1950:281,[2] mit den bei Sievers nicht genannten, aber vergleichbaren und von mir hinzugefügten Versfüßen). Das Zeichen x und der Strich (–) stehen vage für 'beliebig' bzw. 'lang', eigentlich für 'unbetont' bzw. 'betont', da ein x nie den Akzent tragen kann.

A	$\acute{-}$ x | $\acute{-}$ x (– ⌣ | – ⌣ Trochäus)		hȳran scolde (10)
A1			ellen fremedon (3)
A2			Grendles gūðcræft (127)
A3			syðþan hīe þæs lāðan (132)
B	x $\acute{-}$ | x $\acute{-}$ (⌣ – | ⌣ – Jambus)		ond Hālga til (61)
B1			him ðā Scyld gewāt (26)
B2			hē is manna gehyld (3056)
C	x $\acute{-}$ | $\acute{-}$ x (⌣ – | – ⌣ Antispast)		oft Scyld Scēfing (4)
C1			ofer hronrāde (10)
C2			þæt wæs gōd cynning
D(a)	$\acute{-}$ | $\acute{-}\acute{-}$ x (– – – ⌣ 4. Epitrit)		fēond mancynnes (164)
D1			weard Scildinga (229)
D2			hēah Healfdene (57)
D3			þēodcynninga (2)

---

[1] Unbekümmert führt Baker noch 2003 als einzige Umschreibung die Sievers'schen Typen auf (§13.2 – ohne dass der Name Sievers genannt würde), während Obst/Schleburg naturgemäß das Obst'sche System anbieten, das immerhin rhythmisch ist.

[2] Einen brauchbaren Überblick bietet neben Baker 2003, Kap. 13, auch Kapitel 4 "Prosody" in Bjork/Niles 1997:55–83: "What we present below is a version of Sievers's theory that has been much influenced by the work of Bliss and Cable but that follows neither of the latter in all detailals" (S. 60).

D(b) $\acute{-}$ | $\acute{-}$ x $\grave{-}$ ($--\cup-$ 3. Epitrit)   wēold wīdeferhð (702)
D4   flet innanweard (1976)
D(x)   (D1, D2, D4 erweitertert)
  D(x1)   aldres orwēna (1002)
  D(x2)   mǣre mearcstapa (103)
  D(x3)   grētte Gēata lēod (625)
E $\grave{-}\acute{-}$ x | $\acute{-}$ ($--\cup-$ 3. Epitrit)   weorðmyndum þāh (8)
  E1   Scedelandum in (19)
  E2   Sūð-Dena folc (463)

Im Grunde sind es schon wegen D(a) und D(b) sechs Typen, tatsächlich noch mehr. Andererseits sind es aus theoretischen Gründen *genau* sechs Typen. Schlägt man nämlich die als Nebenhebung markierten 'Längen' ($\grave{-}$) zu den unbetonten (durch x markierten) Silben, so ergeben sich die folgenden sechs Fälle: oóoó, óoóo, óoóo, oóóo, (ooóó), óooó, von denen der eingeklammerte Fall als nicht vorkommend unter den Typen fehlt. Man erkennt ferner, dass das Modell wegen der zahlreichen Abweichungen von den fünf Grundformen rhythmisch nicht aussagekräftig ist.

ANMERKUNG: Sievers' System datiert von 1885. Schon 1891 stößt es auf die Kritik von Andreas Heusler, der 1889 über die "altdeutsche Verskunst" promoviert hatte. In der Tat zog Sievers nach der Kritik Heuslers im Erscheinungsjahr des ersten Bandes der *Deutschen Versgeschichte* (1925) sein Modell praktisch zurück, weil sich die Verse danach nicht skandieren ließen. Mit der entsprechenden Literatur möchte ich diese Ausgabe nicht belasten.

2.2. Heuslers Zweitaktlehre

Heuslers Metrik beruht auf der Grundannahme, dass die Gefälligkeit von Versen in ihrem metrisch-musikalischem Rhythmus begründet ist. An diesem Grundsatz ist in der Tat nicht zu rütteln. Heusler schreibt daher Takte, die stets mit einer betonten Hebung beginnen. Jamben und Trochäen sind somit rhythmisch identisch; Jamben haben nur zu Beginn einen regelmäßigen Auftakt; das ist alles. Zu dem klassischen Jambus/Trochäus-Modell gelangt man nur, wenn man mit der Analyse von Versen naiverweise einfach mit dem Beginn der Zeilen beginnt, anstatt zu vergleichen. Nach Heusler besteht die alliterierende Langzeile aus zwei Kurzversen, von denen jeder zwei Haupthebungen und – idealtypisch – auch noch zwei Nebenhebungen hat. Die Nebenhebungen können jedoch pausiert sein oder – was auf das Gleiche hinausläuft – durch eine überlange Silbe ausgefüllt sein. Dies ist die Heuslersche Zweitaktlehre. Er veranschaulichte dieses Versmaß am Beispiel einiger Sprichwörter, z.B. 'Wenn die *máus* ∧ ∧ sátt ist, || so ist das *méhl* ∧ ∧ bítter'. Das Zeichen ∧ steht für eine Viertelpause.

Anhang II: Metrik

Wir nehmen mit Heusler für den Stabreimvers $^4/_4$-Takt an und umschreiben – formal und gelegentlich auch sachlich – etwas anders als Heusler (vgl. Standop 1989, Kap. 9) – mit Hilfe der folgenden Zeichen:[3]

o = ¼ Note, – = ½ Note, x = ⅛ Note, ∧ = ¼ Pause
| = Taktgrenze; || = Grenze zwischen An- und Abvers.

Das ergibt für die Verse 1–11 die folgenden Messungen:

Hwæt, wē | Gār- ... | dena || in | geār- ... | dagum
x x | – ∧ ∧ | ó o ∧ || x | – ∧ ∧ | ó o ∧ ∧

þēodcyninga || þrym gefrūnon
– ∧ ∧ | ó o ò ∧ || – ∧ o | – ò ∧

hū ðā æþelingas || ellen fremedon.
– – | ó o ò o || ó o ∧ ∧ | ó o ò ∧

Oft Scyld Scēfing || sceaþena þrēatum,
x | – ∧ ∧ | – ò ∧ || ó o ò ∧ | – ò ∧

monegum mǣgþum || meodosetla oftēah   5
ó o ò ∧ | – ò ∧ || ó o ò x x | – ∧ ∧

egsode eorlas || syþþan ǣrest wearð
ó o ò ∧ | – ò || x x | – ò ∧ | – ∧ ∧

fēasceaft funden. || He þæs frōfre gebād
– ò ∧ | – ò || x x | – ò o | – ∧ ∧

wēox under wolcnum || weorðmyndum þāh,
– ò o | – ò ∧ || – ò o | – ∧ ∧

oð þæt him æghwylc || þāra ymbsittendra
x x x | – ∧ ∧ | – ∧ || x x | – ∧ ∧ | ó o ò ∧

ofer hronrāde || hȳran scolde,   10
x x | – ∧ ∧ | – ò o || – ò ∧ | – ò ∧

gomban gyldan. || Þæt wæs gōd cyning.
– ò ∧ | – ò || x x | – ∧ ∧ | ó o ∧ ∧

Die Füllung des zweiten Taktes eines Verses, der Kadenz, wie Heusler sagte, ist entweder voll (v) (wenn der Takt eine zweite Starktonsilbe für die Nebenhebung enthält), stumpf (st) (wenn für die Nebenhebung keine Silbe mehr da

---

[3] Nur aus rein äußerlichen Gründen des Schreibens mit den üblicherweise verfügbaren Zeichen ersetze ich Heuslers x durch o und ⌣ durch x. Man verwechsele im Übrigen nicht die Heusler'schen mit den Sievers'schen Zeichen; sie haben nichts miteinander zu tun.

ist) oder klingend (k) (wenn die Nebenhebung auf eine Schwachtonsilbe fällt). Also: ´ ∧ ∧ = stumpf; ´ ò ∧ oder ó o ò ∧ = klingend oder voll je nach Gewicht der Nebenhebungssilbe; *funden* (7) ist klingend, *æpelingas* (3) voll.

Die zwei Hauptregeln Heuslers, die für eine praktische Übereinstimmung mit Sievers und im Vers für Ausgewogenheit sorgen ("Leichteste und schwerste Füllungen wollte man fernhalten" – § 226) lauten folgendermaßen:

(1) "Ist der eine Takt stumpf [d.h. ist die Nebenhebung, die dritte Mora, unbesetzt], so ist der andere voll, oder es tritt Auftakt dazu" ("Hauptregel"; § 230).

(2) "Für die große Menge der Abverse im *Bw* gilt also der Satz: Ist der eine Takt voll, dann ist der andere stumpf, und Auftakt fehlt" (§ 251).

Regel 2 ist die Umkehrung der ersten. Die Folge st/v haben wir etwa in "sunu Healfdenes" (268a, 344b u. ö.), die Folge v/st in "Healfdenes sunu" (1009b), die Folge A+k/st in "hire | selfre sunu" (1115a), die Folge A+st/k in "bēo þū | suna mīnum" (1226b).

ANMERKUNG: Für Zeile 9a ist eher die Lesart "oð 'þæt him 'æg‚hwylc" üblich; doch die oben angenommene Lesart A+st/st ist in Anbetracht des Auftakts gerechtfertigt, wenn auch vielleicht *zu* ausdrucksvoll; siehe das Folgende.

Zwei Annahmen Heuslers, die ich übernehme, sind auffällig und können Kritik hervorrufen:

(1) Die sog. 'Überlängen'. Das *Gār* in *Gārdena* (Vers 1a) klingt wie die erste Silbe in dem emotionalen Ausruf *sa-* ... *genhaft!* (Die Punkte sollen das Aushalten des langen Vokals andeuten.) Die Nebenhebungen bleiben in diesem Falle unhörbar, weil sie entweder in die Pause fallen (*Gār-* ∧ ∧ | *dena*) oder – bei Aushalten eines langen Vokals über den ganzen Takt hinweg – in die ganze Note (*Gār-*) (ähnlich *geār...dagum*). (Wir schreiben, um ein Zeichen für die ganze Note einzusparen stets eine halbe Note + zwei Viertelpausen.) Im Vortrag, der die ganze Note verwirklichen wird, wirkt die 'Überlänge' leicht übertrieben. Hören wir jedoch Heusler dazu:

"Die Überlänge oder, damit gleichbedeutend, die Innenpause: darin vor allem äußert sich der besondere germanische Formwille. Derselbe Formwille, der den Stabreim schuf und die Figur der Variation pflegte" (Bd. 1, § 204). – "Diese Innentakte mit 'Zerdehnung' haben etwas Überschwängliches. Sie heischen vom Vortragenden ein Wichtignehmen des Wortes, wie wir es von unsern neueren Versen nicht mehr gewöhnt [*lies:* gewohnt] sind" (§ 206).

(2) Die sog. 'klingenden Kadenzen' (Kadenz = Versschluss). Wir lesen z.B. "þrym ∧ ge | 'frū-‚non" = ´ ∧ o | ´ ò ∧ mit einer Nebenhebung auf der *an sich*, d.h. vorverslich unbetonten Silbe *-non*. Möglicherweise wirkt dies nicht ganz so stark verfremdend wie die Überlänge, weil wir die klingenden Kadenzen

auch von modernen Versen kennen. Man vergleiche die klingenden Versausgänge der zwei ersten Zeilen mit den 'vollen' Ausgängen der dritten und vierten Zeile im Kinderlied:

Bácke, bácke Kú-chèn,
Der Bäcker hat gerú-fèn.
Wér will schöne Kúchen bácken,
Dér muss háben síeben Sáchen.

ANMERKUNGEN: (1) Es können hier nicht alle Details der Stabreimskansion vorgeführt werden; ich muss stattdessen auf Heusler verweisen. So zeigt sich z.B. gleich in Z2a im Falle *þēodcyninga,* dass man *þēod* aus phonetischen Gründen schlecht 'aushalten' kann (etwa auf dem langen *e* des Diphthongs?), eine Pause in einem Kompositum aber wahrscheinlich als sprachbeugend empfunden wird – eine Schwachstelle der Zweitaktlehre. Heusler schlug im Übrigen für *cyninga* statt óò Synkope vor: "Die sprachgerechte Messung ó $\div$ o [meine Umschrift, aber sachlich mit der Heuslers identisch] ist einwandfrei, liegt nahe und wirkt rhythmisch sehr gut" (Bd. I, §210). Solche Überlegungen sollte man jedoch zu einer Frage der Performanz machen. Heusler vermochte zu seiner Zeit noch nicht zwischen abstrakter Struktur und konkretem Vortrag zu unterscheiden.

(2) Der an Metrik Interessierte sollte auch die Anmerkung zu Z90 lesen, in der dafür plädiert wird, mit Standop 1993 die strikte Regel 'Ein Stab fordert einen Iktus' zu lockern.

(3) Ein Tipp zum Vortrag: Man ahme den Akut mit der flachen rechten Hand nach, die man nach rechts dreht, sodass die Handfläche schräg nach oben links zeigt, und die man dann mit dem Ton nach unten links führt, den Gravis entsprechend (Handrücken nach oben) nach unten rechts. So lässt sich der Takt auch bewegungsmäßig verdeutlichen.

(4) Im *Beowulf* kommen wie anderswo hypermetrische Zeilen, sog. Schwellverse, vor, z.B. 1163–1168. Sie sind deutlich länger als die Langzeile, ihre Funktion ist unklar. Wir gehen auf dieses Phänomen nicht näher ein.

3. Weitere Deutungen

Es gibt nur wenige weitere Deutungen des Stabreimverses, die von Heusler ausgehen. Eine recht bedeutsame Modifikation Heuslers, die ich allerdings in den Einzelheiten nicht für glaubwürdig halte, lieferte Pope 1942, eine zwar rhythmische, aber nicht mehr an Heusler anknüpfende Deutung versuchte Obst 1987.[4] (Obst nimmt keinen $^4/_4$-Takt an, aber neben den Auftakten auch

---

[4] Kurzfassungen der Obst'schen Metrik findet man in Obst/Schleburg 1998:viii–xii und – etwas ausführlicher – in Obst/Schleburg 2004, Kap. 5. Wir folgen dieser Metrik schon deswegen nicht, weil z.B. davon die Rede ist, dass *eine* Hebung auch aus *zwei* (kurzen) Silben bestehen könne (sog. 'Auflösung') (2004:132).

'Vortakte', was dann drei Takte pro Halbzeile ergibt, ferner auch Verse mit nur einem einzigen Takt.)

Die Namen der wichtigsten neueren Autoren, die sich am ehesten der Metrik von Sievers und Bliss zuordnen lassen, sind Thomas Cable (1974), David Hoover (1985), Geoffrey Russom (1987), Robert Creed (1990) und Calvin Kendell (1991).

Anhang III: Formenlehre

Es ist nur schwer verständlich, wie man je annehmen konnte, dass ein Studium der Grammatik, unter die auch die historische Lautlehre fiel, zum Verstehen eines Textes führe. Grammatik setzt eine abstrakte Theorie der Sprachstruktur mit einer entsprechenden Terminologie voraus, wobei sich die Formulierungen der Gesetzmäßigkeiten als zumindest auf Anhieb schwer verständlich erweisen.

Auf der Grenze zwischen der Immersion und einer für den Spracherwerb weniger nützlichen Beschreibung stehen die Paradigmen, die als verkürzte Äußerungen in abrupt wechselnden sprachlichen Situationen angesehen werden können und daher für eine erste Orientierung brauchbar sind. Paradigmen sind noch keine Grammatik! Ganze Sätze liefert etwa das Paradigma *ich gehe, du gehst, er geht,* ergänzungsbedürftig dagegen ist *das Haus [in dem ich wohne], [ich sehe] das Haus, [die Tür] des Hauses, [in] dem Hause [dort drüben].* – Die wichtigsten altenglischen Paradigmata sollen im Folgenden vorgeführt werden.[1] –
Abkürzungen (die Kürzel in der Zeile *Glossar* siehe zu Beginn des Glossars):

A	Akkusativ	G	Genitiv	Msk	Maskulinum	Sg	Singular
D	Dativ	Ind	Indikativ	Opt	Optativ		
Fem	Femininum	I	Instrumentalis	Pl	Plural		

1. Das Nomen mit Artikel

Für das Germanische unterscheidet man eine vokalische ('starke') und eine konsonantische ('schwache') Deklination, in denen die aus dem Griechischen und Lateinischen bekannten Deklinationen des Indoeuropäischen weiterleben, und zwar

stark: (1) auf *a,* gr. -o in -ος, -ον (-*os,* -*on*) = lat. *u* in –*us* (*hortus*), -*um*; (2) auf *ō,* lat. *ā* (*hastā*); (3) auf *i,* lat. *i* (*hostis*); (4) auf *u,* lat. *u* (*frūctus*);

schwach: (1) mit *n,* lat. *n* (*homi-n-em*); (2) mit *r,* lat. *r* (*pat-r-em*); (3) mit *s,* gr. -ος (γένος = *génos,* Gen. γένους < γένεος < γένεσος) = lat. -*us* (*genus, generis*).

ANMERKUNG: Man beachte die Umkehrung ae. *a* < *o,* aber *ō* < *ā,* und spreche Vokale, die kein Makron tragen, kurz. Im Übrigen sind die Parallelen zwischen dem Ae. und den klassischen Sprachen infolge der Lautentwicklungen und infolge des häufigen Wechsels der Wörter in andere Klassen stark entstellt, sodass man ohne eine (dritte) Rubrik 'Reste' nicht auskommt (in der Tafel in 1.2 unter 'Sonstige').

---

[1] Pate standen die Paradigmata in Mossé 1950 (Faltblatt).

1.1. a-, ō- und i-, u-Deklination

Deklin.		-ă-				-ō-		-i-	-u-
Glossar		ma	na			fō		mi	mu
		Msk lang	Msk kz	Neut lang	Neut kz	Lang	Kurz	(Msk)	(Msk)
Singular	N	sē stān	dæg	þæt word	fæt	sēo lār	giefu	wine	sunu
	G	þæs stānes	dæges	þæs wordes	fætes	þǣre lāre	giefe	wines	suna
	D	þǣm stāne	dæge	þǣm worde	fæte	þǣre lāre	giefe	wine	suna
	A	þone stān	dæg	þæt word	fæt	þā lāre	giefe	wine	sunu
Plural	N	þā stānas	dagas	þā word	fatu	þā lāra	giefa	wine	suna
	G	þāra stāna	daga	þāra worda	fata	þāra lāra	giefa	wina	suna
	D	þǣm stānum	dagum	þǣm wordum	fatum	þǣm lārum	giefum	winum	sunum
	A	þā stānas	dagas	þā word	fatu	þā lāra	giefa	wine	suna

ANMERKUNGEN: (1) Im Glossar gibt es weitere Kürzel und damit weitere Kategorien, z.B. 'fi' (z.B. *cwēn* 'Königin'), 'fu' (z.B. *duru* 'Tor', Gen. *dura*; *hand* 'Hand', Gen. *handa*), ferner fni = 'Fem. *oder* Neutr. der -*i*-Deklination' sowie mkj.1 = 'Maskulinum konsonantisch auf -*n*' (also = mk.1: s. Tafel in 1.2), ursprünglich auf -*jan* statt auf -*an* ausgehend, was den *i*-Umlaut und eine eventuelle Konsonantenverdoppelung erklärt (im Vorspann zum Glossar berücksichtigt). – (2) Die Klammer '(Msk)' unter -*i*- und -*u*- bedeutet, dass auch Feminina und Neutra vorkommen (z.B. fi *cwēn*, Pl. *cwēne* und *cwēna*) und die Maskulina nur als Beispiele dienen. – (3) Auf die Wiedergabe des Instrumentalis, der, wo er vorkommt, mit dem Dativ formal identisch ist, z.B. *þȳ dæge*, wurde beim Nomen verzichtet, nicht dagegen beim Adjektiv.

Weitere Beispiele:

(1) Wie *stān: ād* 'Scheiterhaufen', *āþ* 'Eid', *bēag* 'Ring', *bearm* 'Busen, Brust, Schoß', *beorn* 'Krieger', *cēol* 'Schiff', *ceorl* 'churl, Mann', *cniht* 'Knabe', *cwealm* 'Tod', *dōm* 'doom, Urteil', *drēam* 'Freude', *eorl* 'Edler', *hlæst* 'Last', *lāst* 'Spur'. – (2) Wie *dæg: stæf, stafas* (/ˈstavas/), *mǣg, māgas* 'Verwandter'; (ohne Vokalwechsel) *wæter* (-*tres*) 'Wasser', *wer* 'Mann'. – (3) Wie *word: bān* 'bone, Knochen', *brēost* 'Brust', *feax* 'Haar', *folc* 'folk, Volk', *gēar* 'Jahr', *hord* 'Hort', *hors* 'Pferd', *lēan* 'Lohn', *land* 'Land', *lēoþ* 'Lied', *mān* 'Verbrechen', *scēap* 'Schaf', *sweord* 'Schwert', *weorc* 'Arbeit', *wīf* 'Frau'. – (4) Wie *fæt: fær* 'Fahrt, Reise, Gefährt, Schiff', *wæd* 'Wasser', *wæl* 'Töten, Gemetzel'. – (5) Wie *lār: bōt* 'Buße', *hlōf* (auch *glōf*) 'glove, Handschuh', *lād* 'Fahrt, Reise', *lāf* 'Hinterlassenschaft', *lēod* '(Leute) Volk', *rād* 'ride', *þearf* 'Bedarf', *wund* 'Wunde'. – (6) Wie *giefu: cwalu* 'Tod', *lufu* 'Liebe' (oft auch wie *tunge*), *sacu* 'Kampf', *sceamu* 'shame, Schande',

Anhang III: Formenlehre   197

talu 'tale, Erzählung', *wracu* 'Rache'. – (7) Wie *wine*: *ciele* 'Kälte', *cyme* 'Herkunft', *cwide* 'Sprache', *Dene* 'Däne', *dryre* 'Fall', *dyne* 'din, Lärm', *gripe* 'Griff', *hryre* 'Fall', *sele* 'Saal, Halle' und viele weitere, auch Nomina auf *-scipe*, z. B. *dryhtscipe*, *hláfordscipe* 'Herrschaft', *wærscipe* 'Vorsicht, Klugheit'. – (8) Wie *sunu*: *heoru* 'Schwert', *lagu* 'Meer', *magu* 'Mann', *meodu* 'Met', *sidu* 'Sitte', *wudu* 'wood, Holz'.

1.2. Konsonantische Deklinationen und 'Sonstige'

Deklin.	Konsonantisch auf *-än-* ('schwach')			*-r-*	*-s-*	Sonstige	
Glossar	mk.1	fk.1	nk.1	mk.2	nk.3	mk.4	fk.4	mk.5
	Msk	Fem	Neut	Msk	Neut	Msk	Fem	
Singular N	sē guma	sēo tunge	þæt ēage	fæder	čild	fōt	bōc	
G	þæs guman	þǣre tungan	þæs ēagan	fæder	čildes	fēt	bēč	
D	þǣm guman	þǣre tungan	þǣm ēagan	fæder	čilde	fēt	bēč	
A	þone guman	þā tungan	þæt ēage	fæder	čild	fōt	bōc	
Plural N	þā guman	þā tungan	þā ēagan	fæderas	čild(ru)	fēt	bēč	Siehe Anmerkung
G	þāra gumena	þāra tungena	þāra ēagena	fædera	čildra	fōta	bōca	
D	þǣm gumum	þǣm tungum	þǣm ēagum	fæderum	čildrum	fōtum	bōcum	
A	þā guman	þā tungan	þā ēagan	fæderas	čild(ru)	fēt	bēč	

ANMERKUNG: Lehnerts 'mk.5' umfasst die Klasse der substantivierten Partizipia auf *-nd*, z. B. *fēond* und *frēond*. Sie sind maskulin und gehen wie *stān* ('ma'), bleiben jedoch im Nom. und Akk. Plural endungslos, es sei denn, sie haben von 'ma' die Endung *–as* übernommen; also gibt es *þā frēond* und *þā frēondas*.

Weitere Beispiele: (1) Wie *guma*: *āglǣca* 'Bösewicht', *bēna* 'Bittsteller', *gefēra* 'Genosse'. *flota* 'Schiff', *nama* 'Name' und sehr viele andere. – (2) Wie *tunge*: *čiriče* 'Kirche' *sunne* 'Sonne', *folde* 'Erde', *hearpe* 'Harfe', *heorte* 'Herz', *hlǣfdige* 'lady' und viele andere. – (3) Wie *ēage*: nur noch *ēare* 'Ohr' und *wange* 'Wange'. Die abstrakten Feminina vom Typ *strengu* 'Kraft' sind praktisch in die ō-Deklination übergegangen. – (4) Wie *fæder*: nur noch *brōþor, mōdor, dohtor, sweostor*. – (5) Wie *čild*: *lamb* 'Lamm' (Pl. *lamb, lamba, -um*), *calf* 'Kalb', *ǣg* 'Ei'. – (6) Wie *fōt* und *bōc*: *burg* (Gen., Dativ usw. *byrg, byrig*), *cū* 'cow, Kuh', *gōs*, 'goose, 'Gans', *mūs* 'mouse, Maus', *meoluc* 'milk, Milch', *neaht, niht* 'night, Nacht' (Gen. auch *nihtes*).

2. 'Starkes' und 'schwaches' Adjektiv

Eine auch nur einigermaßen vollständige Darstellung der Syntax des Adjektivs kann hier nicht geboten werden. Das Adjektiv ist ein gutes Beispiel dafür, dass für das Verstehen des Textes aktive Syntaxkenntnisse auch kaum erforderlich sind. Die traditionellen Begriffe 'stark' und 'schwach' würden besser durch die funktionalen Begriffe 'indefinit' bzw. 'definit' ersetzt. Die indefinite Flexion ist weit häufiger als die definite. Wir finden z. B. indefinit dekliniert: *gōd cyning* (13; attributiv), *swutol sang scopes* (90; attributiv), *swǣse gesīþas* (29), *geong in geardum* (13; nachgestellt), *īsig ond ūtfūs* (33; nachgestellt), *Beowulf wæs brēme* (18; prädikativ), dagegen erst mit Vers 102, *se grimma gǣst,* einen definiten Fall (nach dem Artikel beim Nomen).

		'Stark' (lang)			'Stark' (kurz)			'Schwach'		
		Msk	*Fem*	*Neut*	*Msk*	*Fem*	*Neut*	*Msk*	*Fem*	*Neut*
Singular	N	gōd	gōd	gōd	glæd	gladu	glæd	gōda	gōde	gōde
	G	gōdes	gōdre	gōdes	glades	glædre	glades	gōdan	gōdan	gōdan
	D	gōdum	gōdre	gōdum	gladum	glædre	gladum	gōdan	gōdan	gōdan
	A	gōd	gōd	gōd	glædne	glade	glæd	gōdan	gōdan	gōdan
	I	gōde		gōde	glade		glade			
Plural	N	gōde	gōda	gōd	glade	glada	gladu	gōdan	gōdan	gōdan
	G	gōdra	gōdra	gōdra	glædra	glædra	glædra	gōdra	gōdra	gōdra
	D	gōdum	gōdum	gōdum	gladum	gladum	gladum	gōdum	gōdum	gōdum
	A	gōde	gōda	gōd	glade	glada	gladu	gōdan	gōdan	gōdan

3. Personalpronomina

	Erste Person		Zweite Person		Dritte Person		
	Sing	*Dual*	*Sing*	*Dual*	*Msk*	*Fem*	*Neut*
N	ic	wit	þū	git	hē	hēo	hit
G	mīn	uncer	þīn	incer	his	hiere	his
D	mē	unc	þē	inc	him	hiere	him
A	mē	unc	þē	inc	hine	hīe	hit
	Plural						
N	wē		gē		hīe		
G	ūre		ēower		hiera		
D	ūs		ēow		him		
A	ūs		ēow		hīe		

Anhang III: Formenlehre 199

4. Artikel, Demonstrativum und Interrogativum

	Artikel			Demonstrativum			Interrogativum	
	Msk	*Fem*	*Neut*	*Msk*	*Fem*	*Neut*	*Msk + Fem*	*Neut*
N	sē	sēo	þæt	þes	þēos	þis	hwā	hwæt
G	þæs	þǣre	þæs	þisses	þisse	þisses	hwæs	hwæs
D	þǣm	þǣre	þǣm	þissum	þisse	þisssum	hwǣm	hwǣm
A	þone	þā	þæt	þisne	þās	þis	hwone	hwæt
I	þȳ		þȳ	þȳs		þȳs	hwȳ	hwȳ
	Plural			*Plural*			N = Nominativ	
N	þā			þās			G = Genitiv D = Dativ	
G	þāra			þissa			A = Akkusativ	
D	þǣm			þissum			I = Instrumentalis	
A	þā			þās				

ANMERKUNG: Man beachte, dass in den Tabellen der Übersichtlichkeit halber auf die Wiedergabe von Varianten (Alternativformen) verzichtet wurde. So gibt es etwa beim Personalpronomen neben *hine* auch *hiene*, neben *hiera* auch *hiora, heora* und *hira*, beim Interrogativpronomen neben *hwǣm* auch *hwām*, neben *hwȳ* auch *hwī* usw.

5. Konjugation

| | | | Stark | Schwach 1 | Schwach 2 | Schw.3 | 'sein' | |
			st.1–6; red	sw.1	sw.2	sw.3		
Präsens	Indik	1	nime	dēme	folgie	hæbbe	eom	bēþ
		2	nim(e)st	dēm(e)st	folgast	hæfst	eart	bist
		3	nim(e)þ	dēm(e)þ	folgaþ	hæfþ	is	biþ
		Pl	nimaþ	dēmaþ	folgiaþ	habbaþ	sind	bēoþ
	Opt	Sg	nime	dēme	folgie	hæbbe	sīe	bēo
		Pl	nimen	dēmen	folgien	hæbben	sīen	bēon
	Imp	Sg	nime	dēm	folga	hafa	wes	bēo
		Pl	nimaþ	dēmaþ	folgiaþ	habbaþ	wesaþ	bēoþ
	Infinitiv		niman	dēman	folgian	habban	wesan	bēon
	Gerund		nimenne	dēmenne	folgienne	habbenne	wesenne	bēonne
	Partizip		nimende	dēmende	folgiende	hæbbende	wesende	bēonde

			Stark	Schwach 1	Schwach 2	Schw.3	'sein'
			st.1–6; red	sw.1	sw.2	sw.3	
Präteritum	Indik	1	nam	dēmde	folgode	hæfde	wæs
		2	nāme	dēmdest	folgodest	hæfdest	wǣre
		Pl	nāmon	dēmdon	folgodon	hæfdon	wǣron
	Opt	Sg	nāme	dēmde	folgode	hæfde	wǣre
		Pl	nāmen	dēmden	folgoden	hæfden	wǣren
Partizip Perf			numen	gedēmed	gefolgod	gehæfd	– – – –

Klasse 1 der schwachen Verben zerfallen in drei Gruppen. Gruppe (a) umfasst die Typen *fremman/fremede, nerian/nerede, settan/sette*, (b) den langsilbigen Typ *dēman/dēmde* (auch *sendan/sende*), (c) die Verben, die ihr Präteritum und Part.Perf. ohne Mittelvokal *i* gebildet hatten und daher in diesen Formen keinen *i*-Umlaut aufwiesen, z.B. *bycgan/bohte, cwellan/cwealde*.

6. Starke Verben: Klassen 1–6 und ehemals reduplizierende Verben

	Infinitiv	2.Präs Sg	3.Präs Sg	1.Prät Sg	Prät Pl	Part Perf
st.1	drīfan	drīfst	drīfþ	drāf	drifon	drifen
st.2	bēodan	bīetst	bīet	bēad	budon	boden
st.3	bindan	bintst	bint	band	bundon	bunden
st.4	beran	bierst	bierþ	bær	bǣron	boren
st.5	cweþan	cwist	cwiþ	cwæþ	cwǣdon	cweden
st.6	faran	færst	færþ	fōr	fōron	faren
red.1	feallan	fielst	fielþ	fēoll	fēollon	feallen
red.2	hātan	hǣtst	hǣtt	hēt	hēton	hāten

Zu Kl. 1 ('st.1') gehören u.a. *rīdan* 'ride, reiten', *gewītan* 'sich begeben, verscheiden', *scīnan* 'scheinen', *strīdan* 'stride', *wrītan* 'write', *stīgan* 'steigen'.

Zu Kl. 2 ('st.2') gehören u.a. *clēofan* 'cleave', *flēotan* 'fließen', *gēotan* 'gießen', *flēogan* 'fly, fliegen', *lēogan* 'lie, lügen', *hrēowan* 'bereuen'. – Beachte besonders mit grammatischem Wechsel' *s↔r čēosan* (/ˈtʃeːozan/) *čēas, curon, coren*. So auch *lēosan* 'lose' und *frēosan* 'frieren'; mit Kontraktion und Ø/*h↔g*-Wechsel *tēon, tēah, tugon, togen* 'ziehen'.

Zu Kl. 3 ('st.3') gehören vier Gruppen: (1) Wie *bindan* gehen *cringan* 'fallen', *drincan* 'drink', *gelimpan* 'sich ereignen', *onginnan* 'beginnen', *rinnan* 'fließen', *singan* 'sing', *winnan* 'win', *swimman* 'swim', *findan* 'find', *biernan* 'brennen' (mit Metathese; vgl. dt. *Born/Brunnen*), *iernen* 'rinnen'. (2) Wie *weorþan, wearp, wurpon*, *worpen* 'werfen' gehen *beorgan* 'behüten', *hweorfan* 'sich wenden, gehen', *feohten* 'fight', *steorfan* 'sterben'; mit grammatischem Wechsel ð/θ↔d *weorþan* /-ð-/, *wearþ* /-θ-/, *wurdon, worden* 'werden'. (3) Wie *helpan, healp, hulpon, holpen* 'helfen' gehen *delfan* 'graben', *meltan* 'melt', *swellan* 'swell'; *gieldan* /j/ (*geald* /j/, *guldon* /g/, *golden* /g/) 'yield'; so auch *gielpan* 'sich rühmen'. (4) Wie *frignan, frægn, frugnon, frugnen* 'fragen' (neben *frīnan, frān, frūnon, frūnen*) gehen *bregdan* 'schwingen [Schwert]', *berstan* 'bersten', *murnan* 'mourn, trauern', *spurnan* 'spurn, ansporren'.

Zu Kl 4 ('st.4') gehören u. a. *cwelan* 'sterben', *helan* 'verheimlichen', *stelan* 'steal, stehlen' sowie *cuman* (*cōm, cumen*) 'come, kommen' und *niman* (*nōm, numen*) 'nehmen'.

Zu Kl 5 ('st.5') gehören u. a. *brecan* 'break, brechen', *metan* 'messen', *sprecan* 'speak, sprechen', *swefan* 'schlafen', *tredan* 'tread, treten', *wegan* '(be)wegen, tragen', *wrecan* 'rächen', *giefan* (/-v-/; *geaf, gēafon, giefen*) 'give, geben', *cweðan* 'sprechen', *wesan* (*wæs, wǣron*) 'sein'; ferner *sēon* (*seah, sāwon* oder *sǣgon*) 'see, sehen' und ähnlich *gefēon* 'sich freuen' sowie *licğan* 'liegen', *þicğan* 'empfangen, (zu sich) nehmen', *fricğan* 'fragen'.

Zu Kl 6 ('st.6') gehören u. a. *bacan* 'bake, backen', *sacan* 'streiten', *wacan* '(a)wake, erwachen', *standan* (*standen*) 'stand, stehen', *spanan* 'locken', ferner *slēan* (*slōh, slōgon*) 'schlagen' sowie der Typ *hebban* (*hōf, hōfon, hafen*); ähnlich *hliehhan* 'lachen', *sceþþan* 'verletzen', *scieppan* '(er)schaffen', *stæppan* 'step, schreiten', und *swerian* 'swear, schwören'.

Zu 'red.1' (früher als Kl. 7a bezeichnet) gehören *lācan* 'spielen' *lǣtan* 'lassen, erlauben', *rǣdan* '(an)raten', *ondrǣdan* 'dread, fürchten', *slǣpan* 'sleep, schlafen', *blandan* 'blend, mischen', ferner *fōn* (*fēng, fangen*) 'fangen' und *hōn* (*hēng, hangen*) 'hängen'.

Zu 'red.2' (früher als Kl. 7b bezeichnet) gehören *fealdan* 'fold, falten', *healdan* 'hold, halten', *wealdan* 'walten, regieren', *weallan* 'wallen, kochen', *weaxan* 'wax, wachsen', *cnāwan* 'know, wissen', ferner *rōwan* (Prät.Pl. *rēon*) 'row, rudern'; ähnlich *flōwan*, 'flow, fließen', *blōwan* 'blühen', *spōwan* 'gedeihen, erfolgreich sein', *wēpan* 'weep, weinen'; ferner *bannan* (*bēon, bannen*) 'bannen, auffordern', *gangan* 'gehen', *spannan* '(um)spannen'.

Anhang IV: Zu *Beowulf* 175–188: der Heiden-Exkurs

Auf den Heidenexkurs ist reichlich Druckerschwärze verwendet worden. Hier soll nicht die Literatur aufgelistet und besprochen werden, vielmehr sei versucht, die unterschiedlichen Möglichkeiten einer Deutung aufzulisten, wobei nur wenige Autoren genannt werden sollen, unter ihnen besonders Tolkien, der den Versen 175–188 in seinem Essay von 1936 seinen Anhang (c) widmete. Warum also berichtet der Dichter plötzlich, die Dänen hätten an heidnischen Altären ihre Götzen verehrt, obwohl er sie eigentlich als gute Christen darzustellen pflegt?

(1) Die Interpolationsthese
Mit der Annahme von Interpolationen war man Ende des 19. Jh. schnell bei der Hand, weil man sich etwa *Beowulf* als aus mehreren Liedern zusammengesetzt vorstellte und dafür mehr als einen Autor annahm. Noch für Tolkien 1936 waren die Zeilen 181–188 ein Fremdkörper: "unless my ear and judgement are wholly at fault, they have a ring and measure unlike their context, and indeed unlike that of the poem as a whole. The place is one that offers at once special temptation to enlargement or alteration and special facilities for doing either without grave dislocation" (Fulk 1991:43). Niemand würde Tolkien heute noch in seiner Vermutung folgen. Sein Ohr reicht uns für die Interpolationstheorie nicht aus. "It seems an arbitary and cowardly procedure to cut the knot like this", wie Dorothy Whitelock schon 1951 zur Interpolationstheorie sagte (S.78).

(2) Die Dänen als Christen und Heiden: die partielle Apostasie
Die Annahme eines Rückfalls in alte Bräuche unter dem Stress der Heimsuchungen durch Grendel liegt nahe, d.h. die Dänen wären in den Augen des Dichters zwar Christen gewesen, doch nicht so fest im Glauben verankert, dass sie nicht in Ausnahmesituationen in ihr Heidentum zurückfallen konnten – wie das Volk Israel, das um das Goldene Kalb tanzte. Doch diese Theorie ist uns durch die Worte des Dichters benommen, mit denen er ausdrücklich sagt "Swylc wæs þēaw hyra, hæþenra hyht" (178f). Das heißt eindeutig: sie waren eben Heiden. Folglich verfiel die Kritik auf die partielle Apostasie, am deutlichsten wieder von Tolkien formuliert. Wenn der gesamte Text echt sei, so sagt er, "the poet must have intended a distinction between the wise Hrothgar, who certainly knew of and often thanked God, and a certain party of the pagan Danes – heathen priests, for instance, and those that had recourse to them under temptation of calamity – specially deluded by the *gastbona*, the destroyer of souls" (Fulk, S. 42f). Das ist jedoch eine spitzfindige

Argumentation, die das Ethos des Dichters in schiefem Licht erscheinen lässt, weil er uns dann mit seinen Worten in die Irre geführt hätte. Tolkien selbst ist denn auch letztlich nicht dieser Auffassung.

(3) Die Dänen als gerechte Heiden
Waren die Dänen in den Augen des Dichters wirklich Christen, wie wir es bisher angenommen haben? Beruhte der in der Halle vorgetragene Schöpfungshymnus (90–98) tatsächlich auf der Schöpfungsgeschichte der Bibel? Es ist auffällig, dass der Dichter spezifisch Christliches nie zur Sprache bringt, ja es geradezu zu meiden scheint. Das Neue Testament ist so gut wie ausgeblendet. Das würde heißen, der Dichter hielt seine Helden tatsächlich für Heiden, stellte sie aber – für ihn ein Automatismus – als gute, 'gerechte' Heiden dar, die für ihn auch christlich wirkende Züge trugen. Dies ist *letztlich* auch Tolkiens Auffassung: "In *Beowulf* we have, then, an historical poem about the pagan past, or an attempt at one [...]. It is a poem by a learned man writing of old times, who looking back on the heroism and sorrow feels in them something permanent and something symbolical" (Fulk, S. 30). Und er spricht, an Hrothgar denkend, von "a Christian English conception of the noble chief before Christianity, who could lapse (as could Israel) in times of temptation into idolatry" (Fulk, S. 31). Die Sprache, so Tolkien, sei "of Christian tone occasionally (if actually seldom) put inadvertently in the mouth of a character conceived as heathen" (Fulk, S. 42). Unter solchen Voraussetzungen muss *metod* (oder *Metod*?) in "metod hīe ne cūþon" (180) wahrscheinlich als 'God as revealed through Christ' verstanden werden, wie später auch Margaret Goldsmith vermutete (S. 174f). In neuerer Zeit vertritt F.C. Robinson diese These (M/R 34); siehe Einleitung, §3.4.

(4) Die Dänen als primitive Christen
Waren die Helden des Dichters nicht gute Heiden, so waren sie vielleicht primitive Christen, was letztlich nur eine Sache des Grades ihrer Frömmigkeit ist. Das 'Christentum' der Dänen (wenn es denn vom Dichter so gemeint war) wirkt auffällig allgemein, undoktrinär, alttestamentarisch, was dafür sprechen könnte, dass sie umso eher geneigt waren, in Notlagen ihren Glauben zu vergessen. Doch des Dichters "Swylc wæs þēaw hyra, hæþenra hyht" (178f) macht diese Deutung unwahrscheinlich.

(5) Die Extensionstheorie
Betty S. Cox (1971) denkt für die Verse 178b–188 an eine Verallgemeinerung von ähnlicher Art, wie sie der Dichter gern als Schlusspunkt einer Begebenheit anbringt. Sie findet im Beowulf 53 *extensions* (z.B. 2020–2031 über Frēawaru; doch dann müsste man wohl die *gesamte* Ingeld-Episode so sehen). Für

die Schlussverse 183b–188 unserer Stelle ist das sicher richtig, doch kaum für die Verse 175–183a. Wenn die Verse 175ff als eine partielle Apostasie ausdrückend angesehen werden, wer ist dann *hyra* in "Swylc wæs þēaw hyra" (178)? Cox' Antwort: Das *hyra* soll sich nicht auf die temporären Apostaten beziehen, sondern auf "the group of unenlightened heathens to whom they were reproachfully compared" (S.129). Doch diese Argumentation scheint eher ein Fall von *nitpicking* als von überzeugender Analyse zu sein.

(6) Die "unleugbare Inkonsequenz"
Von der "unleugbaren Inkonsequenz" hatte Johannes Hoops gesprochen, und Tolkien hatte dagen in seinem Anhang (c) polemisiert:

Of all the attempts to deal with this *Inkonsequenz* perhaps the least satisfactory is the most recent: that of Hoops, who supposes that the poet had to represent the Danish prayers as addressed to the Devil for the protection of the *Christengott*, since the prayers were not answered. But this attributes to the poet a confusion (and insincerity) of thought that an 'Anglo-Saxon' was hardly modern or advanced enough to achieve. It is difficult to believe that he could have been so singularly ill instructed in the nature of Christian prayer. And the pretence that *all* prayers to the *Christengott* are answered, and swiftly, would scarcely have deceived the stupidest member of his audience." (Fulk, S. 43.)

Von dieser Polemik abgesehen, könnte es jedoch sein, dass der Dichter *an dieser Stelle* von seiner sonst üblichen Vorstellung und Darstellung von den gerechten Heiden oder den primitiven Christen abgewichen sei und seine Dänen plötzlich – im Gefolge des nächstliegenden Gedankens an einen Rückfall – als Heiden dargestellt habe. Dieser Auffassung ist Arthur Brodeur (1959). Der Dichter sieht – im Sinne von (4) oben – die Dänen fiktiv als Christen, wird aber an der fraglichen Stelle vorübergehend realistisch. Da seine Hörer wussten, dass die Dänen natürlich damals Heiden waren, gestand er seine Fiktion an dieser Stelle ein. Mit der Schluss-Sentenz 'Wehe dem, der in die Hölle muss!' zeigt der Dichter, dass er keinerlei Verständnis für Heiden hat!

(7) Das Resultat
Das Bestreben, den Dichter irgenwie zu verstehen und zu rechtfertigen, wird in allen Theorien deutlich. Wir fragen am besten abschließend, warum man es nicht bei der 'unleugbaren Inkonsequenz' belassen sollte. Das Bedeutsame ist, dass sie letztlich eine doppelte ist, insofern die reine Tatsache, Heide zu sein, auch noch als Schuld dargestellt wird. Für uns Heutige ist es erstaunlich, dass sich der Dichter – völlig unrealistisch – die Heiden nur als boshaft, den Teufel anbetend und die Hölle im Sinn habend vorstellen kann. Das Fremde und Unbekannte wird entweder wie hier verteufelt oder lächerlich gemacht.

Anhang V: Zu *Beowulf* 3150b: eine Groteske der Textkritik

Zu den Zeilen 3150–55 hat die Arbeit von Tilman Westphalen (Westphalen 1967) textkritische Mutmaßungen und dogmatisch tradierte Emendationen ans Licht gebracht, wie man sie nicht für möglich gehalten hätte. Manches von dem, was Westphalen dargestellt hat, mutet wie ein Krimi der Forschungsgeschichte an. Sein Buch ist wahrscheinlich – weit über die behandelte Beowulf-Stelle hinaus – der bedeutendste Beitag zur Textkriktik in der zweiten Hälfte des 20. Jh. In diesem Anhang sei die Hauptgroteske, die Westphalen beschrieben hat, in gebotener Kürze mitgeteilt; sie betrifft Vers 3150b und eine vermeintliche lateinische Glosse über diesem Text (W = Westphalen; Z = Zeile; Seitenzahlen in Klammern beziehen sich auf W's Arbeit).

Mit Z3150b beginnt die letzte, arg lädierte Manuskriptseite (f. 201ᵛ). Das Papier ist teilweise eingerissen, Z3151a ist ganz geschwunden, anderswo sind manche Wortteile unlesbar oder fehlen ganz. Wir finden ungefähr das Folgende vor (Unlesbares durch Punkte ersetzt, Erschlossenes in Klammern, An-/Abversgrenzen hinzugefügt):

Swylce giomorgyd	| ... at ... $\overset{m}{\text{m}}$eowle	3150
...	| (b)unden heord(e)	
... sorgcearig	| sælðe g(e)neahl(eas)	
þæt hio hyre ...g... gas	| hearde ede	
wælfylla worn	| (w)erudes egesan	
hyðo ... h (t)nyd	| heofon rece swe(a)lg	3155

Doch selbst über diese Wiedergabe würde kaum Einigkeit erzielt werden können, weil der eine dieses oder jenes im Ms. zu erkennen glaubt, was der andere auf keinen Fall wahrnimmt oder was er anders deutet. Das hochgestellte *m* in Z3150b gibt eine Tintenspur wieder, die sich über dem *m* von *meowle* befindet (nennen wir sie die [*m*]-Spur). W: "Nach intensivem, mehrmaligem Studium der fraglichen Stelle komme ich zu dem Ergebnis, daß weder *an* noch *on* im Ms. zu stehen scheint, sondern das von Wülcker vorgeschlagene *m* mit einer senkrechten Spur davor, die keine genaueren Rückschlüsse auf einen bestimmten Buchstaben zuläßt. [...] Ich bin eigentlich sicher, daß die Spur über *m* ein *m* ist" (S. 154).

Nicht im *Beowulf*-Zitat wiedergegeben ist eine Strichspur (nennen wir sie die [/]-Spur), die deutlich vor *at* in Z3150 zu sehen ist: "eine kräftige Senkrechte, auf einer Linie mit *at* stehend, aber etwas höher reichend" (W, 143). Sie wird sich als besonders bedeutsam erweisen.

Ich fasse nunmehr den Halbvers 3150b ins Auge und führe nach W eine Auswahl des von den Herausgebern dafür Angenommenen vor, beginnend mit dem Jahr 1833.

(1) Der *Beowulf*-Herausgeber John M. Kemble liest in seiner Ausgabe von 1833 *lat ... meowle*, ohne auf die [*m*-]Spur hinzuweisen. In seiner Übersetzung von 1837 glossiert er das in Zeile 2931 vorkommende *io-meowlan* (Akkusativ von *io-meowle* = *geō-mēowle*) durch '*mulier antiqua*'. Wahrscheinlich ist in 2931 sogar "gomela[n] io-meowlan", also die 'alte Altfrau', zu lesen.

(2) In seiner *Beowulf*-Übersetzung von 1840 gibt Ludwig Ettmüller das *io-meowlan* in Z2931 durch 'Einstmaid' (= Jetzt-Gattin) wieder, wodurch auch für Z3150b eine Ehefrau ins Spiel kommt (die am Ende auch von W postuliert wird). In seiner Ausgabe von 1850 liest Ettmüller den fraglichen Halbvers als *lēt geómeovle*. "Seine zufällige, unglückliche Konjektur *geómeovle* – ohne jegliche Stütze im Ms. – erscheint den späteren Herausgebern als besonders glücklich, bleibt 92 Jahre lang in kanonischer Gültigkeit und blockiert den Fortgang der Forschung an dieser Stelle, bis es Pope 1942 endlich gelingt, ihr den Garaus zu machen" (145f).

(3) Herausgeber Eugen Kölbing liest 1876 *lat.* ^{con}*meovle*. Das *l* von *lat* geht sicher auf Kemble zurück. W: "Was aber soll bei Kölbing der vereinzelte Punkt hinter dem *t* bedeuten? Als Ausdruck der in der Lücke fehlenden Buchstaben ist er unsinnig, im Ms. steht er nicht. [...] Dieser Punkt verdient unser Augenmerk, denn wir werden seinen möglichen Auswirkungen noch begegnen" (S. 151f). Hiermit ist gemeint, dass das *lat.* an die Abkürzung für *latine* erinnert, aber natürlich keineswegs diese Abkürzung darstellen kann. Die erstmalige Berücksichtigung der [*m*]-Spur durch Kölbing findet W anerkennenswert. "Aber wie er *con* lesen kann, ist mir unbegreiflich, da von einem *c* nicht das geringste im Ms. [...] zu sehen ist" (W, S. 152).

(4) Herausgeber Richard Paul Wülcker liest im Jahre 1881 *lat* $^{on(?)}$*meowle*, später (1883) 'lat *o*n meowle' (*o* kursiv, da für ihn fraglich). W: "Dies zeigt, daß Wülcker die [*m*-]Spur als Verbesserung oder Ergänzung des Textes verstanden wissen will" (S. 152).

(5) Herausgeber Alfred Holder liest 1881

$$lat \; {}^{on}_{(in)} \; meowle$$

Er hält offenbar ein *in* für ausradiert und meint somit, dass ursprünglich *lat in* oder *latin* zu lesen gewesen sei. Wie dies textkritisch zu rechtfertigen wäre und was das *latin* hätte heißen sollen, fragt man besser erst gar nicht (einige diesbezügliche Überlegungen bei W, S. 153).

(6) Nunmehr kommen wir zu Julius Zupitza und damit zu der von W aufgedeckten textkritischen Sensation (153ff). Zupitza ist der Herausgeber der ersten Faksimile-Ausgabe des *Bewowulf* (1882). Das [*l*]*at*-Bruchstück liest er –

Anhang V: Zu *Beowulf* 3150b: eine Groteske der Textkritik

dank Ettmüller – als *geo,* dem er – wie es scheint, aus Ermangelung an Besserem – den Artikel *sio* voranstellt, obwohl dieser hier sehr ungewöhnlich wäre. Für Schücking ist er später jedoch schon selbstverständlich; Schücking meint, *sio* habe wahrscheinlich metrische Gründe (162). Zupitzas Artikel in *sio geomeowle,* so berichtet W, bleibt für die *Beowulf*-Forschung bis zu Pope 1942 unangefochten gültig.

Doch Zupitza hat noch eine besondere Erleuchtung und liefert uns damit die Groteske. Er interpretiert die [*m*]-Spur als *an* und sieht dies als Abkürzung für lat. *ănus* 'alte Frau' an (dt. *Ahne* ist mit *anus* verwandt, aber nicht daraus entlehnt). Dazu W: "Primär ist in Zs Bewußtsein die alte Konjektur [siehe oben Punkte 1 und 2] und ihre Bedeutung 'alte Frau', sekundär die lateinische Glosse *anus* und tertiär erst die Entdeckung der Spuren für ein *geo*" (153). Zupitza sagt allen Ernstes (zitiert nach W, S. 153):

"'This reading [*geomeowle*] is confirmed by the word written over *meowle,* which is neither *con* [Kölbing] nor *on* [Wülcker und Holder], but without any doubt, (the Latin) *anus*' (p. 144)." (Alle Klammern bei W.)

W: "Hier fragt man sich erstaunt: Wieso gehören diese Spuren über dem *m,* die vor Z niemand zu deuten vermochte, *ohne jeden Zweifel* zu einer lateinischen Glossierung, wieso stellen sie das lateinische Wort *anus* dar?" (153). Und weiter: "[Das Kürzel] *an,* das Z für seine Glosse benötigt, steht mit an Sicherheit grenzender Wahrscheinlichkeit nicht im Ms.; ein Abkürzungszeichen gleich welcher Form ist nicht vorhanden. Dennoch sieht Z in der Spur 'without any doubt' die Glosse *anus*. Fürwahr, hier waltet ein starker Glaube an die eigene Inspiration" (155). W weist sodann nach, dass es Glossierungen in der altenglischen Poesie praktisch nicht gibt, erst recht keine lateinischen. Das Interessante aber ist, dass die Hauptursache des Zupitza'schen Irrtums – diesmal in der Tat *without any doubt* – in dem immer wieder auftauchenden *lat* oder *lat.* zu sehen ist. Nicht, dass dies je als 'latin' *bedeutend* ausgegeben worden wäre, es entfaltet aber offenbar eine tiefenpsychologische Wirkung, die am Ende zu Zupitzas Fehlassoziation mit einem vermeintlichen *latin* führt. W hat für einen solchen Vorgang sehr aufschlussreiche Beweise in vier auf Zupitza folgenden *Beowulf*-Ausgaben gefunden.

(7) Als erster druckt Alfred Holder in Anhang II seiner Ausgabe von 1884 die fragliche Stelle – offenbar im Lichte Zupitzas – folgendermaßen (3150b in eckigen Klammern ersetzt Holders Zählung):

[3150*b*]   li[e]s   *sio geo meowle*

(über *sio geo*: *lat an'*)

208   Anhang V: Zu *Beowulf* 3150b: eine Groteske der Textkritik

Dazu Westphalen:

"Er [Holder] setzt also *lat an'*, d.h. das von ihm selber noch transkribierte *lat* [...] und Z[upitza]s *an* (an Stelle seines *on*) mit einem von Z nicht erwähnten *-us-*Abkürzungshaken als integrale Ms.-Lesart über die Zeile (in der Druckwiedergabe *an'* über *geo* statt richtig über *m*). Zs [...] Konjektur *siogeo* [= *sio geo*], die das von Holder über die Zeile gesetzte *lat* als *iog* enthält, rückt er gleichzeitig in die Zeile und setzt damit das frühere *lat* zweimal. Z behauptet natürlich nicht, daß *lat an'* über der Zeile stehe; er spricht nur von '(the Latin) *anus*'. [...] Die Suggestivkraft des '*latine anus*' muß so stark gewesen sein, daß sie Holder jenseits aller Grenzen klarer Überprüfung der Fakten [*lies:* der Vernunft?] in ihren Bann zieht." (159).

Nach Holder tappen, wie W es ausdrückt (159), noch Sophus Bugge, Adolf Socin und Levin L. Schücking in die gleiche Falle. Socin besorgte 1888 die fünfte Auflage der *Beowulf*-Ausgabe von Moritz Heyne (zuerst 1863), und dieser hatte interessanterweise in der vierten Auflage von 1879 Kölbings *lat.* (mit Punkt) gedruckt, was Socin dann in seinem Kommentar zu der Bemerkung veranlasste: "*latine anus* ist eine Interlinearglosse zu *geōmēowle*" (160).

(8) Der mit Holder auftauchende Apostroph als Andeutung eines Abkürzungszeichens schien schließlich durch die Ultraviolett-Aufnahmen von A. H. Smith 1938 endgültig bestätigt zu werden (genauer: durch das Foto der Seite "under fluorescent ultra-violet light" – W, 166). Auch John Pope zeigt sich von der Glosse *an'* (mit Apostroph) überzeugt (Näheres zu Smith und Pope bei W, 164; 166). W ist jedoch sicher, dass es ein solches Abkürzungszeichen im Ms. nicht gibt:

"Noch ein Weiteres konnte ich am Ms. mit absoluter Sicherheit feststellen. Es gibt kein Abkürzungszeichen hinter der Spur. Was in S[mith] deutlich, in Z[upitza], ZD [Zupitza/Davis 1959] und M[alone] schwächer, da nicht so stark kontrastiert, als Apostroph erscheint, ist nichts anderes als zwei Poren [= als die Spur zweier Poren] im Pergament (:) – bei scharfem Hinsehen auch in ZD und M sowie in dem als Tafel V in dieser Arbeit abgebildeten Photo [...] vom Sommer 1964 [...] als getrennte Partikelchen erkennbar –, die durch Schmutz dunkler gefärbt sind als andere in allernächster Umgebung" (155).

"Das scheinbare Abkürzungzeichen [...] läßt sich dadurch erklären, daß hier ein dunkler Punkt (wie S[mith] sie über das ganze Folio verteilt zu Dutzenden aufweist) sich zufällig um die obere der beiden schon erwähnten Poren schräg über dem letzten *m*-Bein konzentriert, ohne daß, wie das Ms. (und auch Tafel V) zeigt, der geringste Anlaß für die Annahme einer Tintenspur vorliegt" (166f).

(9) Wir wollen in diesem Anhang das Kuriosum, das in '*latine anus*' seinen Niederschlag gefunden hat, nicht weiterverfolgen. *Heyne-Schückings Beowulf* erschien 1940 in 15. Auflage, "vollkommen umgearbeitet" von Else von Schaubert. W macht darauf aufmerksam, dass in der letzten, der 17. Auflage (Textband 1958; Kommentarband und Glossarband 1961), im Kommentarband (dort S. 176) weiterhin die Rede von der "über dem 'meowle' im Ms. zu fin-

denden Glosse *an'* [mit Apostroph!] (= lat. 'anus')" ist, als ob es sich um ein bekanntes Faktum handelte (165).

Westphalen liest die Zeilen 3150–55 schließlich folgendermaßen (286; runde Klammern = unlesbar; eckige Klammer = keine Lücke im Ms.):

Swylce giomorgyd   (Ge)at(isc) meowle,   3150
(Biowulfes cwen)   (b)undenheorde,
(song) sorgcearig   sælðe g(e)neahl(eas),
þæt hio hyre (here)g(eon)gas   hearde ond(r)ede,
wælfylla worn,   (w)erudes egesan,
hyðo (ond) hæf(t)nyd.   Heofon rece s[w]ealg.

(10) Die deutsche *Beowulf*-Ausgabe von Gerhard Nickel (1976–82; verschiedene Einzelherausgeber) übernimmt den Westphalen'schen Text (mit geringfügigen Abweichungen, z. B. *wo[r]n* 3154, *ond* 3155 kursiv), erwähnt aber die oben behandelten Probleme und die vermeintliche Glosse nicht. Von neueren Herausgebern hat nur George Jack W's Ausführungen voll zur Kenntnis genommen und im Kommentar seiner *Beowulf*-Ausgabe von 1994 mitgeteilt. Nicht zu erwarten ist eine Kenntnisnahme der Westphalen'schen Funde in der kurz gehaltenen Penguin-Ausgabe von Michael Alexander (1995). Sie werden allerdings auch ignoriert von Wrenn/Bolton (zuletzt 1996). M/R glauben in ihrer Neuausgabe von 1998 statt *lat* die Buchstaben *iat* lesen zu können, übernehmen aber trotzdem 'Gēaīsc mēowle' als Text. Mit Wrenn/Bolton halten sie weder ehemaliges *gēomēowle* noch die [*m*]-Spur über *mēowle* für erwähnenswert – vielleicht zu Recht. *Sic transit gloria (pudorque) litterarum scientiae.*

Anhang VI: Ein Beispiel moderner *Beowulf*-Kritik

Das Folgende vermittelt einen Eindruck von der modernen Art des Sprechens über den *Beowulf*-Text, wie sie in dieser Ausgabe *nicht* angewandt wird. Es geht – als Beispiel – inhaltlich um den Schwertgriff, den Beowulf als Trophäe aus seinem Kampf mit Grendels Mutter zurückbringt (siehe Inhaltsangabe 1557–1562; 1605–1617; 1677–1681; 1687–1698). Ich stelle den entscheidenden Passus 1687–1698 voran. Der Schwertgriff ist Hrothgar feierlich überreicht worden, und er beginnt zu sprechen:

Hrōðgār maðelode, hylt scēawode		Hrothgar sprach – betrachtete den Griff,
ealde lāfe; on ðǣm wæs ōr writen		altes Erbstück; auf dem war der Beginn geschrieben
fyrngewinnes, syðþan flōd ofslōh,		des alten Kampfes, als die Flut erschlug,
gifen gēotende gīganta cyn.	1690	der gießende Ozean, der Giganten Geschlecht.
Frēcne gefērdon; þæt wæs fremde þēod		Es erging ihnen übel; das war ein fremdes Volk
ēcean dryhtne; him þæs endelēan		dem ewigen Fürsten; dafür gab der Waltende
þurh wæteres wylm Waldend sealde.		ihnen durch Wassers Woge den Endlohn.
Swā wæs on ðǣm scennum scīran goldes		Auch war auf der Platte aus purem Gold
þurh rūnstafas rihte gemearcod,	1695	in Runen korrekt vermerkt,
geseted ond gesǣd, hwām þæt sweord geworht,		eingesetzt und gesagt, 'wem' (für wen) jenes Schwert,
īrena cyst ǣrest wǣre,		das beste der Eisen, zuerst gefertigt wurde,
wreoþenhilt ond wyrmfāh.		mit gedrehtem Griff und drachengeschmückt.

Dazu Seth Lerer:

"The sword hilt that the hero recovers from Grendel's mere, for example, has stood for Overing, Frantzen, Lerer, and, most recently, Michael Near, as the key artifact of *Beowulf*: an object whose uniquely written character stands in relation to the oral texture of the poem. For Overing, the sword constitutes the image of the male power and the inscribed hilt a version of the phallologocentrism of Western metaphysics [...]. For Frantzen, the hilt stands as the nexus of writing and death [?] in the poem, a moment when the 'suppressed textuality' of *Beowulf* [?] comes through in ways that both query the nature of authorship and literary authority within the poem's fiction and thematize the status of the text of *Beowulf* within the history of its scholarly reception [...]. For Lerer [1991], the hilt stands as a figure for the poem itself, one that provides the opportunity

Anhang VI: Ein Beispiel moderner *Beowulf*-Kritik   211

for Hrothgar to function as a kind of reader and that enables *Beowulf*'s own meditations on the social function of literature, the nature of performance, and the tensions between *run* and *ræd* [= *rūn* and *rǣ d*] that are alliteratively linked throughout Germanic poetry and that suggest something of a hermeneutic impulse in craft-literate societies."

"The sword hilt thus seems the ideal nexus for the productive meeting of *Beowulf* and critical theory. As the only piece of writing in the poem – however obliquely envisioned – its entry into the narrative performs what might be thought of as a Derridian twist of its own: a replacement of the primacy of speech with the originality of writing, a challenge to the authoritative presence of performance by the authorial absence of the incised text. The hilt becomes the object of critical analysis, the metonymy for the poem as a whole, the centre of the story [!]. It is the ideal place to locate the textualization of Anglo-Saxon culture, the place to link the inheritances of the Germanic and the ministrations of the Christian, and the place to begin a substantial query of the oral-formulaic quality of early English verse and its embracing by professional Old English scholars." (Seth Lerer in Bjork/Niles 1997:337–338, "III. The Hilt as Critical Nexus".)

Dies relativ ausführlich zitierte Beispiel für moderne (oder postmoderne?[1]) *Beowulf*-Kritik dürfte für sich sprechen. Ich halte die Lerer-Interpretation – er zitiert z.T. sich selbst – für prätentiöses Gerede. Alles, was zum Schwert zu sagen wäre, ist, dass der Dichter uns neugierig macht, ohne diese Neugier zu befriedigen, weil erstens die Klinge im Blut Grendels schmilzt und zweitens der Schwertgriff eine Runeninschrift trägt, die (a) über den Untergang der 'Giganten' in der Sintflut berichtet und (b) den Namen des ersten Besitzers mitteilt, den die Leser jedoch *nicht* erfahren. Merkwürdig ist auch die feierliche Übergabe des Griffs, also eigentlich eines unbrauchbaren Erinnerungsstücks, an Hrothgar, ohne dass der Dichter je darauf zurückkäme, und noch merkwürdiger, dass demgegenüber Unferths Schwert, das sogar einen Namen hat ('Hrunting', viermal vorkommend) und schon allein dadurch als bedeutsam hervorgehoben wird, im Kampf versagt. Und eben diese Merkwürdigkeiten, die vielleicht sogar als Schwächen der *story* anzusehen sind, wirken im Rahmen des Gesamttextes nicht ungewöhnlich, weil in gewisser Weise typisch für den sich oft in Andeutungen ergehenden Dichter. Wahrscheinlich nahm dieser nur eine Gelegenheit wahr, um auf die Sintflut zu kommen und damit wieder einmal (wie zuerst bei der Schilderung von Grendels Herkunft) biblische Geschichte ins Spiel zu bringen. Vielleicht kürzte er jedoch einfach irgendeine Quelle, die wir nicht kennen. Es bleibt die unleugbare Wahrheit, dass der Dichter das Vorkommen der zwei Schwerter und den Sinn des Schwertgriffs mit seinen Runen unmotiviert und unerklärt gelassen hat.

---

[1] Man beachte, dass das Wort *modern* deiktischen Charakter hat, d.h. dass seine Bedeutung vom zeitlichen Standort des Sprechers abhängig ist (wie auch Wörter wie *hier, heute* und *jetzt*), woraus sich ergibt, dass eine Bildung wie *postmodern* im Grunde unlogisch ist.

Literatur

Die Literaturangaben, weit davon entfernt, Vollständigkeit anzustreben, beziehen sich in erster Linie auf Texte, die in der Ausgabe zitiert wurden, und spiegeln zugleich die (beschränkten) Kenntnisse und Vorlieben des Herausgebers, die er weiterzugeben wünscht.

1. Ausgaben

Alexander, Michael (Hg.). *Beowulf.* 1995. Harmondsworth: Penguin Books. [Eine Versübersetzung von M. Alexander erschien bei Penguin Books 1973.]
Clark Hall, John R. (Übers.). 1950 [und öfter; ¹1911]. *Beowulf and the Finnesburg fragment: a translation into modern English prose.* New ed., completely revised [...] by C.L. Wrenn. London: Allen & Unwin. [Mit "Prefatory remarks" von J.R.R. Tolkien, S. iv–xliii.]
Davis, Norman (Hg.). 1959. *Beowulf reproduced in facsimile, with transliteration and notes by Julius Zupitza.* 2nd ed. Early English Text Society, o.s. 245. Oxford: OUP. [Neuausgabe von *Beowulf: Autotypes of the unique manuscript,* hg. Julius Zupitza, EETS 77, 1882. London: E. Trübner.]
Hall: *siehe* Clark Hall.
Jack, George (Hg.). 1994. *Beowulf: a student edition.* Oxford: Clarendon.
Klaeber, Fr. (Hg.). 1950 [= ³1936 revised; ¹1922]. *Beowulf and the Fight at Finnsburg.* Boston: D.C. Heath.
Lehnert, Martin (Hg.). ⁴1967 [¹1939, ²1949, ³1959]. BEOWULF: *eine Auswahl mit Einführung, teilweiser Übersetzung, Anmerkungen und etymologischem Wörterbuch.* Berlin: de Gruyter. (Sammlung Göschen Bd. 1135.) [Grundlage der vorliegenden Ausgabe.]
Lehnert, Martin (Übers.). 2004 [1968]. *Beowulf: ein altenglisches Heldenepos.* Stuttgart: Reclam. [Lizenznachdruck der Erstveröffentlichung im Insel-Verlag, Stuttgart. Übersetzung mit Kommentar und Bibliografie (mit Nachträgen 2003), jedoch ohne Text.]
Malone, Kemp (Hg.). 1963. *The Nowell Codex.* Early English Manuscripts in Facsimile, vol 12. Kopenhagen: Rosenkilde & Bagger. [Faksimile ohne Transliteration.]
Nickel, Gerhard (Haupt-Hg.) 1976. *Beowulf und die kleineren Denkmäler* [*Waldere* und *Finnsburg*]. 3 Bände. Heidelberg: Winter. (Ersetzt Holthausens Ausgabe im gleichen Verlag 1905–1906 u. ö. Jeweils verschiedene Herausgeber für die einzelnen Bände.]
Mitchell, Bruce; Fred C. Robinson (Hgg.). *Beowulf: an edition with relevant shorter texts.* Oxford: Blackwell.

Schaubert, Else von (Hg.). ¹⁷1958–61. *Heyne-Schückings Beowulf*. 17. Auflage. 3 Bände. Paderborn: Ferdinand Schöningh. [Text 1958, Kommentar und Glossar 1961. Erstauflage von Moritz Heyne 1863; 8. Aufl. von Levin L. Schücking 1908; 15. Aufl. von E. von Schaubert 1940.]

Wrenn, C.L.; W.F. Bolton (Hgg.). ⁵1996 [¹1953]. *Beowulf with the Finnesburg fragment*. Exeter: U. of Exeter Press.

2. Sekundärliteratur und zitierte Werke

Andersson, Theodore. 1980. "Tradition and design in *Beowulf*". In Niles 1980:90–106 und Fulk 1991:219–234.

Baker, Peter S. 2003. *Introduction to Old English*. Oxford: Blackwell.

Baker, Mark C. 2002. *The atoms of language*. Oxford: OUP. ["First published in the United States in 2001 by Basic Books".]

[Bjork/Niles] Bjork, Robert E.; John D. Niles (Hgg.). 1997 [u. öfter]. *A Beowulf handbook*. Lincoln: U. of Nebraska Press [zugleich U. of Exeter Press]. [18 systematische Kapitel von verschiedenen Autoren. Gute Bibliografie.]

Bliss, A.J. ²1967 [*revised ed.;* ¹1958]. *The metre of Beowulf*. Oxford: Blackwell.

Blomfield, Joan. 1938. "The style and structure of *Beowulf*." *Review of English Studies* 14:396–403. [Nachdruckk in Fry 1968:57–65.]

Bloomfield, Morton W. 1986. "'Interlace' as a medieval narrative technique with special reference to *Beowulf*." *Magister Regis: studies in honor of Robert Earl Kaske*. Hg. Arthur Groos. New York: Fordham UP. S. 49–59.

Brodeur, Arthur G. 1959. *The art of Beowulf*. Berkeley und Los Angeles: U. of California Press. [Kap. 2 "Variation" auch in Fulk 1991:66–87.]

Cable, Thomas. 1974. *The meter and melody of* Beowulf. Urbana [etc.]: University of Illinois Press.

Chambers, R.W. ³1959. [¹1921] *Beowulf: an introduction to the study of the poem with a discussion of the stories of Offa and Finn. With a supplement by C.L. Wrenn*. Cambridge: CUP.

Clark Hall, John R. ⁴1960 u. ö. [¹1894]. *A concise Anglo-Saxon dictionary* (with supplement). Cambridge: CUP. [Standard-Handwörterbuch des Ae.]

Cox, Betty S. 1971. *Cruces of Beowulf*. Den Haag: Mouton.

Creed, Robert Payson. 1990. *Reconstructing the rhythm of* BEOWULF. Columbia, Miss.: U. of Missouri Press.

Dunning, T.P.; A.J. Bliss (Hgg.). 1969. *The Wanderer*. London: Methuen. [Ausführliche Ausgabe, aber ohne Übersetzung.]

Flasdieck, Hermann M. 1950. "The phonetic aspect of Old Germanic alliteration". *Anglia* 69:226–287.

Fry, Donald K. (Hg.). 1968. *The Beowulf poet: a collection of critical essays.* Englewood Cliffs: Prentice-Hall.

Fulk, R.D. (Hg.). 1991. *Interpretations of Beowulf: a critical anthology.* Bloomington & Indianapolis: Indiana UP. [17 Essays.]

Fulk, R.D. 1992. *A history of Old English meter.* Philadelphia: U. of Pennsylvania Press.

Goldsmith, Margaret E. 1970. *The mode and meaning of 'Beowulf'.* London: Athlone Press.

Heusler, Andreas. ²1956, Nachdruck 1968 [= ¹1925]. *Deutsche Versgeschichte mit Einschluß des altenglischen und altnordischen Stabreimverses.* 3 Bde. (1925–29), Band 1. Berlin: de Gruyter.

Hogg, Richard M. 1992. *A grammar of Old English. Vol. 1: Phonology.* Oxford: Blackwell.

Holthausen, Ferdinand. ²1963 [¹1934]. *Altenglisches etymologisches Wörterbuch.* Heidelberg: C. Winter.

Hoops, Johannes. 1932. *Kommentar zum Beowulf.* Heidelberg: C. Winter.

Hoops, Johannes. 1932. *Beowulfstudien.* Anglistische Forschungen, 74. Heidelberg: C. Winter.

Hoover, David L. 1985. *A new theory of Old English meter.* New York: Peter Lang.

Irving, Edward B. jr. 1968. *A reading of Beowulf.* New Haven: Yale UP.

Kastovsky, Dieter. 2002. "The 'haves' and 'have-nots' in Germanic and English: from *bahuvrihi* compounds to affixal derivation." *Of dyuersitie & chaunge of langage,* ed. Katja Lenz, Ruth Möhlig. [Manfred-Görlach-Festschrift.] Heidelberg: Winter. S. 33–46.

Kendall, Calvin B. 1991.*The metrical grammar of BEOWULF.* Cambridge: CUP.

Kennedy, Arthur G. 1967 [*reprint;* zuerst 1927]. *A bibliography of writings on the English language from the beginning of printing to the end of 1922.* New York: Hafner.

Klaeber, Friedrich. 1911; 1912. "Die christlichen Elemente im *Beowulf.*" *Anglia* 35:111–136, 249–270, 453–482; 36:169–199.

Lausberg, Heinrich. ¹⁰1990 [¹1949]. *Elemente der literarischen Rhetorik.* München: Hueber.

Lehnert, Martin: ¹⁰1990 [¹1939]. *Altenglisches Elementarbuch: Einführung, Grammatik, Texte.* Berlin: de Gruyter. (Sammlung Göschen Bd. 2210.)

Lerer, Seth. 1991. *Literacy and power in Anglo-Saxon literature.* Lincoln: University of Nebraska Press.

Lerer, Seth. 1997. "Beowulf and contemporary critical theory". In Bjork/Niles, Kap. 17, S. 325–339.

Leyerle, John. 1967. "The interlace structure of *Beowulf*". *U. of Toronto Quarterly* 37:1–17. [Nachdruck in Fulk 1991:146–167.]

Magoun, Francis P. jr. 1953. "The oral-formulaic character of Angl-Saxon narrative poetry." *Speculum* 28:446–467. [Verschiedentlich nachgedruckt, u.a. in Fulk 1991:45–65.]

Malone, Kemp. 1929. "The daughter of Healfdene". In *Studies in English philology* [Klaeber-Festschrift]. Hg. Kemp Malone u. Martin B. Ruud. Minneapolis: U. of Minnesota Press. S. 135–158.

McNamee, Maurice B., S.J. 1960. "*Beowulf* – an allegory of salvation?" *Journal of English and Germanic Philology* 59:190–207. [Nachdruck in Fulk, S. 88–102. – McNamee ist *für* eine solche Deutung!]

Milfull, Inge B.; Hans Sauer. 2003. "Seamus Heaney: Ulster, Old English, and *Beowulf*." In *Bookmarks from the past: studies [...] in honour of Helmut Gneuss*. Hgg. Lucia Kornexl, Ursula Lenker. Frankfurt [usw.]: Peter Lang. S. 81–141.

Mitchell, Bruce. 1963. "'Until the dragen comes ...': Some thoughts on *Beowulf*." *Neophilologus* 47:126–138. [Auch in Mitchell, *On Old English* (Oxford: Blackwell, 1988).]

Mitchell, Bruce. 1985. *Old English syntax*. 2 Bde. Oxford: Clarendon Press.

Mitchell, Bruce; Fred. C. Robinson. ^{6}2001 [^{1}1964]. *A guide to Old English*. Oxford: Blackwell.

Mossé, Fernand. 1950. *Manuel de l'anglais du Moyen-Age des origines au XIVe siècle*. I. Vieil-Anglais. Paris: Aubier, Editions Montaigne.

Nicholson, Lewis E. (Hg.). 1963. *An anthology of Beowulf criticism*. Notre Dame: University of Notre Dame Press.

Niles, John D. (Hg.). 1980. *Old English literature in context: ten essays*. Cambridge: D.S. Brewer.

Obst, Wolfgang. 1987. *Der Rhythmus des Beowulf: eine Akzent- und Takttheorie*. Anglistische Forschungen, 187. Heidelberg: Winter.

Obst, Wolfgang; Florian Schleburg. 2004. *Lehrbuch des Altenglischen*. Heidelberg: Winter.

Obst, Wolfgang; Florian Schleburg (Hgg.). 1998. *Lieder aus König Alfreds Trostbuch*. Anglistische Forschungen, 259. Heidelberg: Winter.

Pope, John Collins. 1942. *The rhythm of Beowulf: an interpretation of the normal and hypermetric verse-forms in Old English poetry*. New Haven: Yale UP. [Rekonstruiert die Verse 3150–55*a*.]

Quirk, Randolph; C.L. Wrenn ^{2}1957 [^{1}1955]. *An Old English grammar*. London: Methuen.

Riehle, Wolfgang. 2002. "Zur aktuellen Frage nach der Identität der 'Persian Lady'". *Anglistik* 13/1:139–151. [Guter Beitrag zur Abwehr der von Hildegard Hammerschmidt-Hummel vertretenen Hypothese, wonach das fragliche Bild einer Dame einschließlich Sonett und weinendem Hirsch mit Shakespeare zu tun habe.]

Robinson, Fred C. 1985. *Beowulf and the appositive style.* Knoxville: U. of Tennessee Press.
Robinson, Fred C. 1993. *The tomb of Beowulf and other essays on Old English.* Oxford: Blackwell.
Russom, Geoffrey R. 1987. *Old English meter and linguistic theory.* Cambridge: Cambridge UP.
Sauer, Hans: *siehe* Milfull.
Schücking, Levin L. 1917. Wann entstand der *Beowulf?* Glossen, Zweifel und Fragen".*Beitr. zur Gesch. der deutschen Spr. und Lit.* 42:347–410.
Schücking, Levin L. 1929. "Das Königsideal im Beowulf". *Bulletin of the Modern Humanities Research Assosiation* 3:143–154. [Englische Übersetzung in Nicholson 1963:35–49.]
Schücking, Levin L. 1933. "Heldenstolz und Würde im Angelsächsischen. Mit einem Anhang 'Zur Charakterisierungstechnik im Beowulfepos'." *Abhandlungen der Sächsischen Akademie der Wissenschaften,* Phil.-hist. Klasse, 42, Nr. 5. [46 Seiten.]
Shippey, Thomas A. 1997. "Structure and unity". In Bjork/Niles, Kap. 8, S. 149–174. [Vorzüglich.]
Sievers, Eduard. 1893 [²1905]. *Altgermanische Metrik.* Halle: Niemeyer. [Zuerst in *Beitr. z. Gesch. der dt. Spr. u. Lit.* 10 (1885) 209–314, 451–545.]
Sisam, Kenneth. 1953. *Studies in the history of Old English literature.* Oxford: Clarendon.
Sisam, Kenneth. 1965.*The structure of Beowulf.* Oxford: Clarendon.
Standop, Ewald. 1957. *Syntax und Semantik der modalen Hilfsverben im Altenglischen: magan, mōtan, scu-lan, willan.* Bochum-Langendreer: Pöppinghaus. (Beiträge zur Englischen Philologie, 38.) [Habilitationsschrift Universität Münster.]
Standop, Ewald. 1960. "Zum Tempus der Ingeld-Episode im *Beowulf.*" *Archiv für das Studium der neueren Sprachen,* 197:298–301.
Standop, Ewald. 1969. "Formen der Variation im *Beowulf*". *Festschrift für Edgar Mertner.* Hgg. Bernhard Fabian, Ulrich Suerbaum. München: Wilhelm Fink. S. 55–63.
Standop, Ewald. 1993. "Alliteration und Akzent: 'schwere' und 'leichte' Verse im *Beowulf.*" *Anglo-Saxonica: Festschrift für Hans Schabram.* Hgg. K.R. Grinda und C.-D. Wetzel. München: Wilhelm Fink. S. 167–179.
Tolkien, J.R.R. 1936. "*Beowulf:* the monsters and the critics." *Proceedings of the British Academy,* 22:245–95. [Nachdrucke (u.a.): Nicholson 1963:51–103. – Fry 1968:8–56. – Fulk 1991:14–44. Erweiterter Text eines 1934 gehaltenen Vortrags.]
Tolkien, J.R.R. 1950. "Prefatory remarks on prose translation of 'Beowulf'". In Clark Hall 1950:iv–xliii.

[*Wanderer*] *siehe* Dunning.
Westphalen, Tilman. 1967. *Beowulf 3150–55: Textkritik und Editionsgeschichte*. Bochumer Arbeiten zur Sprach- und Literaturwissenschaft, 2. München: Wilhelm Fink. [Diss. Philosophische Fakultät der Universität Köln.]
Whitelock, Dorothy. 1951. *The audience of Beowulf*. Oxford: Clarendon.

Bei Fragen zur Produktsicherheit wenden Sie sich bitte an:
If you have any questions regarding product safety,
please contact:

Walter de Gruyter GmbH
Genthiner Straße 13
10785 Berlin
productsafety@degruyterbrill.com